铁路隧道安全要素分析与智能检测研究

饶志强　编著

中国铁道出版社有限公司

2024年·北　京

内 容 简 介

本书以铁路特长隧道安全要素分析为背景，从实际问题和理论需要出发，归纳提出特长隧道全域安全要素与智能检测的方法，用交叉学科的方法建立隧道内列车振动模型和空气压缩波对乘客舒适度的影响，推导出振动信号和压力波信号的阈值边界条件，归纳出反共振模型化参数的控制方法。全书共分十章，多维度地从空气压力波、列车振动、绿色照明、供电优化、裂缝检测、钢轨质量指数预测、钢轨质量指数评价、轨旁电路故障诊断等方面对铁路隧道安全进行分析。

本书可作为铁道工程、通信信号等专业工作人员和科研人员的参考书，也可作为高等院校相关专业的教学用书。

图书在版编目(CIP)数据

铁路隧道安全要素分析与智能检测研究/饶志强编著．—北京：中国铁道出版社有限公司，2024.12
ISBN 978-7-113-29897-5

Ⅰ.①铁… Ⅱ.①饶… Ⅲ.①铁路隧道-安全管理 Ⅳ.①U459.1

中国版本图书馆 CIP 数据核字(2022)第 251342 号

书　　名：铁路隧道安全要素分析与智能检测研究
作　　者：饶志强

责任编辑：赵雅敏　　**编辑部电话：**(010)51873141
封面设计：郑春鹏
责任校对：安海燕
责任印制：高春晓

出版发行：中国铁道出版社有限公司（100054，北京市西城区右安门西街 8 号）
网　　址：https：//www.tdpress.com
印　　刷：北京铭成印刷有限公司
版　　次：2024 年 12 月第 1 版　2024 年 12 月第 1 次印刷
开　　本：787 mm×1 092 mm 1/16　**印张：**13.25　**字数：**298 千
书　　号：ISBN 978-7-113-29897-5
定　　价：120.00 元

序

铁路作为国民经济的大动脉，承载着重要的运输使命。铁路隧道作为铁路线路中的咽喉要道，其安全性直接关系到整个铁路运输系统的稳定与畅通。铁路隧道安全要素众多，涉及结构、环境、设备等多个层面，任何一个环节的疏忽都可能导致不可预见的后果。《铁路隧道安全要素分析与智能检测研究》一书深入阐述了这些关键要素，并揭示了智能检测技术在铁路隧道安全领域的应用价值。

铁路隧道安全，不仅仅是技术问题，更是一项系统工程。本书从铁路隧道的安全要素入手，详细阐述了结构安全、环境监测、设备状态、应急预案等关键因素，为读者呈现了一个全方位、多角度的铁路隧道安全体系。在这个体系中，智能检测技术发挥着举足轻重的作用，它如同铁路隧道的“守护神”，时刻监控着隧道的安全状况。

智能检测技术的发展为铁路隧道安全带来了革命性的变革。本书紧密结合实际，系统地介绍了智能检测技术在铁路隧道安全中的应用，包括传感器技术、数据分析、预警系统等。这些技术的应用，不仅提高了检测的精度和效率，还实现了对隧道安全的实时监控和预测预警，为铁路隧道的安全运营提供了强有力的技术保障。

目前，已出版的有关书籍主要是隧道建设和轨道交通振动相关专著。第一类专著主要阐述铁路隧道建设技术对高速列车安全运行的影响，尚未涉及列车因高速通过隧道，与相关设施设备交互作用产生的安全风险及风险控制技术。第二类专著主要阐述轨道交通振动的成因及其监测与控制技术，对特长隧道特有的隧道空气压力波形成的共振及隧道内设施设备形成的反共振等特定环境下的振动成因及特征，尚无专题介绍。

由饶志强博士编著的《铁路隧道安全要素分析与智能检测研究》，从研究铁路运营风险出发，搭建了以人员、设备、环境、管理四大要素为核心的安全风险分析与评价体系；选取隧道照明、供电、轨道为关键环境要素，通过研究关键环境要素在不同情况下的受控状态及其形成机理，推导出关键环境要素与铁路隧道运营安全风险的关系模型；最后通过人工智能技术，实现关键环境要素的检测及调控，实现快速、定点识别铁路隧道运行风险，提高维修效率，保障了铁路隧道运营安全。

《铁路隧道安全要素分析与智能检测研究》系统阐述了铁路隧道安全要素及系统控制，创新提出了多项单一要素的研究方法及控制技术。如以隧道照明灯具为研究对象，介绍了隧道内各类装备的疲劳寿命和破坏机理；以低成本51单片机为研究对象，设计出无需辅设信号电缆的方案；通过红外感测和光纤测振技术，建立了隧道照明监控系统，还提出了光纤光栅传感器标定新方法等。

作者嘱余为序，虽自知才识不堪重托，但总观全书精彩纷呈，故而欣然允之，并期望《铁路隧道安全要素分析与智能检测研究》一书能够成为广大铁路工作者、科研人员和相关专业学生的实用参考书籍。本书不仅总结了铁路隧道安全领域的最新研究成果，还展望了未来智能检测技术的发展趋势，旨在推动铁路隧道安全检测技术的不断创新，为我国铁路事业的繁荣发展贡献力量。

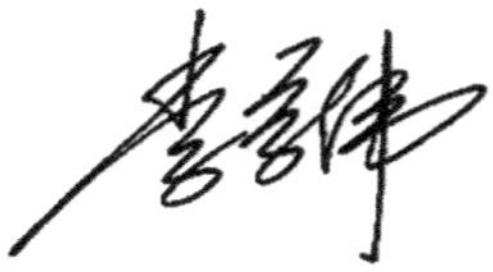

2024年1月

前　言

随着中国铁路建设的快速发展，投入运营的铁路隧道里程越来越长。截至 2023 年底，长度大于 10 km 的特长隧道有 115 座。中国最长的铁路隧道是高黎贡山隧道，全长 34.538 km。铁路隧道运营安全检测是保障乘客安全、维护铁路正常运行、延长隧道使用寿命、预防突发事件、科学管理和决策支持的重要手段。因此，需要长期对铁路隧道的结构安全、轨道状态、机电设施、防水与排水、火灾预防与控制、地质灾害、应急设施等进行检测和维护。

本书将轨道检测理论关联到绿色照明与轨道检测数据的融合方向，将智能检测与数据分析理论应用于铁路隧道全域安全要素智能检测方向，将安全评估与风险管理理论扩展到未来铁路隧道运营安全检测的全过程。未来铁路隧道安全检测在系统集成与互联互通、标准化与规范化、技术研发与创新方面还有很多的工作需继续努力。

全书共分为十章。第 1 章主要阐述了铁路隧道安全要素与智能检测的研究背景、研究意义和研究内容。第 2 章重点针对铁路隧道安全要素分析和智能检测与监测算法进行梳理，再从理论角度导出安全风险理论模型体系、安全风险特征分析方法体系和人工智能算法体系。第 3 章重点介绍铁路隧道振动安全风险分析，明确隧道内振动机制，推导共振与反共振理论发展，探讨抑制反共振对诱发环境振动对乘客的影响，讨论空气压力波对不同结构隧道和不同设备设施的影响。第 4 章重点针对铁路隧道照明智能监控展开详细分析，具体包括光纤光栅传感器原理及在线测力系统设计，明确光应变计铺设新方法和标定新方法，设计绿色节能 RTLCS-2008 系统、红外检测子系统和电流检测子系统。第 5 章重点阐述隧道供电优化与故障智能诊断，针对隧道供电和照明控制方案进行优化，探讨故障诊断新方法和故障树可靠性分析。第 6 章重点阐述铁路隧道裂缝智能检测的新理论和关键技术，针对深度学习和图像处理的方法，探索改进残差和 U-Net 网络的铁路隧道裂缝检测方法，重点介绍无损检测新技术。第 7 章重点分析牵引供电设备缺陷智能检测方法，分类分析设备缺陷形成原因，展示识别功能。第 8 章重点阐述轨道质量状态智能预测，梳理了轨道状态预测相关理论和技术，开展应用实例分析。第 9 章重点概述轨道电路故障智能检测，针对轨道电路组成，探讨多头卷积 CNN-RNN 和检测方案，开展多头和多通道检测结果对比分析。第 10 章重点阐述轨道电路补偿电容故障智能定位，介绍补偿电容失效成因分析，探索全路和分路状态的特征参数，展示概率神经网络在补偿电容故障诊断中的应用。

本书撰写过程中，得到了中国国家铁路集团有限公司、国家铁路局、中国铁道科学研究院集团有限公司、中铁第四勘察设计院集团有限公司、中国中铁电气化局集团有限公司、北京交通大学、北京联合大学、交控科技有限公司、和利时科技集团有限公司、北京交大思诺科技股份有限公司等单位的大力支持与帮助。本书得到了北京市自然科学基金委-丰台轨道交通前沿研究联合基金(L221015)资助。在课题研究和本书写作过程中，李学伟、李爱敏、张益农、方建军、梁建斌、刘艳霞、林云志、殷玮川、许建国、夏景辉、刘杰、李育冰、孟凡婷、李正交、孟飞、杨连报、缪弼东、马小宁、刘敏、吕冀、李雪岩、周进、杨晓玲、于丽杰、张世德等老师开展了研究和写作工作。硕士生赵玉林、常惠、李益晨、李子佐、丁璐、丁彪、王远明、靳彭鹏等进行了国内外研究资料的收集整理和分析、室内外实验测试和数据整理等工作。本书还参考了最新颁布的相关规章规范和国内外文献。在此，对上述单位及个人的支持和帮助一并表示感谢。

由于作者水平有限，不当、疏漏之处在所难免，恳请广大读者批评指正。

作　者

2024 年 1 月

目　录

1 绪　论

1.1 研究背景和意义

1. 研究背景

目前,我国正处于大力发展高速铁路、城际铁路和地铁等轨道交通行业的时期,这些轨道交通行业逐渐成为人们主要的出行方式,同时也对国家经济和社会的发展起着重要作用。这就要求铁路系统能保持较高的服务水平,同时对铁路设施设备的要求也随之提高。随着列车速度的提高和行车密度的增大,人员、设备、环境和管理因素所占比重日益增加,又因其运营环境特殊,一旦发生安全事故,严重影响人员和运营设备生命财产安全。纵观近年来国内外发生的铁路安全事故,无不与人员、设备、环境和管理这四大因素息息相关,造成了严重的危害和负面影响。

首先,大量铁路在翻山越岭时普遍修建了铁路隧道,正在服役的隧道内可能存在各种类型的问题,对列车的安全运行产生相当大的负面影响,这些问题大部分是由于复杂的环境因素、长期过度使用以及后续维护不到位引起的。铁路隧道的检修大部分是采用人工检测的方法,这种方法存在一些不足,一方面会导致检测结果不一致;另一方面由于数据量大,所采用的识别方法既不具备时效性又相对比较昂贵,需花费大量的成本。随着计算机技术的不断发展,基于人工智能的检测技术越来越受到人们的欢迎,该方法无需人工近距离接触式检测,而是依靠设计好的算法进行分析,最终得到检测结果。该技术具有操作简单、检测效率高等优点,得到了人们的广泛认可,目前已经成为各类工程检测的重点研究方向。智能检测算法可以有效地应对人工检测效率低下、检测环境安全系数较低、检测工作量大和检测周期相对较长等问题,对提高隧道使用时间、保证铁路和列车的安全运营有一定的帮助。

其次,铁路牵引网长时间暴露在恶劣环境下,经常受到雷电、暴风以及雨雪等恶劣天气或者外力破坏而造成跳闸事故,不但会破坏牵引供电系统的电力设备,也会给社会经济和人民生活造成巨大影响。引发牵引网故障的原因多种多样,而常见的故障类型包括雷击、鸟闪、污闪、山火等故障。牵引网发生故障后,通常会安排巡检人员在故障判定的位置附近巡线,找出具体的故障原因后,再安排专业人员进行抢修,这需要花费较长时间。因此,牵引网发生跳闸事故后,根据故障信息快速识别故障类型,即可指导巡检人员确定查找重点,并根据故障类型制定专项解决方案,对减少牵引网故障造成的损失以及提高牵引网运行维护水平具有重大意义。

再次,轨道电路由于其结构复杂、装备规模大、分布广泛、运行环境复杂、安全运行影响广泛等特点,受外界的干扰较大。同时,铁路线路的昼夜不间断运行,留给轨道电路检修的时间较少，致使轨道电路在铁路信号设备中发生的故障问题远高于其他的信号设备。目前轨道电路最突出的问题就是难以对不确定因素进行描述和处理，微机监测能够实现对系统工作状态的监测，仍无法实现对其制造过程中的工程设计、质量控制。

最后，铁路轨道不平顺时，人们的乘坐体验和舒适感会显著降低，当轨道质量恶化到一定程度时，有可能引发列车运营安全事故，更有甚者会给旅客的生命安全造成威胁。我国铁路轨道遍布全国各地，承受着不同地理环境和恶劣天气的影响，如何准确预判铁路轨道的状态变化，并合理全面地评价铁路轨道的质量状态就显得尤为重要，轨道质量的优劣关乎列车的安全运行和乘客乘坐的舒适度等关键问题。

2. 研究意义

由于国家铁路运输的发展，各种轨道交通成为人们的主要出行方式，这就要求铁路运输系统有更好的服务水平，对铁路设备的要求也更加严格。本书主要围绕铁路安全要素的分析和相关智能检测与监测方法展开，其中，针对铁路隧道的相关安全要素展开着重分析和研究，并提出相应智能检测与监测方法。

铁路安全事故揭示出铁路系统作为一个复杂庞大的动态系统，人员、设备、环境、管理四大因素联系紧密、互相作用，对运营安全的影响不容小觑，但目前对铁路运营风险中人员、设备、环境、管理四大因素间的互相作用的研究缺乏系统性。全面了解和研究铁路运营风险耦合机理，科学客观地衡量耦合风险的危险性，找出切实可行的风险管理策略，实现 AI 算法对铁路运维的辅助作用，具有重大的理论和现实意义。

近年来，全国铁路客运、货物运输不断增加，繁忙的运输对列车安全运行造成了很大的威胁，导致铁路维护工作量增加。当隧道内发生火灾、地震等自然灾害时，隧道照明能够帮助尽早疏散人员，减少伤亡；隧道供电是铁路隧道内各种设备的能量来源，若供电设备出现故障，对铁路隧道中的列车运行会造成极大的安全隐患；隧道裂缝的存在会影响隧道结构的稳定性，随着时间的增加对列车的安全运行产生不利的影响。因而研究智能检测与监测方法应用于铁路隧道安全各项要素中具有重要意义。

列车在铁路线路上安全地行驶需要整个铁路基础设施的支撑，特别是铁路轨道几何状态的良好。为了达到此条件所需要的维护过程既复杂又昂贵，需要大量的人力和技术资源支持。由于轨道缺陷增加了轨道维修的压力，铁路客货运输安全对铁路轨道的平顺性和质量状态提出了更高的要求。为满足铁路高速、重载需求和保证铁路轨道质量安全管理的要求，新的轨道检修维护模式应运而生，即“状态修”，其主要思想就是对检测得到的轨道几何状态数据等进行统计挖掘，预测下一阶段可能的变化，进而制定相应的检修维护方案。因此，研究铁路轨道状态预测与质量评价模型，对减少轨道结构维修成本，保障线路的正常运营有着重要意义。

1.2 研究内容

本书主要研究铁路隧道安全要素分析、智能检测与监测方法。

1. 铁路隧道安全要素分析

从铁路隧道安全要素分析展开，对于铁路事件和事故的众多致因要素，根据要素之间的关联特性,分析铁路运营中的事件演化过程,挖掘事件的关联规则。对于铁路运输系统的人员、设备、环境、管理四个方面的系统特性,分析各个环节中可能存在的危险因素、隐患状态、受控状态等,分析铁路运营中的风险影响传播模式。

从铁路隧道照明智能监控、铁路隧道供电故障智能诊断和铁路隧道裂缝智能检测三个方面着手,研究铁路隧道安全要素内容。

(1)设计了铁路特长隧道绿色照明智能控制系统总体方案,提出了在条件特别恶劣环境下一整套光纤光栅测振和测压传感器铺设新方法,通过对工程实例的理论数据与实测数据对比分析,得出改进后的光纤传感器标定新方法使用方便、读数精确。针对铁路隧道内列车发生事故要求立即自启动应急照明灯和疏散照明灯等,提出了红外检测和光纤传感测振两种技术,摄取红外和测振两传感的两信号经 RTLCS-2008 控制器处理,能快速且准确地启动 RTLCS-2008 铁路隧道照明监控系统;还提出了节能照明和自诊断新方法,具体论述了通过红外对射达到列车,点亮固定照明,列车离开隧道,关闭照明的绿色照明新算法。另外还给出照明装备的电流有无巡检系统。

(2)根据铁路隧道环境恶劣、供电难的特点,提出了多种供电方案,并对这些方案进行现场比选论证,探索出一种最优供电方案,最后通过现场诸多要素的改进和优化,不断完善和论证得到本书重点论述的方案——隧道供电方案优化。对照明控制系统进行改进和优化,提出了隧道照明系统故障智能诊断新方法。

(3)根据铁路隧道裂缝的特点,分析了隧道裂缝识别算法的实际需求;根据铁路隧道裂缝图像的特点选取合适的裂缝检测算法,进一步改进智能检测算法,提高检测准确率的同时实现对复杂背景下细小裂缝更准确地识别。

2. 智能检测与监测方法

以铁路牵引供电、轨道质量状态以及轨旁电路等铁路安全要素分别展开研究,提出相应的智能检测与监测方法。

(1)根据铁路牵引供电设备故障缺陷图像,将人工智能技术应用于图像智能识别检测,对接触网零部件进行定位,重点对绝缘子的定位识别及缺陷识别、鸟巢的定位识别、吊弦的定位识别及缺陷识别、开口销的缺陷检测等图像的智能识别,提出快速识别和定位方法。

(2)基于组合模型的轨道状态预测和质量评价,轨道质量是影响行车安全的关键因素,以轨道检测数据作为主要研究指标,以改进非等时距灰色模型和神经网络模型为重点研究方向,分析总结现有关于铁路轨道状态预测与质量评价模型的现状,并在此基础上构建改进非等时距灰色组合预测模型,最后利用多种统计评价指标对新模型进行评价,验证模型的可靠性和精度,建立轨道区段状态预测与质量评价模型,为制定轨道预防性养修计划提供重要的数据支撑和依据,最大程度地降低维修成本、合理安排养护资源。

(3)轨道电路故障是影响行车运输的关键因素,以改进故障分类和故障定位方法为研究的重点方向,在分析总结现有关于铁路轨道电路故障诊断方面的基础上构建基于深度学习的轨道电路故障分类和定位模型,最后利用多种评价指标对模型进行评价,验证轨道电路模型的分类精度和定位准确度,为制定轨道电路状态修提供重要的数据支撑。

2　铁路隧道安全要素分析和智能检测与监测算法

2.1　铁路安全要素

2.1.1　铁路安全要素分析

铁路系统是一个由工务工程、牵引供电、通信信号、机车车辆、信息和运营维修等子系统组成的一个庞大系统，是一个大联动机，其具有复杂性、开放性、非线性、随机性及季节性等自然基本特征和自然属性；同时还面临着运能与运量的矛盾、安全与效率的矛盾两大主要矛盾的困扰，且安全要素特征具有客观性、偶然性、不利性、可变性。铁路安全影响要素如图 2-1 所示。

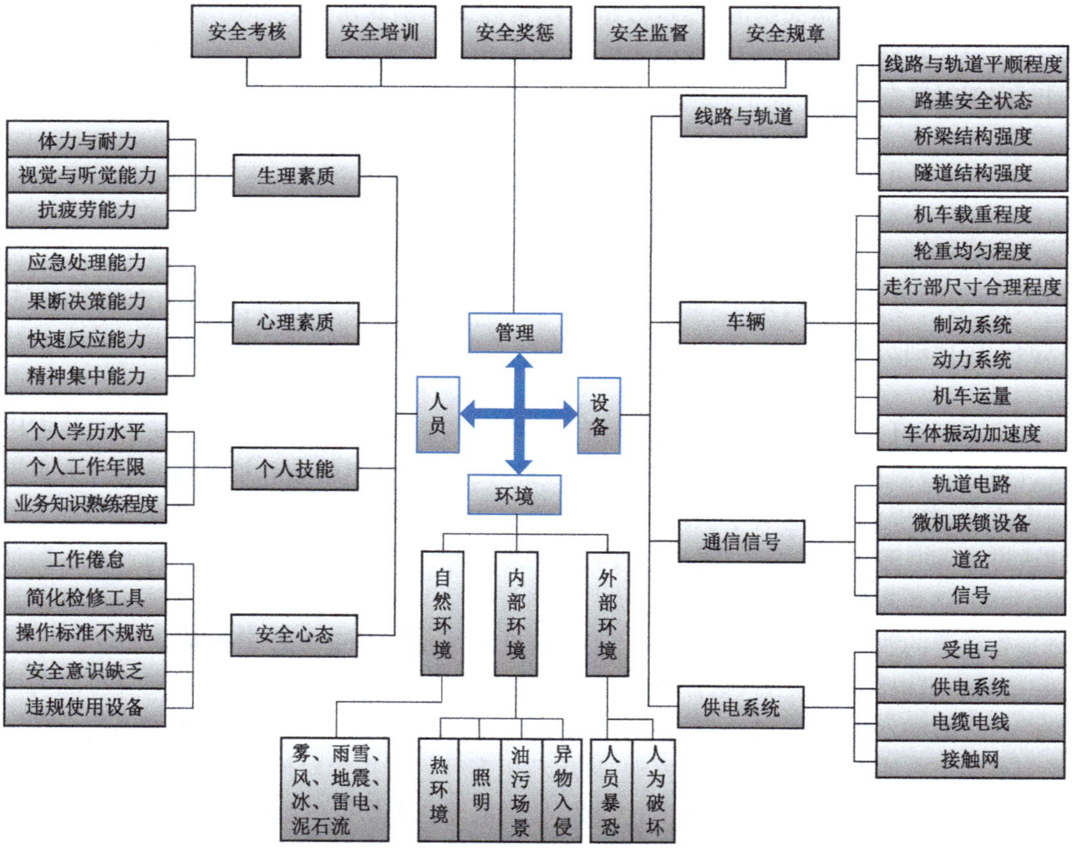

图 2-1　铁路安全影响要素

根据不同的系统及其设备和条件不同，我们把铁路安全要素分为：

(1)车辆故障要素，包括走行部位、弓网、车门故障风险。

(2)信号故障要素，包括轨旁设备和车上设备信号故障风险。

(3)供电系统故障要素，包括变电站、接触网等故障风险。

(4)通信系统故障要素，包括传输网络、固定或移动终端故障风险。

(5)轨道线路故障要素，如轨道磨损、道床缺陷等风险。

(6)隧道桥梁问题要素，如沉降、水文和地质隐患等风险。

(7)机电设备故障要素，包括屏蔽门、售检票、电扶梯、通风空调、给排水、消防、综合监控等设备故障风险。

(8)突发事件和人为要素，如自然灾害、恐怖行为、管理疏漏等风险。

考虑整个铁路系统、铁路管理、铁路外部环境等内容，将铁路安全要素归纳为设备风险要素、管理风险要素、行为风险要素、道德风险要素和环境风险要素五类。

(1)设备风险要素

为保证旅客安全有效的运输，铁路运输设备是必备不可缺少的硬件设施。其包括线路、机车、车辆、动车组、信号、通信、供电、调度等设备，有移动设备也有固定设备，有室内设备也有室外设备，有高附加值的设备也有低价值的设备，有结构复杂技术要求的设备也有结构简单的设备，大量的设备在人的指挥和操纵下，相互依存、相互作用、周而复始的运动着，任何一个设备的缺失、物理或技术性能不达标，都极可能导致铁路运输风险事件的发生。查阅以往的铁路事故通报发现，很大的比例是由于设备原因造成的，或者说设备原因是主要原因，设备风险时刻在危及铁路运输的安全。从广义上来说，设备风险来源于设计、安装、维护保养、使用寿命、管理使用规章制度等多方面；结合铁路运输，服务于铁路运输的现有主要设备，无论由于任何原因，其工作技术参数达不到最低标准使用需求的，均属于设备风险，如机车输出功率、线路道岔几何尺寸、轨道电路调整余量、车辆走行部、调度(TC)系统不达标等等。

铁路运输设备风险的性质包含如下五点：

①科技更新性。很多铁路运输设备是高科技的结晶，随着铁路的不断发展，高科技这个特性将会不断强化。

②复杂性和动态性。造成设备风险的原因是多方面的，有元器件劳损、金属疲劳、维修不当、使用不当等，并是动态和多变的。

③连动性和迭加性。造成设备风险的主要原因和次要原因在不同条件下是互换和互动，并迭加反应；一个局部的设备风险将会引起一连串的连锁反应，尤其是在正线发生时。

④普遍性。设备风险普遍存在于一切管理使用设备的单位，只不过按照定量分析即风险程度高低，有的可以接受，有的无法接受。

⑤突发性。尽管设备风险在发生前应该是有预兆的，但检修漏洞的存在、设备数量的庞大、某些设备的不可替代性等，设备风险是难以准确预测的。

这些设备风险的不良反应和造成的后果在不同的系统中有不同的现象和特征，主要特征有：因小失大、次生效应、造成损失严重、动态前提下能造成损害、静态前提下也可造成损害等，在针对设备风险的控制，把控好如下六点：

①在铁路运输设备设计、制造、采购质量及工程建设设计、施工质量等方面从长计议，在解决好资金和质量方面的矛盾下，突出安全，提高标准。

②排查设备设计、使用、维护缺陷，做好设备更新，采用适合的先进设备，严格采购渠道，购买取得具有铁路器材资质企业的设备材料，并严格把关。

③对于设备材料的使用，在技术参数、寿命等具体要求上必须对标对号。

④完善设备管理、使用、检修、维护制度，借鉴航空运输的事前检查、事后维修、定期维修、动态维修合理结合的维修理念。

⑤制定完善设备质量标准，抓好维修质量的鉴定，落实设备质量个人负责制。

⑥塑造一支责任心强，专业精湛的干部职工队伍，强化落实责任，确保设备质量。

(2)管理风险要素

铁路运输中的确切地讲应该是“目标管理”，铁路运输的管理是标准化的管理。铁路运输的管理是一种动态的管理，随着设备的变化、运能的变化、天气的变化而改变。铁路运输的管理是一种次序性的管理，突出重点和轻重缓急。

由于在计划、组织、调整、控制等管理方面的缺陷，直接或间接造成危及铁路运输安全的因素，是客观存在的，主要从质量判断风险、性质判断风险、原则方法风险三个方面进行判断。

①质量判断风险：在铁路运输管理中必须突出质和量的主要矛盾和矛盾的主要方面，质是指关键性的、企业性的，量是指涵盖的广度和深度的大小。要从本质性判断、批判性判断、系统性判断三个方面入手。

②性质判断风险：在铁路运输中，判断问题性质看似简单，其实是一个非常复杂的问题，是建立在对规章制度和标准的理解上的。还要从形成的内因和外因方面综合判断，不可断章取义。

③原则方法风险：一方面是管理原则风险，不依法按章从实从严从细管理；另一方面是管理方法的风险。

管理风险只能采用风险自留的方式处理。从大的方面讲，完善的管理方法确定以后，管理人员就是决定因素。一是事前管理，事先判断，在质量判断上进行量化研究和分析，未雨绸缪；二是现场处理，主要抓好性质判断，“通畅”为主，干练果断；三是事后的根源性消除和控制，严谨规范。管理风险无法消除只能控制，必须合法合规合理合情进行科学管理，符合长远性和整体性的原则。

(3)行为风险要素

行为风险是一个涉及面非常广的范畴，这是铁路运输风险中的一项重点，广义地讲：人作为主体，行为风险可以决定设备风险、管理风险等。狭义地讲，行为风险主要指操作风险，同样也是运输风险中的重点。对以往的风险事件进行分析，因操作风险造成风险事件的比例最大。造成操作风险主观方面：安全意识不牢固，有意识的违章行为和违标行为，属于投机性纯风险。客观方面：在调度指挥、设备操作养护中，由于个人原因、设备风险要素等客观原因造成的无意识或有意识的违章行为和违标行为，属于纯风险。操作风险无法解释自我保护的人身伤害风险。行为风险和设备风险是直接造成风险事件两大风险要素。行为风险的主要特征就是违章违标。行为风险的特性主要有五点：

①直接性,这种风险因素能够直接造成风险事件,无法缓冲。

②易发性,大量的违章行为和违标行为就发生在身边,发生违章行为和违标行为与否,就在一念之差、一眼之差、一步之差、一字之差。

③容忍性,就是人的习惯,干惯了和看惯了。

④间接性,由于设备风险、不合理的直接命令、非正常作业等客观因素间接造成。

⑤延存性,在风险分类可容忍类别中,由于客观原因,这种风险将延存下去,短时期难以改变。

操作分为有形操作,如机车操纵、设备维修等;还有无形操作,如施工计划的编制、日班计划的编制、信息数字统计、调度命令传输等。操作风险的感知,有的感知到了违章违标的行为及风险,可以控制和终止;有的没有感知到违章违标的行为及风险,无法控制和及时终止,后者比前者风险系数更大。造成主观上的操作风险的原因是单方面的,在完备完善前提条件下操作者为省时省力而主动违章违标。造成客观上的操作风险的原因是多方面的,在个人方面有技术业务不达标,处理问题能力差;个人精力不足、负面的情绪以及团队精神不融入等。其他方面,为目标既定不可更改的大前提,但小前提不完备完善,不得已的违章行为和违标行为,也可以认为是一种风险自留的处理方式。

解决方法有:第一,先入为主,加强安全思想教育,自觉遵章作业;第二,科技是第一生产力,采用先进的设备,减轻工作强度和工作量;第三,提高操作者技术水平,必须经拟任职务资格培训、职业技能鉴定或考试合格,持证上岗,动态优化培训和考核;第四,完善规章制度和作业环境、作息制度,提供优良的环境;第五,奖惩结合,发挥经济杠杆的作用;第六,关键岗位关键对待,关键岗位心理测试是必要的。

(4)道德风险要素

道德风险结合到铁路运输生产中的定义为:由于主观的扭曲,明知有误,但为了个人、小团体的利益以及更甚者与谁均无益的结果,致使可能发生或者导致发生风险事件的思想和行为。这种风险是客观存在的,同时又被某种正面的表象所掩盖的。有主动的,用思想或行为去实施;有被动的,知者不语。有直接的,直接的语言、行为,如发号施令、输出错误信息、操作操纵系统等;有间接的,如暗示、错误指导,甚至长期的潜移默化的误导等。

道德风险需要高度重视。一是具有风险不可转移性,道德风险如何度量和控制是困扰管理的难题,无法向外转移,只能靠企业自身来防范和化解。二是具有隐蔽性,需求和动机是人的内在心理活动,一般不易被他人察觉,当事人往往采取一些手段掩饰其非分需求。三是具有突发性,这种风险是一个有量变到质变的过程,但这个过程的量和质是难以预测和量化的。四是具有职位性,职位越高,权力越大,引发的行为风险越大。五是具有内因性,每个人的道德观是不同的,道德和现实的差距往往引发一些事与愿违的事件。

(5)环境风险要素

环境风险来自很多方面,基本都具有不可抗力的特征,一是来自自然灾害,二是来自非正常外力的干扰。自然灾害:我国地域辽阔,地形复杂,气候变化大,致使铁路灾害分布广泛,类型众多,发生频繁,基本上凡有铁路的地方均受不同程度的灾害侵袭,严重威胁铁路的运输安全。针对自然灾害风险因素,要从铁路防灾安全监控系统方面下大功夫,从防灾专业上建立完善防风安全监控系统、地震紧急处置系统、异物侵限系统、雨雪检测系统、桥梁隧道检测系统等。非正常外力的干扰，这多是来自铁路外部的次生灾害，造成铁路设备风险因素；还包括周边环境的干扰，如来自于车站、铁路沿线治安等。

针对环境风险要素，我们要提前分析做好应对应急事件的预案和物资储备，建立快速反应机制、强化风险预警管理、加强应急能力建设，有备无患，进行必要调整，采用非正常作业办法，组织运输生产。

上述的五种风险要素都属于纯风险因素和不可回避风险因素，具有不可转移性，要具有超前性、针对性和主动性辨识、分析和防范，促进安全风险管理的规范化、系统化和科学化。这需分系统、分专业、分层次制定安全风险控制措施，实现铁路运输安全风险全面受控、安全基础全面加强，确保铁路运输安全持续稳定。

2.1.2 铁路安全要素关联分析

铁路运输复杂系统中的事故致因要素众多且关联关系十分复杂，分析事故致因的关联特性，对于事故预防具有重要的意义。现有的利用关联规则分析事故的研究，主要是对数据库中结构化的数据进行处理和分析。然而对于事故报告这种非结构化的数据如何进行分析仍有待研究。随着信息量的增加，实现铁路运输事故致因关联规则的快速挖掘，以及对挖掘到的信息进行高效、直观地表达，这更有助于铁路运输安全管理。图 2-2 是“人—机—环—管”安全要素的关联模型。

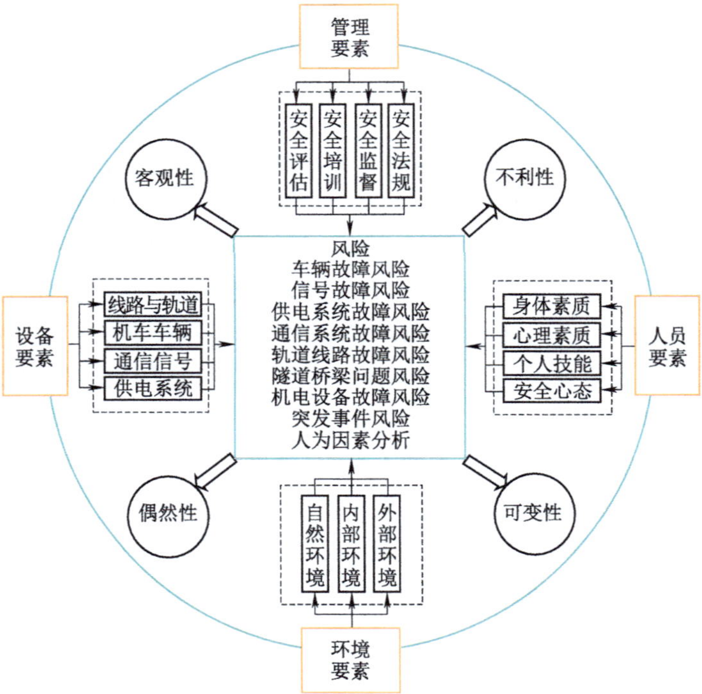

图 2-2 “人—机—环—管”安全要素关联模型

(1)人员要素

人是事故发生的主体，既是事故发生的部分原因，也是事故的承受体。事故因素研究最早是以人的因素作为重点对象，认为人是一切事故发生的根源，虽然在一定程度上此观点存在缺陷但从某方面说明了人的因素对事故的影响。铁路运营事故里涉及的人主要包括：乘坐客车的旅客，铁道机务、车辆、电务、供电、工务工程的技术人员。

人所做出的决定会受到周围环境的影响，无法做到完全理性，从而会做出对系统产生安全和可靠性下降的不良影响。人为要素是事故发生的根本原因，通过对人员进行培训以及合理的人员管理制度能降低人为要素的影响，从而有效降低事故发生的概率。虽然铁路系统越来越智能化，但归根到底还是人在设计程序操作系统和更新程序，人仍然在铁路运营系统中占据主导地位。

(2)设备要素

设备是铁路运营过程中的主要部分，从列车本身到运营的整个系统，随着智能化的发展，设备占的重要程度越来越高。设备的精细程度、反应时间、抗环境影响等因素都会对铁路的运营安全产生影响。设备与其他部门紧密相连，若设备出现问题会严重影响铁路系统的连续性和安全性。在铁路运营上可以将设备要素可以分为机务段、车辆段、工务段、电务段、安全保障设备等。

①机务段、车辆段设备要素。列车是铁路运营的载体，是铁路运营的基础运输工具。在行车过程中，车辆段的安全影响要素众多，主要有：通信、触电、车轮磨损、车轴的耐热性等。其中通信指列车的调度，列车内人员的调配。触电是车内的防电装置不完善，未能接地，以及维修不彻底。车轮磨损一般包括物理磨损和接触腐蚀，列车运作过程中会与钢轨摩擦从而造成损耗，与空气或液体接触会造成腐蚀，从而使列车轮损耗不一致造成安全隐患。同时列车所经的环境复杂多变，列车速度过快会造成车轴的温度超过一定承受度而造成车轴的损耗。

②工务段设备要素。工务段与列车紧密相连，相互配合，在铁路运营方面工务段的主要风险有铁路工务段路基的沉陷、轨道变形磨损、涵洞失修、轨枕失去原来功能、道砟不平等。

③电务段设备要素。电务段主要包括列车电路和轨道电路，列车中的电路有信号接收设备、自动关门设备，其中某个设备的损坏会使列车信号接收受到影响、关开门困难、轨道信号错误等一系列的问题。

④安全保障设备：在铁路运营系统中安全保障设备起到报警和预警的作用，包括危险发生之后对查明原因采取防范措施和危险发生之前采取措施的监控系统和危险尚未扩大之前的报警如火灾报警系统，同时还包括事故发生之后的紧急救援设备。

(3)管理要素

管理要素贯穿铁路运营的整个阶段，并且渗入到人为要素和设备要素之中。管理要素虽然不直接参与事故的发生，但事故的发生都能追溯到管理层面。人员管理是通过一定的方式方法，让人在铁路运营过程中发挥应有的作用，进而更好地保证铁路正常运营。

(4)环境要素

环境要素是指铁路运营过程中所处的自然环境和社会环境，社会环境可以分为政策环境和人为环境，环境要素也会成为铁路运营事故的直接原因，但大多数情况下环境要素以间接的方式影响着铁路安全运营。

①自然环境:铁路跨度大,经过的地区多,尤其在高海拔地区气候条件恶劣,自然环境复杂。在高海拔铁路自然环境中,气候变暖是造成高海拔地区铁路路基损坏的重要原因,气候变暖导致淡水流入到卤水中,卤水被淡化使水位上升,最后导致路基被卤水侵蚀。干燥气候会影响到混凝土保护层的质量,从而加速铁路桥梁混凝土保护层的碳化,较大的温差变化和强风会使混凝土表面产生裂纹。天气寒冷使得铁路桥梁的施工过程中加入早强剂,干湿交替的环境会使早强剂中的氯离子破坏钢筋,此外,风沙和盐湖的自然条件均对铁路的钢筋产生影响。地质环境诸如围岩的软弱夹层和地表水等会对铁路隧道的边坡造成影响,从而诱发事故。此外,滑坡引起的山体崩塌、泥石流导致的水土流失、雪崩造成的铁路运行路线受阻等都会对铁路运输产生较大影响。

自然环境对铁路运营安全的影响兼具突发性和延续性,由于铁路运营里程长,路途所经的环境状况不一,再加上季节性因素影响,环境因素的处理成本较高。在自然环境对铁路影响的处理方面,首先对处于恶劣气候条件下的铁路,应加强对铁路路基的检查,利用声波技术探明隐藏的溶洞。对探明出来的溶洞应及时采取填补措施,避免对铁路安全造成影响。其次,对于这些地区的铁路建设应采用耐腐蚀性高、性能好的材料以提高铁路对抗恶劣气候条件的能力。最后,对于突发地质灾害应提前做好监测和预防工作,在灾害发生前以预防为主,在灾害发生后以减少损失为主。

②政策环境:政策环境主要是一些跟铁路运营相关的政策,包括对铁路的投资和运营安全的成本投入。政策是铁路运营的一种导向,其偏向性决定可投入资源的多少,从而进一步影响铁路运营安全的保障程度。

对铁路相关的政策模式可以分为国有化和市场化两种,此两种模式皆有利弊,国有化铁路倾向于基础性和公益性,对于所处地区偏远没有商业价值的却又是国家战略重要性的铁路建设,国有化铁路往往能显示出所具备的优势。然而,此模式无法兼具营利性和公益性。市场化模式却与之相反,在对社会责任的承担方面市场化有着相对不足,但在吸收民间资金和鼓励竞争方面市场化往往更能体现优势。

③人为环境:人为环境是经过人为制造加工后所形成的环境状态,包括人改造自然环境而产生的环境,也包括人自身形成的环境。

人改造的自然环境,人类对自然资源的随意开采,破坏原本的生态环境,从而使铁路运营受到影响。同时,水库的建设,人为提升了某些地区的水平面,导致之前处于此处的铁路路基浸泡于水中,造成铁路损坏。污水的随意排放淡化了高原地区的卤水,也会造成铁路路基损坏。

2.2 智能检测与监测算法

2.2.1 铁路安全检测与监测算法体系

铁路安全检测与监测算法体系主要由安全风险理论模型体系、安全风险特征分析方法体系和人工智能算法体系三大模块组成,如图 2-3 所示。该体系在铁路运营系统所能应用的领域包含勘察设计、工程施工、建设管理、移动设备、通信信号、牵引供电、检测监测、客运服务以及养护维护等。通过原有铁路系统收集各种检测、监测和检查数据，铁路数据具有种类多样的特点，对收集的结构化数据和非结构数据进行数据处理与分析，通过智能平台智能选取合适的理论模型、分析方法和智能算法对其进行分析处理，实现铁路安全风险的分析与预测。

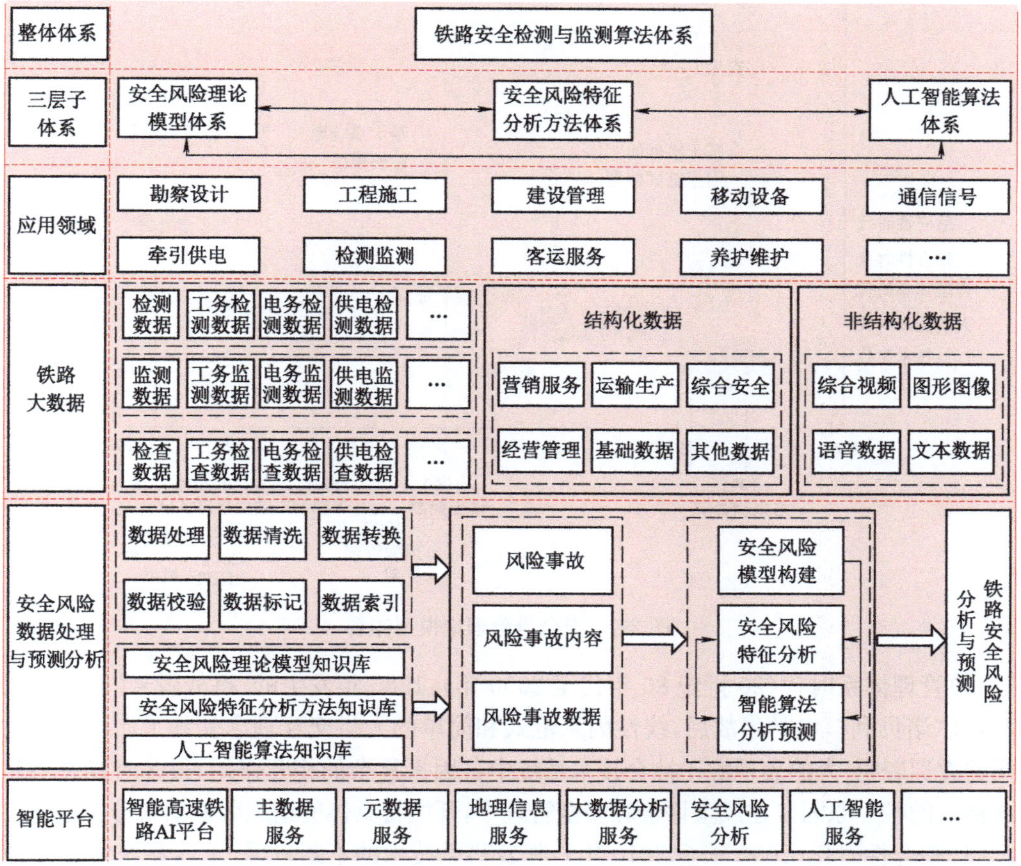

图 2-3 铁路安全检测与监测算法体系

2.2.2 安全风险理论模型体系

为构建安全风险智能算法体系，总结了由古至今的安全风险理论模型，大致经历了五个阶段，分别是技术时代、人的因素时代、管理体系时代、整合性时代和适应性时代，如图 2-4所示。

(1)技术时代(19 世纪 30 年代至 20 世纪 50 年代)：在工业革命之后，技术的不可靠性为人类生活引入了新的风险，事故主要归因于机械故障和结构失效，事故预防的重点是通过消除、替代或隔离潜在危害，从源头控制风险。在此阶段，人们对于事故过程的理解和事故原因的分析主要基于海因里希的多米诺骨牌理论，概率风险评估逐渐兴起并成为系统安全性评估和可靠性分析的主要方法。

(2)人的因素时代(20 世纪 50 年代至 20 世纪 80 年代)：在技术时代，人的行为由于过于不精确而难以预测的特性被视为技术生产的限制性因素。因此，人们致力于发展自动化技术以弱化人的角色。在第二次世界大战之后，尤其是在 1979 年美国三里岛核电站事故发生后，组织管理者开始意识到通过技术发展并不能排除所有风险，将注意力逐渐转向人机交互的设计和研究。

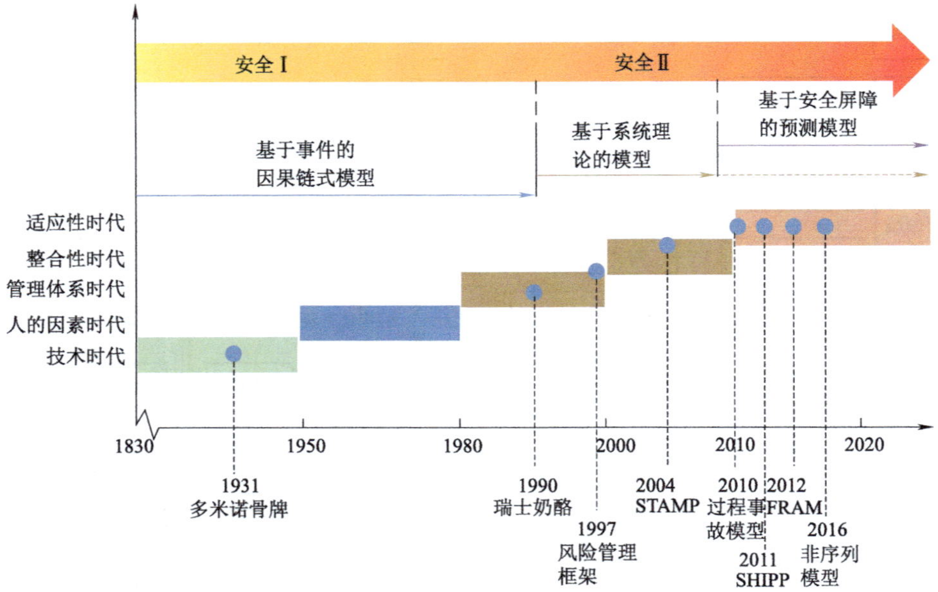

图 2-4 安全风险理论模型体系

(3)管理体系时代(20 世纪 80 年代至 2000 年)：1986 年发生的“挑战者号”航天飞机事故和切尔诺贝利核电站事故后，线性因果范式和简单的人机交互理念受到了质疑。一系列沉痛的教训表明，人的表现源于社会技术系统中各因素复杂的相互作用，很多时候并不是事故或错误的唯一原因。在风险评价和安全管理中，开始将具体的组织因素纳入分析范围。

(4)整合性时代(2000 年至 2010 年)：随着科学技术的不断发展，工业系统中的要素变得越来越复杂精细和紧密耦合，人们逐渐意识到不良的组织文化因素在许多事故中起着至关重要的作用。在此阶段，研究者们指出更完善合理的事故模型的建立不应轻易摈弃每个发展时期的思维模式，也不应偏重技术因素、人的因素和组织因素中的任一因素，需要基于兼容并包的思想对各个时期的安全分析理念和方法进行整合。

(5)适应性时代(2010 年至今)：适应性时代强调安全和事故是互补关系，不仅要关注系统为什么出错，也要关注怎样使系统成功运转。有效的安全管理策略不仅要能在事后提供改进的意见，更要在事前对系统可能的安全状态做出预测。这就要求高级管理者不要依赖于自身所想象的来完成工作，而是要经常与一线工人进行坦诚沟通，了解他们的工作现状和系统的变化情况。

这五个时代所包含的关于事故原因的探索和安全机制的思考本质上体现了两种思维模式的变化，分为安全Ⅰ和安全Ⅱ的概念。

安全Ⅰ对应的安全性定义是不良后果数量尽可能少的条件水平。从安全Ⅰ的角度来看，安全管理的目的是确保事故或异常事件数量在合理可行的范围内尽可能少。这意味着安全管理必须从缺乏安全性开始，通过事后分析确定系统出错的地方并加以控制和改进。安全Ⅰ所基于的最重要的假设是所有不良结果都有对应的原因，且总能通过推理找到结果对应的前一阶段的原因。

安全Ⅱ是对安全Ⅰ的补充，将安全的定义从"避免出现问题"更改为"确保一切都正确"，即弹性恢复力工程中定义的不同条件下取得成功的能力从安全Ⅱ的角度看，安全管理的目的是确保事情日常工作尽可能正确，而不仅仅是关注错误的事情。两种安全思维的区别在于安全Ⅰ将事故视为结果性的现象，是一系列事件相继发生的结果；安全Ⅱ认为事故是突发性的现象，是系统各组件负效应综合作用的瞬时结果，不能将其追溯到特定原因或功能。

2.2.3 安全风险特征分析方法体系

安全风险分析的目的是找出可能导致风险发生的因素及规律，从而降低风险发生的概率并控制风险发生后所带来的危害。安全风险分析一直贯穿于复杂系统设计、运营、维护的各个环节中，主要研究的内容包括未发生风险事件前可能的风险因素辨识，风险发生时如何有效地控制风险的传播并降低风险带来的后果，事故发生后及时弥补系统中的不足，并通过寻找事故发生的规律来提升系统安全性。安全风险分析是确保复杂系统中的各个元素正常安全运行的重要手段，已经被广泛应用于铁路运输管理、公路运输管理、大型建筑建设管理、航空航天系统管理等。本书总结各种安全风险特征方法在各阶段的适应性程度，见表2-1。

表 2-1 安全风险特征分析各阶段的适用性

安全风险方法及特性	安全风险分析过程				
	风险识别	安全风险分析特性			风险评价
		后果	可能性	风险等级	
头脑风暴法	△△△	△△	△	△	△
结构化/半结构化访谈	△△△	△	△	△	△
德尔菲法	△△△	△	△	△	△
情景分析	△△△	△△△	△	△	△
检查表	△△△	▼▼▼	▼	▼	▼
预先危险分析	△△△	▼	▼	▼	▼
失效模式和效应分析(FMEA)	△△△	▼	▼	▼	▼
危险与可操作性分析(HAZOP)	△△△	△△△	▼	▼	△△△
危险分析与关键控制点(HACCP)	△△△	△△△	▼	▼	△△△
保护层分析法	△△△	▼	▼	▼	▼
结构化假设分析(SWIFT)	△△△	△△△	△△△	△△△	△△△
风险矩阵	△△△	△△△	△△△	△△△	△
人因可靠性分析	△△△	△△△	△△△	△△△	△
以可靠性为中心的维修	△△△	△△△	△△△	△△△	△△△
业务影响分析	△	△△△	△	△	△

续上表

安全风险方法及特性	安全风险分析过程				
	风险识别	安全风险分析特性			风险评价
		后果	可能性	风险等级	
根本原因分析	△	▼	△△△	△△△	▼
潜在通路分析	△	▼	▼	▼	▼
因果分析	△	△△△	▼	△	△
风险指数	△	△△△	△△△	△	△△△
故障树分析	▼	△	△	△	△
事件树分析	▼	△△△	△△△	△	▼
决策树分析	▼	△△△	△△△	△△	△
Bow-Tie 法	▼	△	△△△	△△△	△
层次分析法(AHP)	▼	△△△	△△△	△△△	△△△
在险值(VaR)法	▼	△△△	△△△	△△△	△△△
均值—方差模型	▼	△	△	△	△△△
资本资产定价模型	▼	▼	▼	▼	△△△
FN 曲线	△△	△△△	△△△	△△	△△△
马尔可夫分析法	△△	▼	△△△	▼	▼
蒙特卡罗模拟法	▼	△△△	△△△	△△△	△△△
贝叶斯分析	▼	▼	△△△	▼	△△△

注:△表示适用;▼表示不适用。

安全风险分析方法(简称分析方法)是对系统的风险与危害性进行分析、评价的工具。每种分析方法的特点、原理、目标、应用条件、适用的对象、工作量均不尽相同,各具优缺点。将各种不同安全风险分析方法的特点及影响因素总结成表,进一步分析各种方法在不同场景的适应性,见表 2-2。

表 2-2　安全风险分析方法特点及影响因素

安全风险分析方法	方法特点	影响因素			能否提供定量结果
		资源与能力	不确定性的性质与程度	复杂程度	
头脑风暴法及结构化访谈	一种收集各种观点及评价并将其在团队内进行评级的方法。头脑风暴法可由提示、一对一以及一对多的访谈技术所激发	低	低	低	否
德尔菲法	一种综合各类专家观点并促其一致的方法,这些观点有利于支持风险源及影响的识别、可能性与后果分析以及风险评价。需要独立分析和专家投票	中	中	中	否
情景分析	在想象和推测的基础上,对可能发生的未来情景加以描述。可以通过正式或非正式的、定性或定量的手段进行情景分析	中	高	中	否

续上表

安全风险分析方法	方法特点	影响因素			能否提供定量结果
		资源与能力	不确定性的性质与程度	复杂程度	
检查表	一种简单的风险识别技术，提供了一系列典型的需要考虑的不确定性因素。使用者可参照以前的风险清单、规定或标准	低	低	低	否
预先危险分析(PHA)	PHA是一种简单的归纳分析方法，其目标是识别风险以及可能危害特定活动、设备或系统的危险性情况及事项	低	高	中	否
失效模式和效应分析(FMEA)	FMEA是一种识别失效模式、机制及其影响的技术	中	中	中	是
危险与可操作性分析(HAZOP)	HAZOP是一种综合性的风险识别过程，用于明确可能偏离预期绩效的偏差，并可评估偏离的危害度。它使用一种基于引导词的系统	中	高	高	否
危险分析与关键控制点(HACCP)	HACCP是一种系统的、前瞻性及预防性的技术，通过测量并监控那些应处于规定限值内的具体特征来确保产品质量、可靠性以及过程的安全性	中	中	中	否
保护层分析法	保护层分析，也被称作障碍分析，它可以对控制及其效果进行评价	中	中	中	是
结构化假设分析(SWIFT)	一种激发团队识别风险的技术，通常在引导式研讨班上使用，并可用于风险分析及评价	中	中	任何	否
风险矩阵	风险矩阵(risk matrix)是一种将后果分级与风险可能性相结合的方式	中	中	中	是
人因可靠性分析(HRA)	HRA主要关注系统绩效中人为因素的作用，可用于评价人为错误对系统的影响	中	中	中	是
以可靠性为中心的维修(RCM)	RCM是一种基于可靠性分析方法实现维修策略优化的技术，其目标是在满足安全性、环境技术要求和使用工作要求的同时，获得产品的最小维修资源消耗。通过这项工作，用户可以找出系统组成中对系统性能影响最大的零部件及其维修工作方式	中	中	中	是
业务影响分析	分析重要风险影响组织运营的方式，同时明确如何对这些风险进行管理	中	中	中	否
根本原因分析	对发生的单项损失进行分析，以理解造成损失的原因以及如何改进系统或过程以避免未来出现类似的损失。分析应考虑发生损失时可使用的风险控制方法以及怎样改进风险控制方法	中	低	中	否

续上表

安全风险分析方法	方法特点	影响因素			能否提供定量结果
		资源与能力	不确定性的性质与程度	复杂程度	
潜在通路分析	潜在分析(SA)是一种用于识别设计错误的技术。潜在通路是指能够导致出现非期望的功能或抑制期望功能的状态,这些不良状态的特点具有随意性,在最严格的标准化系统检查中也不一定检测到	中	中	中	否
因果分析	综合运用故障树分析和事件树分析,并允许时间延误。初始事件的原因和后果都要予以考虑	高	中	高	是
风险指数	风险指数可以提供一种有效的划分风险等级的工具	中	低	中	是
故障树分析	始于不良事项(顶上事件)的分析并确定该事件可能发生的所有方式,并以逻辑树形图的形式进行展示。在建立起故障树后,就应考虑如何减轻或消除潜在的风险源	高	高	中	是
事件树分析	运用归纳推理方法将各类初始事件的可能性转化成可能发生的结果	中	中	中	是
决策树分析	对于决策问题的细节提供了一种清楚的图解说明	高	中	中	是
海因里希法则	常见安全管理模型	低	低	低	否
冰山理论	常见安全管理模型	中	中	中	否
马斯洛需求层次理论	生理需求、安全需求、归属需求、尊重需求、自我实现,从左至右逐渐增加,是常见安全管理模型	中	高	中	否
布莱德利杜邦安全文化曲线	伤害率与自然本能、严格监督、自主管理、团队管理,即本能—依赖—独立—互助,杜邦经典管理理论	低	低	低	否
金字塔理论	杜邦经典管理理论	低	高	中	否
行为安全管理	与不安全行为有关的因素与伤害比率	中	中	中	是
海因里希多米诺骨牌模型	从第1个骨牌倒下开始就拉开了事故发生的序幕	中	高	高	否
博德事故因果连锁理论	事故的发生是由于个人的原因:缺乏知识、技能,工作态度不端正,身体和精神方面的问题等。而其根本原因是管理失误:对人的管理和对物的管理	中	中	中	否

2.2.4 人工智能算法体系

人工智能(artificial intelligence,AI)是研究、开发用于模拟、延伸和扩展人的智能的理论、方法、技术及应用系统的一门新的技术科学。人工智能技术体系涉及广泛，涉及数学基础和计算机基础，能用于机器学习分类，涉及问题领域丰富，包含多样的机器学习算法和架构等，如图 2-5 所示。

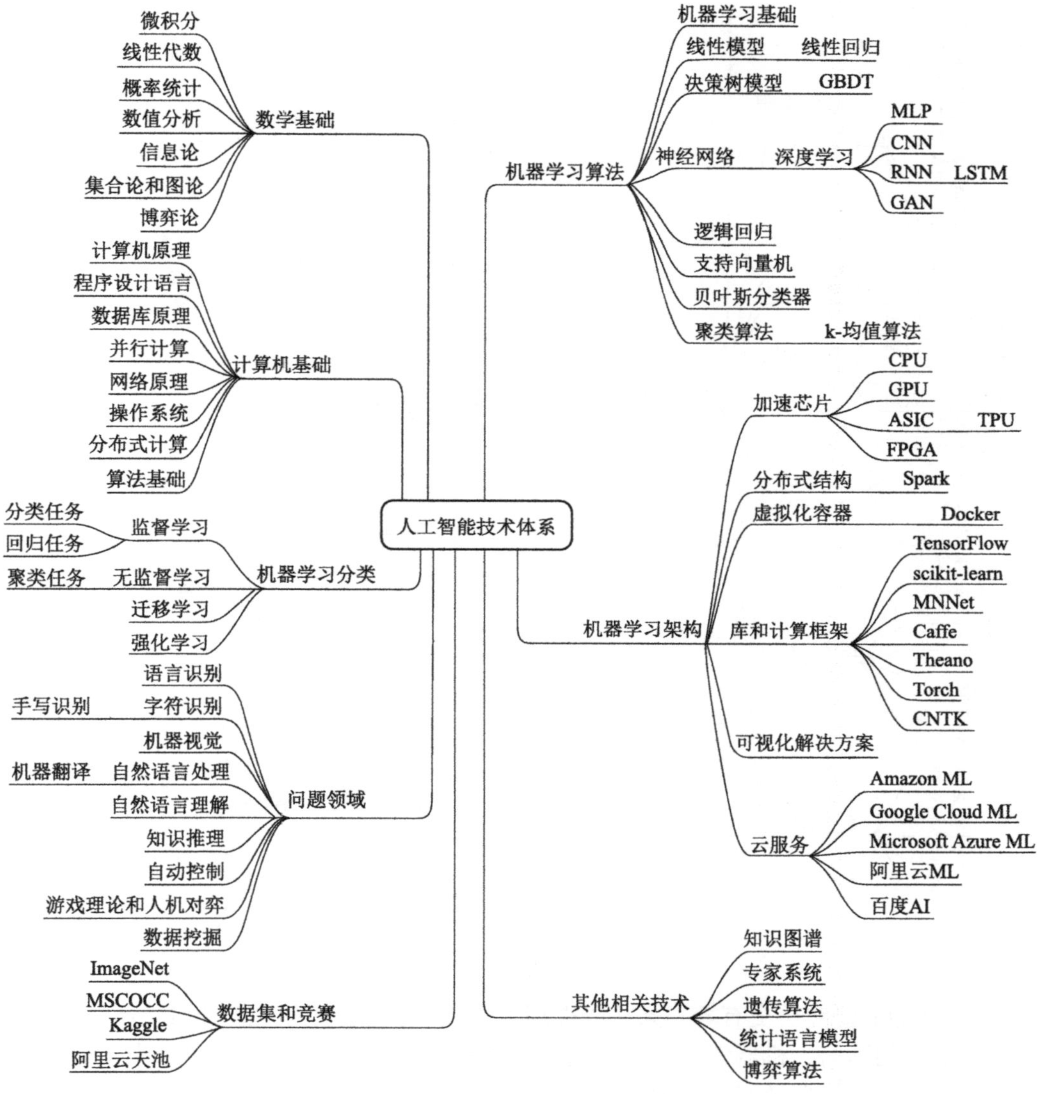

图 2-5 人工智能技术体系

在总结出人工智能技术体系的同时，将人工智能知识体系进行总结，如图 2-6 所示。人工智能知识体系包含数学、计算机科学、语言学、神经科学等众多学科知识，同时需要一定的设施基础和计算框架支撑，人工智能知识体系还包含监督学习、半监督学习、无监督学习、强化学习、迁移学习及深度学习等算法模块，能应用到语言识别、自然语言处理、文字识别、视频和图像识别以及智能分析处理数据等。而铁路大数据中数据种类多、数据形式多、数据体量大，急需要辅助处理，能实现铁路运营系统中的各种安全检测和预测，而 AI 算法能为此提供解决途径。

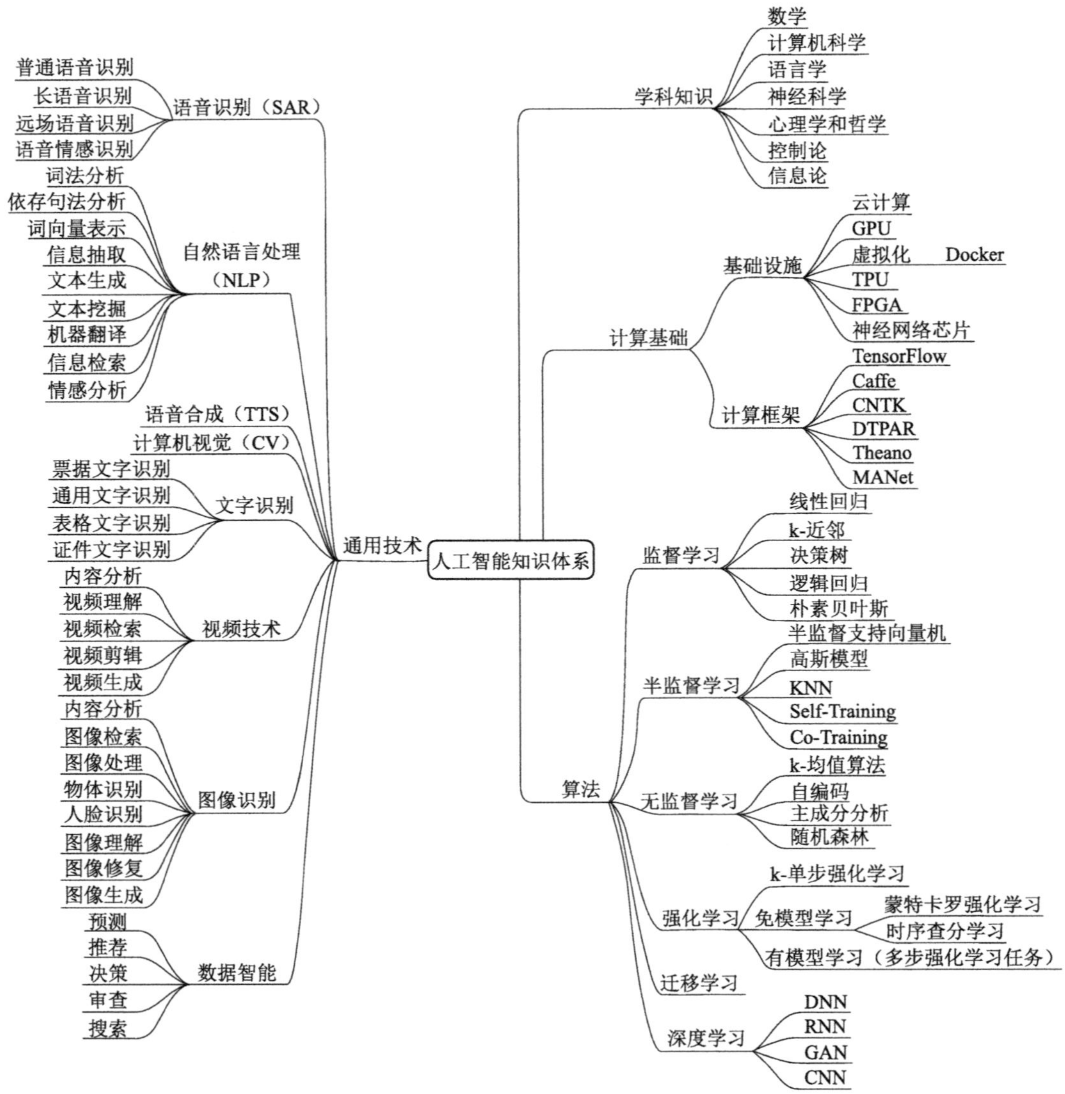

图 2-6　机器学习算法

人工智能的研究历史有着一条从以推理为重点，到以知识为重点，再到以学习为重点的自然、清晰的脉络。机器学习是实现人工智能的一个途径，即以机器学习为手段解决人工智能中的问题，机器学习在近 30 多年已发展为一门多领域交叉学科，涉及概率论、统计学、逼近论、凸分析、计算复杂性理论等多门学科。机器学习理论主要是设计和分析一些让计算机可以自动学习的算法。机器学习算法是一类从数据中自动分析获得规律，并利用规律对未知数据进行预测的算法。因为学习算法中涉及了大量的统计学理论，机器学习与推断统计学联系尤为密切，也被称为统计学习理论。在算法设计方面，机器学习理论关注可以实现的，行之有效的学习算法。很多推论问题属于无程序可循难度，所以部分的机器学习研究是开发容易处理的近似算法。机器学习有三种定义：机器学习是一门人工智能的科学，该领域的主要研究对象是人工智能，特别是如何在经验学习中改善具体算法的性能；机器学习是对能通过经验自动改进的计算机算法的研究；机器学习是用数据或以往的经验，以此优化计算机程序的性能标准。机器学习算法如图 2-7 所示。

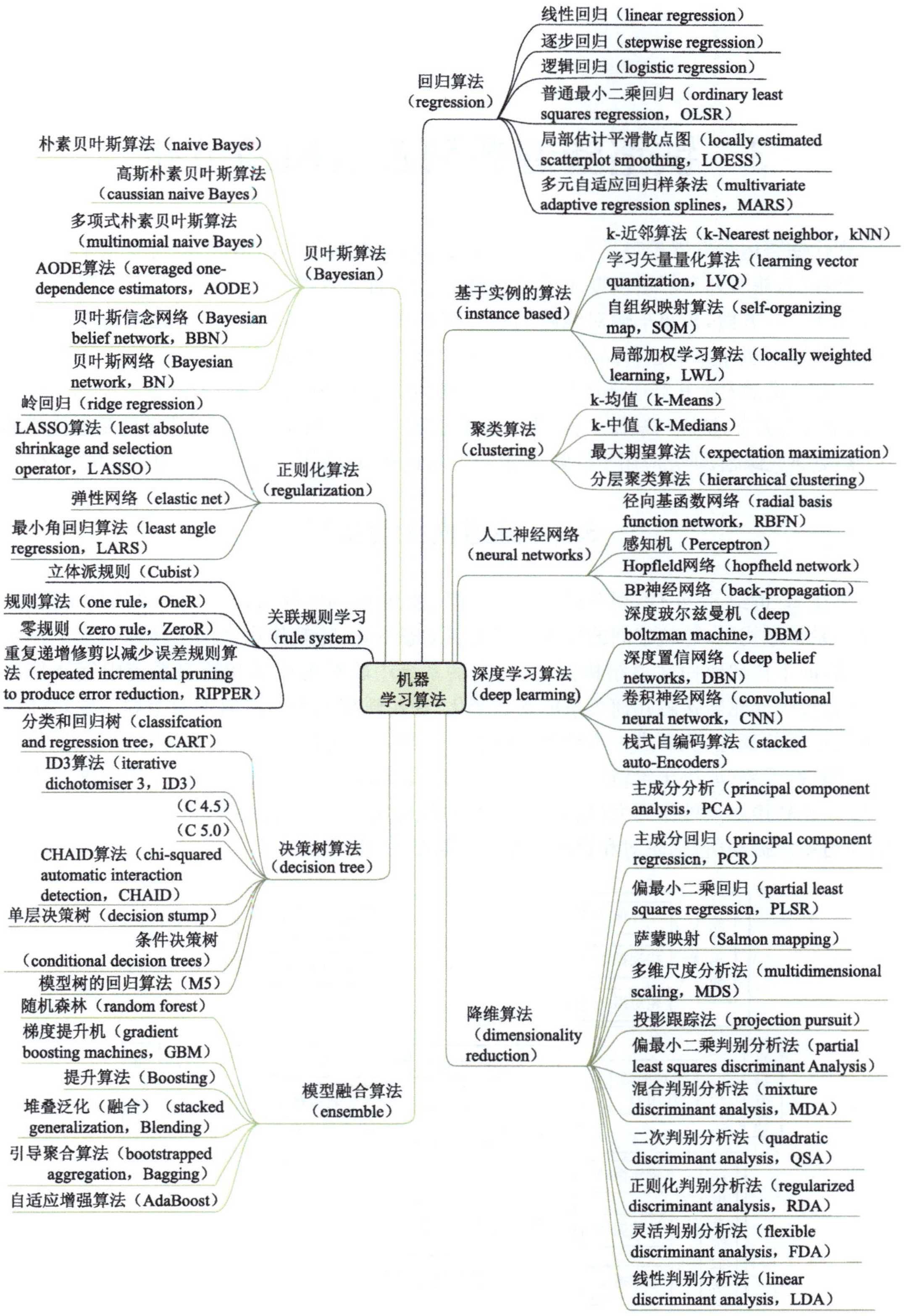
机器学习算法
回归算法（regression）
线性回归（linear regression）
逐步回归（stepwise regression）
逻辑回归（logistic regression）
普通最小二乘回归（ordinary least squares regression，OLSR）
局部估计平滑散点图（locally estimated scatterplot smoothing，LOESS）
多元自适应回归样条法（multivariate adaptive regression splines，MARS）
基于实例的算法（instance based）
k-近邻算法（k-Nearest neighbor，kNN）
学习矢量量化算法（learning vector quantization，LVQ）
自组织映射算法（self-organizing map，SQM）
局部加权学习算法（locally weighted learning，LWL）
聚类算法（clustering）
k-均值（k-Means）
k-中值（k-Medians）
最大期望算法（expectation maximization）
分层聚类算法（hierarchical clustering）
人工神经网络（neural networks）
径向基函数网络（radial basis function network，RBFN）
感知机（Perceptron）
Hopfleld网络（hopfheld network）
BP神经网络（back-propagation）
深度学习算法（deep learming）
深度玻尔兹曼机（deep boltzman machine，DBM）
深度置信网络（deep belief networks，DBN）
卷积神经网络（convolutional neural network，CNN）
栈式自编码算法（stacked auto-Encoders）
降维算法（dimensionality reduction）
主成分分析（principal component analysis，PCA）
主成分回归（principal component regression，PCR）
偏最小二乘回归（partial least squares regressicn，PLSR）
萨蒙映射（Salmon mapping）
多维尺度分析法（multidimensional scaling，MDS）
投影跟踪法（projection pursuit）
偏最小二乘判别分析法（partial least squares discriminant Analysis）
混合判别分析法（mixture discriminant analysis，MDA）
二次判别分析法（quadratic discriminant analysis，QSA）
正则化判别分析法（regularized discriminant analysis，RDA）
灵活判别分析法（flexible discriminant analysis，FDA）
线性判别分析法（linear discriminant analysis，LDA）
贝叶斯算法（Bayesian）
朴素贝叶斯算法（naive Bayes）
高斯朴素贝叶斯算法（caussian naive Bayes）
多项式朴素贝叶斯算法（multinomial naive Bayes）
AODE算法（averaged one-dependence estimators，AODE）
贝叶斯信念网络（Bayesian belief network，BBN）
贝叶斯网络（Bayesian network，BN）
正则化算法（regularization）
岭回归（ridge regression）
LASSO算法（least absolute shrinkage and selection operator，L ASSO）
弹性网络（elastic net）
最小角回归算法（least angle regression，LARS）
关联规则学习（rule system）
立体派规则（Cubist）
规则算法（one rule，OneR）
零规则（zero rule，ZeroR）
重复递增修剪以减少误差规则算法（repeated incremental pruning to produce error reduction，RIPPER）
决策树算法（decision tree）
分类和回归树（classifcation and regression tree，CART）
ID3算法（iterative dichotomiser 3，ID3）
（C 4.5）
（C 5.0）
CHAID算法（chi-squared automatic interaction detection，CHAID）
单层决策树（decision stump）
条件决策树（conditional decision trees）
模型树的回归算法（M5）
模型融合算法（ensemble）
随机森林（random forest）
梯度提升机（gradient boosting machines，GBM）
提升算法（Boosting）
堆叠泛化（融合）（stacked generalization，Blending）
引导聚合算法（bootstrapped aggregation，Bagging）
自适应增强算法（AdaBoost）

图 2-7 机器学习算法

3 铁路隧道振动安全风险分析

现代铁路运输发展趋势是行车速度不断提高，运载质量不断增大，运行安全平稳性要求不断提高，旅客列车舒适度要求不断提高。由此而导致铁路运行环境与节能降耗解决难度加大。一方面，机车车辆对线路的动力破坏作用加剧；另一方面，轨道结构振动及线路几何状态对机车车辆运行品质（平稳性）乃至运行安全性的影响也越来越强。

铁路隧道的安全和舒适环境控制问题普遍存在很多物理和工程领域，如声学、光学、电磁学、空气动力学、抗震与减振工程、隧道工程、控制工程等，隧道安全与照明节能是近代科学一个热点研究课题，研究应用于铁路隧道安全、舒适和节能照明控制系统具有重要的意义。

3.1 隧道内振动机制

早在 20 世纪 80 年代，列车通过隧道时产生振动的问题就引起了工程界的高度重视。在轮轨系统激扰下，轮轨之间的作用力将出现动态变化；轮轨作用力向上传递引起车辆系统振动，向下传递致使轨道结构振动；而车辆系统中轮对的振动和轨道系统中钢轨的振动，将直接引起轮轨接触几何关系的动态变化；在轮轨接触点的法向平面上导致轮轨弹性压缩变形量的变化，从而进一步导致轮轨法向接触力的变化，在轮轨接触点的切向平面内引起轮轨蠕滑率（取决于轮轨相对运动速度）的变化，从而进一步引起轮轨切向蠕滑力的变化；而轮轨接触点处作用力（轮轨法向力、轮轨蠕滑力）的动态变化，反过来又会影响车辆、轨道系统振动（包括轮对和钢轨的振动），如图 3-1 所示。

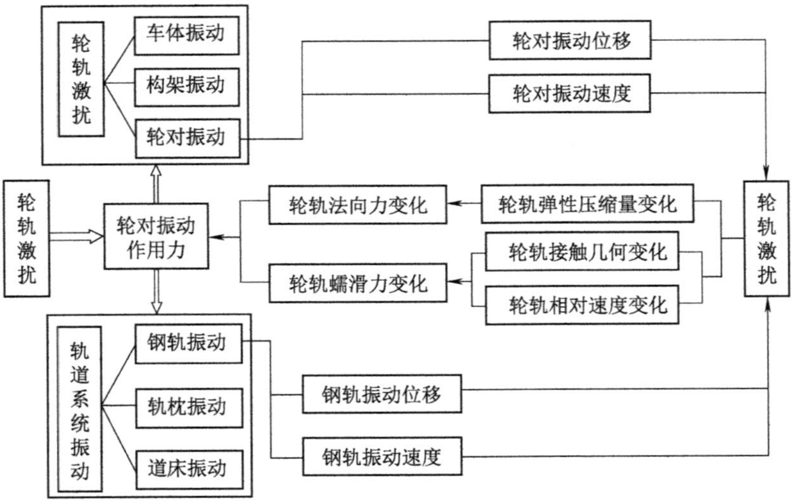

图 3-1 车辆-轨道动态耦合作用机制

如此循环,耦合叠加,这种相互反馈作用将使车辆-轨道系统处于特定的耦合振动形态之中,最终决定着整个车辆-轨道系统的动态行为特征。

近几年,隧道列车振动诱发环境振动对乘客舒适性的影响又重新成为一个世界性的热门课题。其主要原因在于:

(1)隧道内,因列车诱发环境振动对乘客的影响,现在越来越多地引起公众的强烈反响,同时对乘客乘车舒适度提出了更高的要求。

(2)建成了许多特殊型式的隧道结构,如平行换乘车站、单洞双层型隧道、近距离交叠或重叠隧道等,列车振动对隧道结构稳定造成威胁,对安全行车提出了更高的要求。

(3)既有铁路大范围提速和高速铁路快速发展,列车通过隧道时的速度越来越快,由线路不平顺等因素引起的列车振动荷载对隧道内环境的影响加大。

(4)下穿长江和高山的高速铁路隧道以及城际铁路的大力发展,隧道内轨道与既有线或建筑物之间的距离越来越小,列车振动对既有线和周边环境的影响日渐严重。

3.1.1 隧道内振动传播的特点及成因

当列车穿越隧道时,车辆轮对系统与轨道之间产生动力相互作用,形成振动源,振动能量通过轨道、道床传递给隧道衬砌和周围地层,引起隧道结构和地层的振动响应。这种振动再由地层传递到地面或邻近建筑物,进而诱发结构物的二次振动,铁路隧道振动传播过程示意如图 3-2 所示。

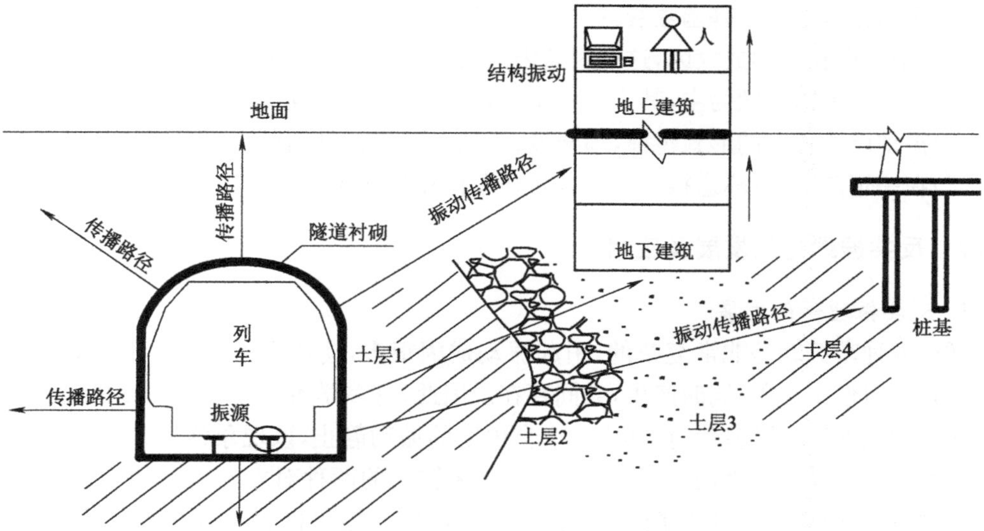

图 3-2 铁路隧道振动传播过程示意

1. 振动产生的原因

引起隧道振动响应的因素有很多,总体上可归结为 3 个方面:

(1)车辆方面:行车速度、列车轴重、车轮磨耗程度等。

(2)轨道方面:轨道结构类型、轨下基础条件、轨道平顺条件等。

(3)隧道主体:衬砌类型、隧道基础、埋深以及围岩条件等。

由此可见隧道内的振动问题是非常复杂的，涉及多个研究对象和多门学科的交叉应用。

2. 振动传播特点

在振动传播规律方面，研究方法多以数值模拟和实验测试为主，研究振动具有以下传播特点：

(1)对于运行速度 350 km/h 高速铁路，高速动车组运行时铁路环境振动主频出现在 40 Hz 左右。对于运行速度 250 km/h 客运专线，高速动车组运行时铁路环境振动主频出现在25 Hz左右；货物列车运行所产生的铁路环境振动，其主频大多出现在 12.5 Hz 左右。

(2)动车组列车运行时的地面环境振动传播规律为近场范围内距线路距离加倍，环境振动衰减 2～3 dB。

(3)列车引起的地面振动随车速的提高而增大，并符合如下关系式：

$$VL_{z,\max}(v)=10n\lg\left(\frac{v}{v_0}\right)+VL_{z,\max}(v_0) \tag{3-1}$$

式中，$VL_{z,\max}(v)$表示在列车达到一定速度测得的 z 振级最大值；$VL_{z,\max}(v_0)$表示在列车初始速度测得的 z 振级最大值；v_0 为列车初始速度；v 为列车速度；根据实测结果统计回归计算，n 取值范围为 2.8～4.3，与日本新干线的桥梁及其周围地面的振动进行的测试结果基本一致(1.5～3.5)。

(4)振动传播过程中，高频部分比低频部分衰减得快，水平方向振动比垂直方向振动衰减得快。

(5)振动在地层中按幂函数衰减，但文献[2]的研究表明，振动在离开隧道轴线一定距离以外的地表存在振动放大区，这个距离因地层条件和隧道埋深而不同。

(6)振动频率以低频为主，其中 20～100 Hz 的振动强度较大。

(7)振动以三种波的形式传播，即横波、纵波和表面波，其中表面波占主要地位。

(8)在一定范围内，隧道振动加速度与列车行驶速度成正比。

3.1.2 反共振理论的发展及应用

1. 反共振理论的发展

隧道内列车振动是非常复杂的，引起振动成因很多，隧道内极易产生共振，而共振与反共振是一对孪生兄弟，同时产生，共同存在。因此，许多学者对于多自由度的振动系统，当激振力的频率达到某些值时，其中一个自由度的振动静止，该现象称反共振现象。反共振和共振是振动系统中性质相反，但又可以互相转化的两种对立的运动状态。在有关机械振动理论的著作中，关于共振现象的论述比较多，共振机械在实际中的应用也比较成熟，然而对于反共振问题的重视与研究，则是近几十年的事情。广大学者对反共振的理论及应用进行了不少的研究，主要包括将反共振理论应用于振动利用工程中隔振装置的设计。

徐庆善教授介绍了动力反共振及多自由度隔振器的近况，对隔振技术的进展和各类隔振器的设计与应用进行了介绍，指出今后隔振器的设计与改进一定要与现代控制理论、模态实验、动力分析和优化技术紧密结合起来。刘杰教授和孙光复教授设计了三种新型反共振机械，并对这三种振动机械进行了力学分析，提出了振幅控制方案。韩运侠教授指出通过在机器或结构物上附加一个质量弹簧系统构成两个自由度的振动系统，进而利用反共振现象来避免共振的发生。

冲击消振系统由于结构简单、消振效果良好得到许多成功的应用。对垂直冲击消振系统运用迭代映像原理建立了数值仿真模型，得到了混沌响应与锁频响应的区域分界线，提出使消振器的运动状态处于低周期锁频状态的反共振点处的设计原则。龚善初教授建立了两自由度系统的振动方程，并做了模态响应分析。通过具体算例对反共振现象进行了分析，并作出了频响曲线，实现了利用反共振现象吸振的目的。

2. 反共振隔振技术的特点

为了减小或消除振动机械传给地基的动载荷，许多学者和技术人员对隔振方式做了大量的研究，产生了如一次隔振、二次隔振、动力隔振等隔振技术。这些技术已经广泛应用于振动机械中，取得了一定的隔振效果，但是每种隔振方法都有一定的缺陷。以反共振理论为基础设计反共振隔振机械是一种新的尝试，与其他隔振方法相比具有下列特点：

(1)既能满足振动机械所需的振动强度，同时又使机体传给基础的动载荷较小。

(2)整机结构简化，不需要额外的减振装置就能达到减振的目的，整机质量大大减小，降低了能耗。

(3)运行时噪声降低，减小了对环境的影响。

(4)振动机械运行在反共振点附近时的振幅不稳定。

3. 反共振理论的应用

始于 20 世纪 60 年代相当多的列车与直升机均采用反共振隔振器的隔振方法来达到减振的目的。当激励频率波动很小时，隔振减振效果特别好。现代列车运行速度快，运行负荷重，对轮轨振动隔离水平要求将更加严格，利用反共振隔振理论设计的新型隔振装置(NRFVI)兼具柔性隔振与反共振隔振的特点。不但具有焦点式隔振器的隔振功能，而且还可隔离垂向激振力，具有隔振性能好、适应性强、可靠性高、质量轻、制造成本低等优点，解决了降低高速列车(如“和谐号”)振动水平的技术问题。

近年来，在弗兰纳里发明的动力反共振隔振器的基础上，动力反共振隔振器又有了新的发展。如多频动力反共振隔振、主动式动力反共振隔振、动力反共振隔振与其他隔振方案组合等等，逐渐被应用到了高速列车领域之外的其他工业领域的减振问题中。

根据反共振隔振技术的关键特征，振动机械的振幅在反共振点附近变动较大，不能直接利用反共振理论去设计振动机械，必须在设计振动列车机械部件过程中根据设计要求进行动态仿真，选取最优的设计部件参数，为了保持振幅在一个合理的参数范围内，必须采用自动控制技术手段来调节激振频率。

(1)反共振理论应用于模态分析技术

在机械工程中广泛应用一种有效分析方法即称为模态分析技术方法，但在多种情况下进行频响函数测试时，往往会碰到虚假模态和函数漏阶的情形，多半会导致测试结果失败，提出反共振理论之后，有效地解决这一问题。

峰值和相位利用模态分析来判断模态阶数的关键。考虑到试验过程中许多环境因素的影响，利用峰值和相位判断模态阶数是不精确的；如果存在漏阶和虚假模态，难以正确判断出来。利用反共振理论就可得到在相邻的两个共振峰之间有且仅有一个反共振点，就这一个反共振点能准确判断出的模态阶数。在频率响应函数的实频或虚频图上，当相邻两共振点之间找不出反共振点，就可以判断相邻两共振点之中是存在虚假模态；当相邻两共振点之间有两个或多个反共振点，那么可判断两相邻共振点之间一定存在漏阶。该方法对于一旦发现漏阶现象，立即采取有效补救措施，可以保证现场试验的完整性。

机械工程模态试验对象一般都是小阻尼系统，利用反共振点可以准确判断出模态。该识别方法提供了一种模态分析的新手段。使大家在进行模态分析时可以更加准确地借助不同的手段进行模态识别。

(2)反共振理论应用于振动列车机械部件

把多自由度反共振理论和模糊概率论相结合，通过反共振列车的实例分析，得出了反共振频率的随机性、电动机转速的随机性和振动弹簧的不均匀性，推导出计算反共振列车机械部件模糊可靠度的计算公式和表达反共振区模糊子集的隶属函数，可对反共振列车机械部件进行模糊可靠性检验和设计。按质量、激振频率的随机性和模糊性等不同的角度进行了反共振列车机械部件模糊的可靠性分析。

3.1.3 隧道内列车诱发环境振动对乘客的影响

列车速度、轴重、路网密度和行车密度的提高，加剧了铁路运输对环境的影响。铁路运输对环境的影响主要表现为铁路噪声和经由大地传播的环境振动。列车沿钢轨运行时，其移动的轴荷载和由于轮轨接触表面的不平顺而产生的轮轨动荷载使车辆和轨道结构产生振动。轨道结构产生振动经由隧道、轨道和高架结构等传入大地，产生振动波。振动波沿着大地表面传播，激发铁路附近的建筑物振动。这种振动对居民的生活和工作产生干扰，也会加速具有重要历史价值的古建筑损坏。建筑物基础的耦合力激发建筑物的振动，其低频成分(2～100 Hz)会使小型建筑物产生整体振动，而高频成分(100～250 Hz)有可能使墙壁、地板和天花板产生弯曲振动。此振动向空气中辐射噪声，使房间发出嗡嗡声，结构传播噪声无法通过声屏障来降低。为了控制铁路对环境的负面影响，许多国家对新建和改建线路在施工前要进行严格的环境咨询和评估，包括环境振动水平的预测。如果预测的水平超过限定值，需要修改设计，或者通过减振隔振措施来降低振动水平。欧洲委员会已发布了一系列文件，用来指导、协调和规范欧盟国家铁路噪声和振动的评价、预测、数据收集和共享、减振降噪策略和措施等等。例如：《环境噪声指导书》(*Environmental Noise Directive*，END)阐述了铁路噪声(包括空气传播和结构传播的噪声)和振动的控制策略；欧洲铁路联营协会(European Association for Railway Intero-perability)在《欧洲电气化铁路互通技术规范》中规定了铁路噪声标准；英国交通部颁布的《铁路噪声计算》(*Calculation of Railway Noise*，CRN，1995 年)详细规定了铁路噪声的计算原则和方法，伦敦市长于 2004 年发布的《伦敦市长关于伦敦环境噪声的策略》(*Mayer's Strategy for London Ambient Noise*)尤其对伦敦地铁系统产生的大地振动进行重要论述；美国交通部发布的《高速铁路地面交通噪声和振动评价》(*High-speed Ground Transportation Noise and Vibration Impact Assessment*)详细论述了如何对高速铁路产生的大地振动进行预测和评估。铁路产生的大地振动受到了许多发达国家的政府部门、学术机构和铁路行业的高度重视，形成了一个研究高峰，并取得了一系列重要成果。

3.2 隧道空气动力学

随着列车运行速度的提高，列车通过隧道时诱发的空气动力学效应将会加剧，并引起一系列的空气动力学问题，具体如下：

(1)列车风加剧影响隧道内人员作业，并对作业人员和车辆产生危害。

(2)行车阻力加大，引起对列车动力和总能量消耗的特殊要求。

(3)行车阻力加大，引起隧道内热量积聚和温度升高。

(4)高速列车进入隧道时，会在隧道出口产生微压波，引起爆破噪声并危及洞口建筑物。

(5)列车各部件产生的空气动力学噪声加剧(强度与车速的6～8次方成正比)。

(6)由于瞬变压力造成乘客耳朵不适，乘客舒适度降低。

上述问题涉及隧道建筑限界、洞口段形状、洞内设施、轨道构造及车头形状等技术措施的改进。故各国在隧道结构设计中，规定了一些技术标准和措施。

高速列车空气动力学问题通常情况下可以分为三类：压力波问题、动力问题和噪声问题。压力波问题主要指与压力波的压力和压力梯度的大小相关的问题，包括乘客的安全和舒适度问题、列车和隧道局部结构的损伤问题和隧道出口微压波辐射问题。动力问题主要指横风效应(包括横风导致的列车振动、颠覆、行驶阻力增加、列车局部结构荷载增加等问题)、空气阻力效应(导致列车运行所耗能量大大增加)和其他横向作用(导致列车的左右摆动，影响列车上乘客的舒适性)。噪声问题主要指列车上各部分与气流相互作用产生的噪声源的问题。这三类问题紧密相连，在设计列车和隧道结构时需要同时考虑。

当列车以高速进入隧道时，列车前面将会产生初始压缩波，此波沿隧道向前传播。随着列车进一步驶入隧道和隧道环状管道长度的不断延长，隧道内的压力也将不断地增大，压缩波的前锋压力梯度也随着继续增强，直至列车全部进入隧道后一段时间为止。当压缩波到达隧道出口处时，即向进口反射成膨胀波，与此同时，一个脉状冲击波自隧道出口向周围地区辐射出去，发出爆炸声，并使得附近房屋的窗框、百叶窗等急剧振动，发出“咯啦”的响声，此脉状冲击波即微压波，图3-3显示了隧道出口微压波产生的基本过程。

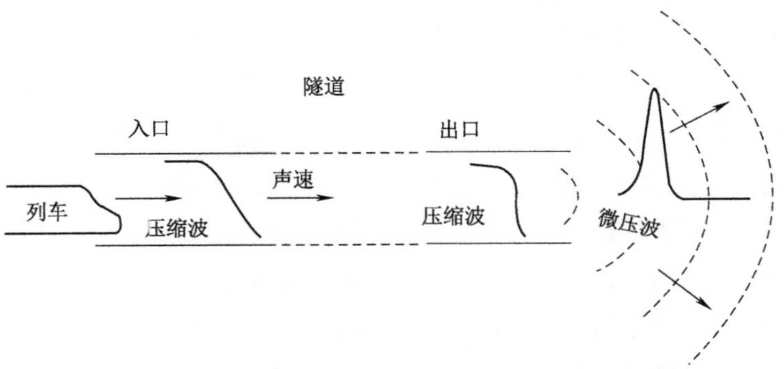

图3-3 隧道出口微压波产生的基本过程

微压波现象是1975年山阳新干线在冈山和博多间进行试运行时首次发现的。由于微压波对人类环境的危害性较大，日本专门成立了研究隧道噪声的组织，并采取了一系列治理措施。微压波的影响因素主要有列车进入隧道的速度、列车头部形状、列车头部的长细比、隧道的阻塞比（即列车横断面积和隧道横断面积之比）、隧道长度、隧道内部条件（如轨道结构，有无竖井、斜井和横通道等）和隧道出口的地形等。其中，列车进入隧道的速度、隧道的阻塞比是最为重要的两个影响因素。隧道压缩波的最大压力梯度值与列车进入隧道的速度的三次方成正比，而微压波的峰值和压缩波到达隧道出口时的最大压力梯度大致成正比。

对于短隧道（长度小于1.5 km），微压波的峰值与列车入洞速度大致成正比，并随着隧道阻塞比的增加而增大，隧道出口产生微压波的压力值变化情况如图3-4所示。由图3-4可知，微压波的持续时间很短，只是0.15 s左右。由于该隧道为铺设板式道床的长隧道，所以，当列车速度增加，微压波的峰值增加很快。

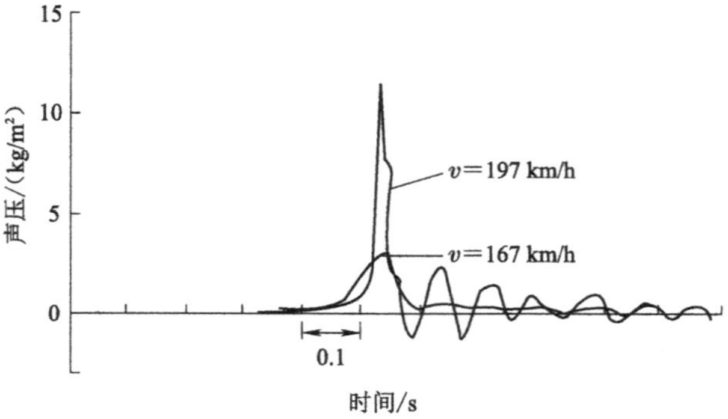

图3-4 隧道出口产生微压波的压力值

通过国外的试验数据分析可以看出，在短隧道中，即使列车入洞速度达到200 km/h，其产生压缩波的频域都主要集中在低频区域，通常情况下小于10 Hz。微压波问题事实上是一个低频噪声和振动问题。微压波的压力通常在500 Pa以内，其中频率在20 Hz以上的部分主要形成人耳可听到的炮轰声，而20 Hz以下的部分则主要使得隧道出口附近的轻型结构如窗户的玻璃等产生剧烈振动。微压波的能量主要集中在100 Hz以下，而且大部分情况下都集中在20 Hz以下。图3-5是对于图3-4中所测得微压波压力值的频谱分析，从图3-5中可以看到，当列车速度较低（167 km/h）时，微压波的能量主要集中在13 Hz以内，当列车速度提高到一定程度（197 km/h）时，微压波在各个频率的增长都比较大，这主要是由于长隧道中压缩波的非线性效应使得压缩波变陡，但是，其能量仍然主要集中在100 Hz以内。虽然在过去的20多年里，微压波在日本已经成为一个受到高度重视的问题，但是在世界的其他国家，它并未产生明显影响。这其中的一个重要原因是由于高速铁路最先起源于日本，只有在列车速度提高到一定程度之后，才有可能产生微压波现象。另外，每个国家修建铁路隧道的标准不一样，各国的隧道长度、轨道结构、隧道横断面积、列车横断面积、居民居住点距离隧道的远近等都各不相同。

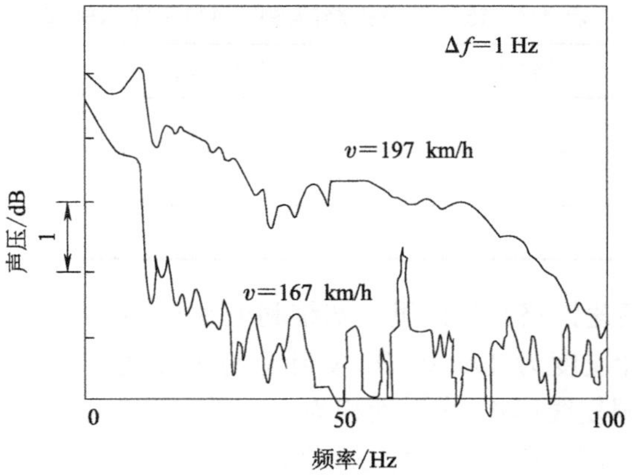

图 3-5 微压波压力值的频谱分析

3.2.1 高速铁路隧道的长度、断面净空值、车速之间关系

确定高速铁路隧道净空面积时需考虑隧道长度和运行速度等因素。国内将全长大于10 km以上的隧道称为特长隧道,全长在3～10 km之间的隧道称为长隧道,全长在0.5～3 km之间的隧道称为中长隧道,全长小于0.5 km的隧道称为短隧道。一般说来,特长隧道采用双洞单线形式,而其他隧道采用单洞复线的总体结构形式。

日本新干线隧道主要采用单洞复线形式,较少采用双洞单线形式。单洞复线隧道断面净空面积控制在64 m^2之内。日本的特长隧道东北新干线上长约26.455 km的八甲田隧道以及长度为53.83 km的海底特长青函隧道,也采用单洞复线结构形式。考虑到工程建设的经济性,日本新干线隧道的净空面积均比较小。由于当时缺乏对隧道空气动力学的认识,高速列车在隧道内运行,特别是在隧道内交会引起车内空气压力的剧烈波动,造成乘客的压力不适性问题比较严重。尽管采取了加强车辆气密性等措施,仍无法从根本上缓解车内压力波动。

法国高速铁路隧道断面净空面积与列车的运行速度密切相关。大西洋线的复线隧道净空面积为55～71 m^2,该线路允许最高列车速度为300 km/h,从巴黎到勒芒的列车速度为220 km/h,从巴黎到图尔的列车速度为236 km/h。而北方线、东南延伸线复线隧道的净空面积均为100 m^2,单线隧道净空面积为70 m^2。法国高速铁路隧道断面净空面积标准见表3-1。

表 3-1 法国高速铁路隧道断面净空面积标准

列车速度/(km/h)	单线隧道/m^2	复线隧道/m^2
230	46	63
270	59	83
300	70	100

德国第一条高速铁路隧道修建始于1971年。最长隧道是兰德吕肯隧道,全长10.779 km,为单洞复线形式。德国高速铁路隧道断面净空面积标准见表3-2。

表 3-2 德国高速铁路隧道断面净空面积标准

列车速度/(km/h)	单线隧道/m^2	复线隧道/m^2	备注
250(280)	—	82	客货共线，既有线
230～300	60	—	未来实现
300	—	92	客运专线，既有线

西班牙已建成的高速铁路有马德里—塞维利亚和马德里—巴塞罗那两条。马德里—塞维利亚高速铁路设计速度为 300 km/h，实际运行速度为 250～270 km/h，最长隧道为 2.54 km，其结构为单洞复线形式，净空面积为 75 m^2。马德里—巴塞罗那高速铁路允许最高运行速度达 350 km/h，隧道净空面积为 100 m^2。

意大利的罗马—佛罗伦萨高速铁路全长 254 km，设计速度 250 km/h，隧线比 30%，最长隧道全长 10.954 km，该线路的隧道净空面积分别为 54 m^2 和 66 m^2。瑞士提出的“铁路 2000 计划”中穿越阿尔卑斯山的两座隧道：圣哥达隧道全长 57 km，列奇堡隧道全长 34 km。这两座世界著名的山岭铁路隧道设计速度为 230 km/h，均为双洞单线形式，净空面积为 41 $m^2\times2$。

值得一提的是欧洲阿姆斯特丹—鹿特丹—安特卫普高速铁路上的荷兰绿色心脏隧道。隧道全长 8.636 km，设计速度 350 km/h，采用中间筑墙分隔的复线超大断面隧道方案。中隔墙可将列车对向通过时所产生的压力波隔离，更重要的是一旦发生火灾，中隔墙可将隧道一分为二，此时未受影响的隧道一侧可方便地与紧急出口连接。

韩国高速铁路网主要由首尔—釜山的京釜线和五松—木浦的湖南线组成。京釜高速铁路全长 409 km，设计速度 350 km/h；线路上隧道 89 座，隧线比约 40%，有特长隧道 2 座；最长隧道为金井隧道，全长 20.33 km。韩国高速铁路隧道采用单洞复线形式，净空面积为 107 m^2，是世界上隧道净空面积最大的隧道。

3.2.2 动模型实验重复性分析

1. 瞬态压强测量

瞬态压强测量实验易受到各种因素的干扰，为保证实验的有效性和可靠性，必须进行重复性精度分析。用动车组以 200 km/h 速度通过 59 m^2 单线隧道的实验为例，在隧道壁面和车体表面设置测试点，从而得到 3 次测试所测压强变化幅值(表 3-3)和压强波形图(图 3-6 和图 3-7)。将隧道壁面测点测得的压强幅值与列车表面测点所测得压强变化幅值实验结果的平均值进行对比，得到相对误差。

表 3-3 动模型实验测点重复性测量结果

测试序号	隧道壁面测点		列车表面测点	
	压强变化幅值/Pa	相差	压强变化幅值/Pa	相差
1	1 989	0.49%	1 660	0.89%
2	2 029	1.72%	1 639	0.23%
3	1 990	0.90%	1 629	0.71%

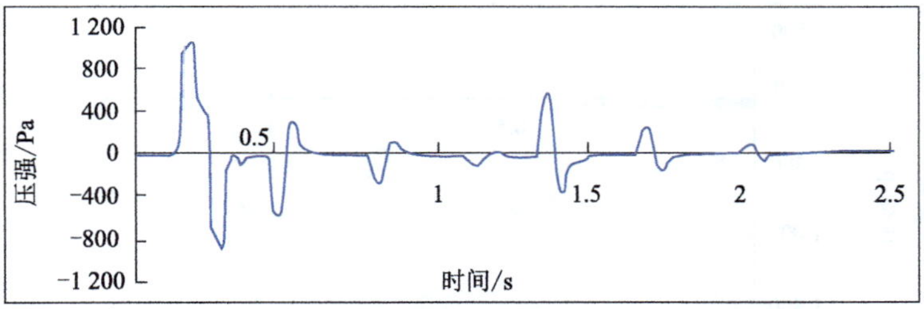

（a）第一次测试波形图

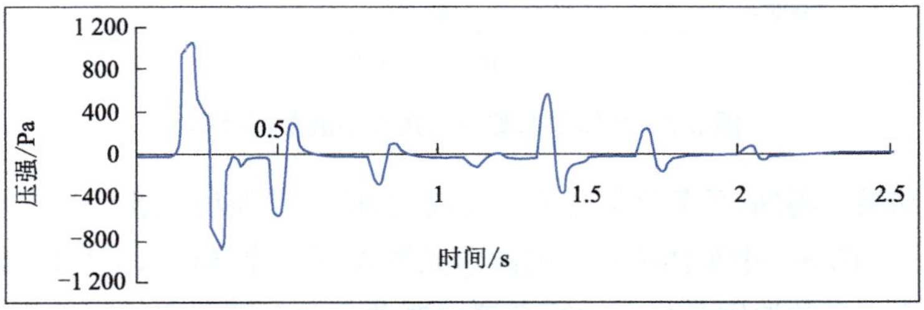

（b）第二次测试波形图

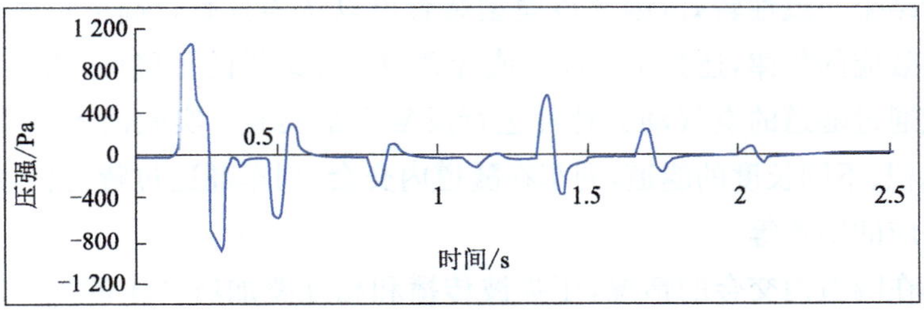

（c）第三次测试波形图

图 3-6　距隧道口 6 m 隧道壁面测点三次压强波形图

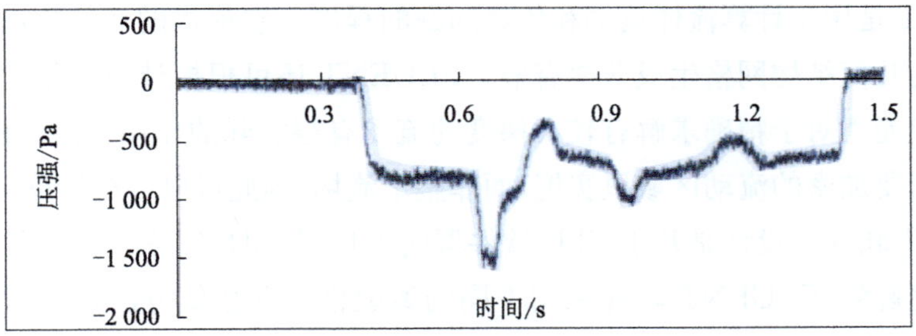

（a）第一次测试波形图

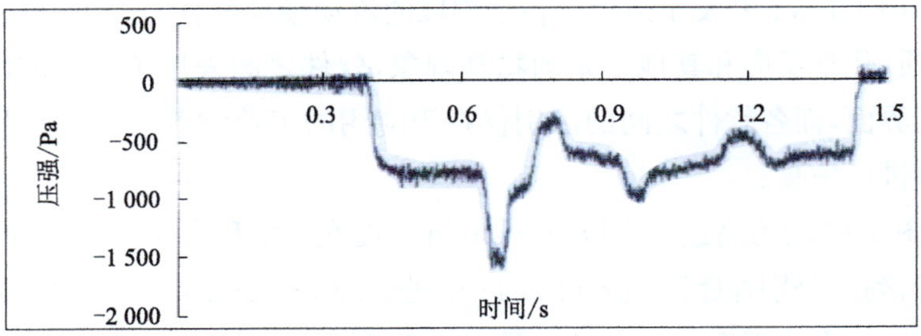

（b）第二次测试波形图

图 3-7　车体中部测点三次压强波形图

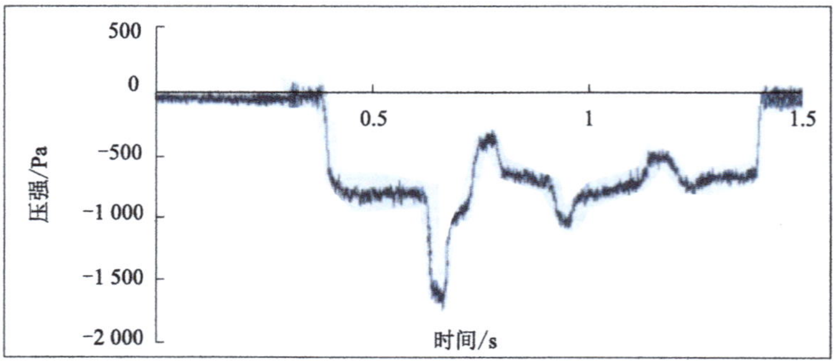

（c）第三次测试波形图

图 3-7 车体中部测点三次压强波形图(续)

综合上述结果可得知，重复性误差在3%以内，检测其他项实验的所有测点重复性误差均小于4.9%。图3-7中车体测试点的波形光滑程度不像隧道壁面所测波形光滑连续，车体所测压强不光滑的原因是列车运行有较大振动。动态模型实验测试列车过隧道的空气动力效应的结果一致性较好，因此该模型装置可以认为具有较高的可靠性。为了探寻隧道空气动力效应的规律，还为了验证数值计算与仿真结果的正确性，通过该动态模型装置对列车高速通过隧道的空气动力特性进行反复大量实验。实验内容主要包括:单列车通过不同断面积、不同长度的隧道，列车在隧道内交会，列车高速过隧道群，缓冲结构对隧道空气动力效应的影响等。

对于列车在隧道内交会的情况，压强波传播和相互叠加所产生的最不利情况不仅同隧道长度、列车编组长度有关，而且与两列车在隧道的交会位置有关。

2. FlUENT 流体工程仿真计算软件的使用环境概述

FLUENT 是用于计算流体流动和传热问题的程序。它提供的非结构网格生成程序，对相对复杂的几何结构网格生成非常有效。FLUENT 还可根据计算结果调整网格，这种网格的自适应能力对于精确求解有较大梯度的流场有很实际的作用。由于网格自适应和调整只是在需要加密的流动区域里实施，而非整个流场，因此可以节约计算时间。

FLUENT 软件的设计是基于 CFD 软件群的思想，从用户需求角度出发，针对各种复杂流动的物理现象，FLUENT 软件采用不同的离散格式和数值方法，以期在特定的领域内使计算速度、稳定性和精度等方面达到最佳组合，从而高效率地解决各个领域的复杂流动计算问题。FLUENT 开发了适用于各个领域的流动模拟软件，这些软件能够模拟流体流动、传热传质、化学反应和其他复杂的物理现象，软件之间采用了统一的网格生成技术和共同的图形界面，而各软件之间的区别仅在于应用的工业背景不同，应用 FLUENT 软件为隧道侧壁进行仿真。

图3-8～图3-10均为高速列车以200 km/h速度在断面积为80 m^2、长为2 000 m的单线隧道内运行，列车分别在距隧道入口0.43 m处、0.36 m处及0.29 m处对隧道壁面及车体表面测点的压力变化历程。图3-11～图3-13为列车进入隧道时间的不同，列车对隧道产生的压缩波与隧道内原有的马赫波叠加情况，隧道壁面测点压力变化幅值。

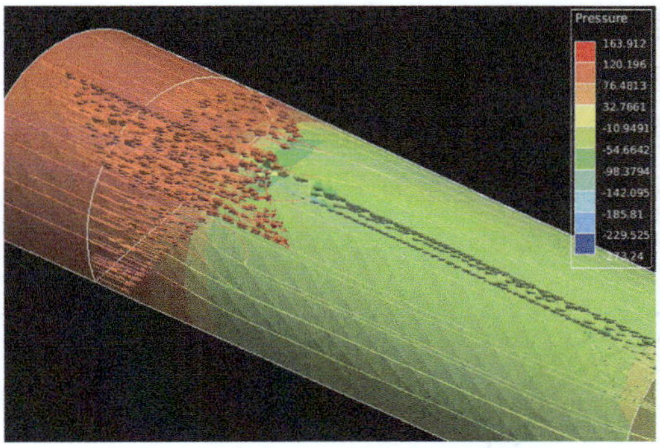

图 3-8 隧道入口 0.43 m 处

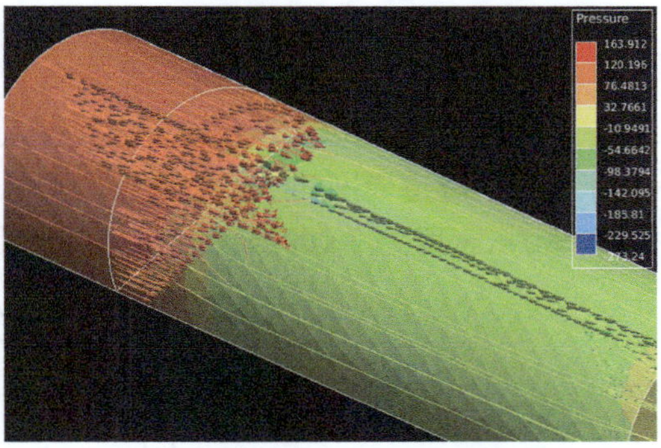

图 3-9 隧道入口 0.36 m 处

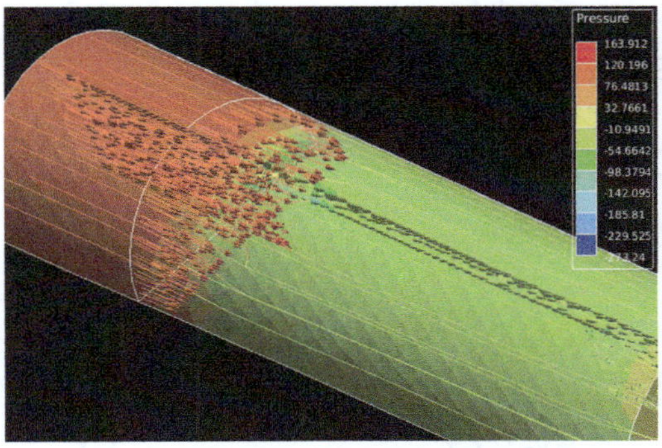

图 3-10 隧道入口 0.29 m 处

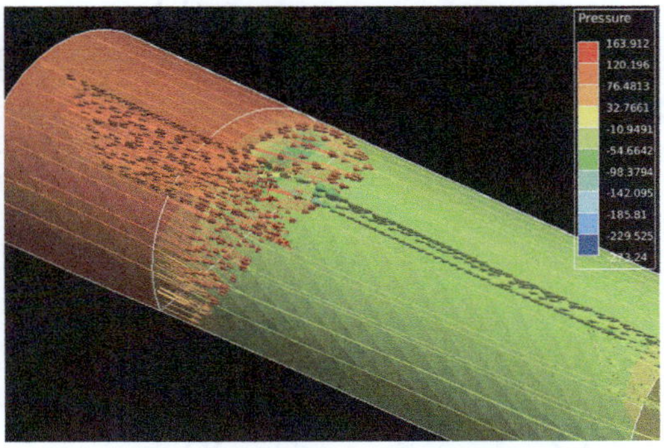

图 3-11 时间 0.6 s 处

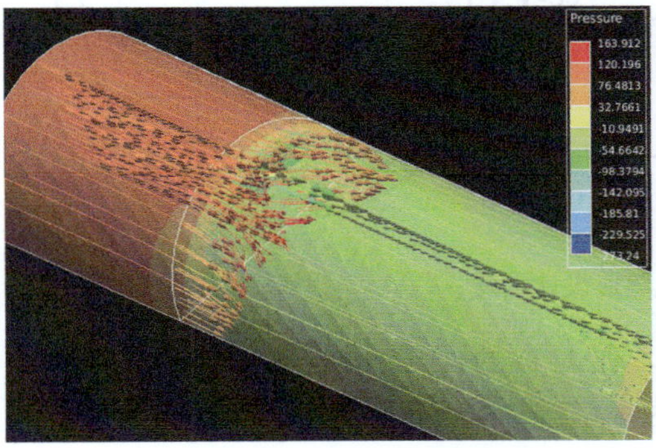

图 3-12 时间 0.9 s 处

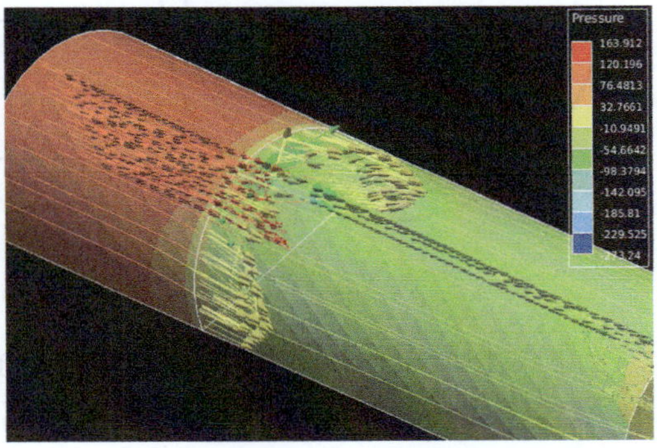

图 3-13 时间 1.0 s 处

3.2.3 隧道内振动噪声分析

重点讨论单孔双线隧道与双孔单线隧道所产生的地面振动的比选，主要论述隧道振动噪声与隧道设计的关系。

1. 隧道振动噪声设计

单孔双线隧道设计如图 3-14 所示，单孔双线隧道圆环的内外半径分别是 6.65 m 和 7.25 m，隧冠离地面的距离为 18 m。双孔单线隧道设计如图 3-15 所示，在双孔单线设计中，两个隧道的横截面形状和尺寸相同，圆环内外半径分别是 4.3 m 和 4.75 m，隧道轴线相距 21.5 m,隧冠离地面的距离为 21 m。两隧道之间的连接通道在分析中予以忽略。由于要与隧道以外的线路处于同一水平线上,隧道中钢轨顶面离地面的距离在这两个设计中是一样的,同为 28.52 m。隧道内混凝土密度为 2 400 kg/m³,弹性模量为 40 GPa,泊松比为 0.15。隧道周围的土质简化为均质弹性体,其剪切波速度为 700 m/s,压缩波速度为 1 710 m/s,密度为 2 000 kg/m³,阻尼损失因子估计为 0.05。

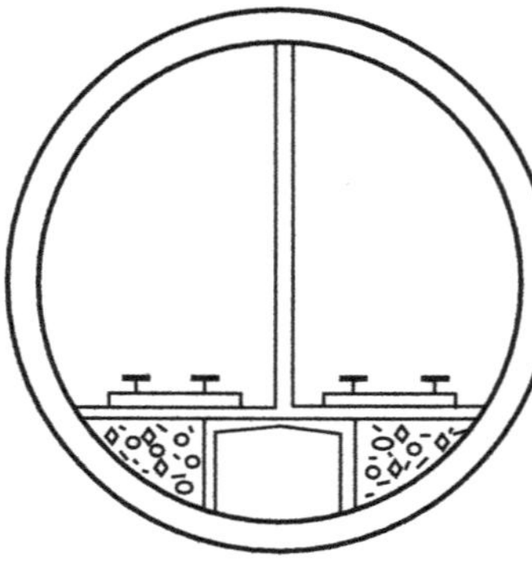

图 3-14 单孔双线隧道设计示意

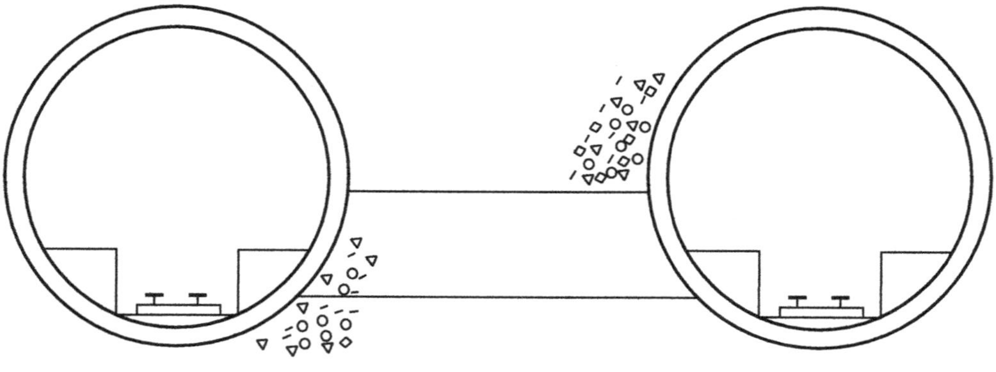

图 3-15 双孔单线隧道设计示意

在双孔单线设计中,整个隧道结构的横截面是对称的,因此只要取半边结构进行离散,只需考虑右边的隧道,该隧道的圆环离散为 30 个八节点有限元,而隧道的仰拱则用 6 个八节点有限元来描述,地面离散为 80 个三节点边界元,涵盖从两隧道之垂直对称轴往右水平距离 80 m。对单孔双线设计,取右半边结构进行离散,其单元密度类似于双孔单线设计的情形。在分析中,只有在右边的那股轨道上作用有非移动的垂直的单位简谐荷载,因此,对整个隧道结构来说,其受力是不对称的。荷载的频率依次取位于 20～200 Hz 之间的 11 个 1/3 倍频程的中心频率。

图 3-16 给出了荷载所在横截面在 200 Hz 时某个瞬时经放大后的位移,其中图 3-16(a)的放大倍数是图 3-16(b)的 5 倍。可以看到,在上述激振频率下,双孔单线设计中隧道仰拱产生比其他地方更强的振动,仰拱两侧的隧道环产生弯曲振动,该弯曲振动以较大的衰减率向隧冠传播。整个隧道环的位移大致呈现一个 6 阶谐波状(即 6 个凸 6 个凹)。对单孔双线设计,隧道的地板、中隔墙和地板下面的隧道环均产生较强的弯曲振动。隧冠的振动

较多的是从中隔墙传播而来的，这一点对其他频率也是一样。

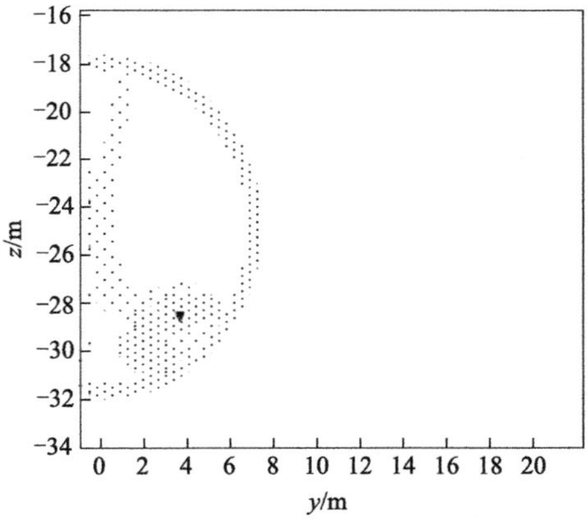

（a）单孔双线振动传播

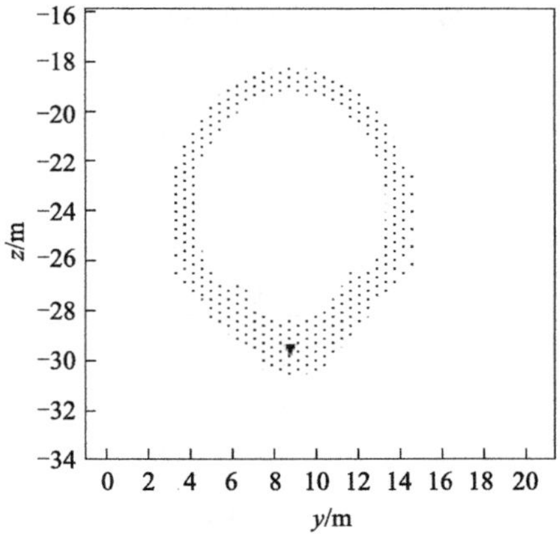

（b）双孔单线振动传播

图 3-16　弯曲振动传播

为比较两个设计对地面振动的优劣，用地面上一点处的合位移的幅值来描述地面振动的强度。

2. 压力舒适性分析和改进

从 20 世纪 60 年代开始，日本、英国、法国、德国等国家开始进行隧道空气动力学的系统研究。20 世纪 80 年代初期，我国开始通过国外研究文献认识隧道空气动力学问题，从 20 世纪 90 年代中期开始，以国家“八五”科技攻关项目为依托，围绕京沪高速铁路系统地开展了隧道空气动力学问题研究，建立了高速列车通过隧道时产生压力波的计算方法和计算程序，进行了隧道压力波影响参数分析，为国内各类速度等级的高速铁路隧道参数选择提供了可靠的空气动力学分析工具。隧道空气动力学研究方法的建立也为今后高速铁路隧道安全运营等相关内容的研究奠定了基础。

高速列车通过隧道过程中，隧道内空气压力在极短时间内发生剧烈波动，形成隧道压力波传入车内，造成乘客耳鸣、耳膜疼痛，甚至耳膜破裂等问题。剧烈的空气压力波动会使车体窗户玻璃破碎，还会造成隧道内各种照明灯具、光电缆和各种构件的疲劳破坏，列车内外的交变压力也会引起车体结构及部件的疲劳破坏。隧道压力波问题使得隧道内高速列车车辆已不能按常速下的方法和内容去设计，车内人员的压力舒适性标准直接制约隧道断面净空参数的确定。列车空气阻力影响着列车速度，决定列车运行时的能耗。当列车明线上运行速度在 250～300 km/h 范围时，空气阻力占列车运行阻力中的 75%～80%。列车空气阻力主要由车头、车尾的形状压差阻力和车身壁面与空气作用的摩擦阻力等几部分构成，其大小与列车速度的平方成正比。隧道内列车空气阻力的主要影响因素有列车速度、阻塞比、列车长度等。列车在隧道内的振动幅度比在明线上大得多，并且从车头至车尾幅度逐步增加。造成列车横向摆动的原因有线路的不规则性、列车“蛇行运动”以及空气动力的作用等。

20 世纪 90 年代，欧洲和日本分别进行了压力舒适性方面的研究，发现自动或通过生理反应人为地或被动开启咽鼓管建立中耳和外界的压力平衡所需时间大约为 3～4 s。压力舒适度标准所选定的时间间隔比咽鼓管打开的时间短时，才能够评价压力波动对耳朵的影响。早期研究中,时间间隔选为 3 s,后来认为 4 s 比较妥当。同时,归纳出图 3-17 所示的压力波动与乘客压力舒适性关系。

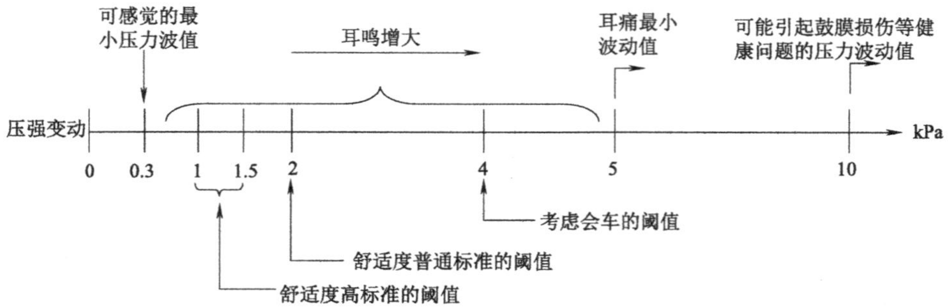

图 3-17　压力波动与乘客压力舒适性关系

图 3-17 所示结果可表示为:

(1)压强阈值 $\Delta p \leqslant 0.3$ kPa:乘客感觉不到压力波动。

(2)0.3 kPa$<\Delta p<$5.0 kPa:耳朵不舒适,有耳鸣感觉,且随波动值增加,症状加重。

(3)5.0 kPa$<\Delta p<$10.0 kPa:耳朵疼痛。

(4)$\Delta p>$10.0 kPa:医学健康标准,鼓膜可能破裂。

3. 国内外乘客压力适度标准制定复杂性

国外利用高速线上现车试验和压力舱试验,获取乘客经历压力变化的感受,从而得到压力舒适度标准。在制定压力舒适度标准时要考虑如下现象:

(1)不同的人对相同压力波动的感觉差异很大。

(2)在不同场合下,同一人对相同压力波动刺激的反映有所不同。对压力的反应取决于健康、疲劳程度、心情和环境。

(3)压力舱试验证实,压力增大时的不舒适性比压力减小要严重。

(4)压力快速变化带来的不舒适性与压力波动的幅值有关。

(5)长时间内一系列或重复的压力波动对压力舒适度的影响非常大。对于隧线比较大的线路,压力波动值的限制将会更加严格。

(6)人对压力波动会有"短期记忆",即早期感受的剧烈压力波动很快会被随后的压力波动感受所替代,后期感受的记忆时间更长,即提供更持久的感受。

(7)应该注意使用压力密封客车带来的一些影响。密封客车在很大程度上改善了压力舒适性,一旦密封客车在舒适水平上变"差",乘客对这一变化的感受会更加敏感。所以,改善乘客环境的前提是可靠地、低成本地维持车内环境。

4. 压力波动幅值和压力变化率的舒适度标准

1966 年日本日立制作所建立了气密性压力舱试验室,通过试验研究得到了压力波动与压力舒适度之间的关系,得出了日本新干线的压力舒适度标准,舒适与不舒适的临界曲线如图 3-18 所示。

从图 3-18 中可归纳出日本新干线压力舒适度标准。对于新造密封车辆应满足如下要求:最大压强波动幅值 $\Delta p_{max} \leqslant \pm 1.0$ kPa,压强最大变化率 $dp/dt=0.2$ kPa/s。对于旧车,标准可放宽为 0.3 kPa/s 或 0.4 kPa/s。

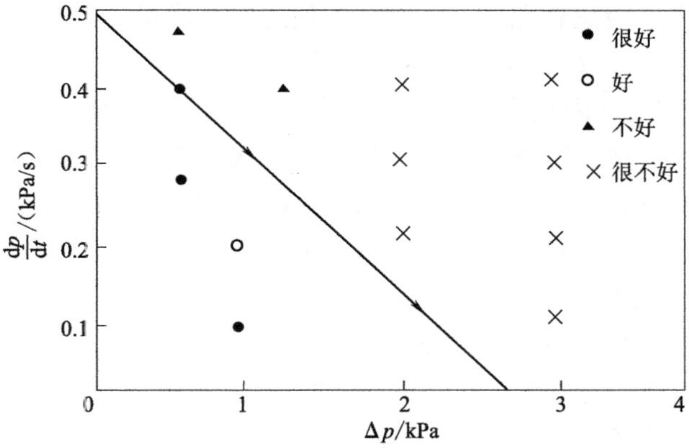

图 3-18 舒适与不舒适的临界曲线

20 世纪 80 年代欧洲决定修建客货共线高速线路。期间修建的汉诺威—维尔茨堡线路隧线比为 30%,列车运行速度为 300 km/h,设计目标速度为 350 km/h,隧道净空面积为 80 m^2,采用密封车辆模式运营,并采用上述日本新干线压力舒适度标准。

(1)基于单一时间间隔内的压力舒适度标准

20 世纪 70 年代,英国根据本国线路上隧道较少以及车辆未密封的特点,采用的标准为任意 3 s 内最大压强变化量 $\Delta p_{max} \leqslant 3.0$ kPa。对于设置横通道的海峡隧道,列车速度为 120 km/h,通过横通道时间间隔为 7 s,规定 $\Delta p_{max} \leqslant 0.45$ kPa,上限为 0.70 kPa。随后,又通过压力舱进行了大量试验研究,并于 20 世纪 80 年代中期将上述压力舒适性标准进行了修改。根据城际铁路上乘客的感受度和欧洲铁路联盟研究结果,将压力舒适度标准归纳为任意4 s内最大压强变化 $\Delta p_{max} \leqslant 4.0$ kPa。制定这一标准的背景是:列车全速通过隧道,且大多隧道长度在 500~2 000 m 之间,同时在隧道内运行 30 s 期间没有对向列车通过隧道。此外还单独考虑了列车交会情况。大多数情况下,乘客将不会经历最大容许压强值。海峡隧道至伦敦间的铁路线路,隧线比为 30%,采用未密封车辆,列车速度为 225 km/h。该线路的压力舒适度标准为:

单线隧道:任意 4 s 内最大压强变化量 $\Delta p_{max} \leqslant 2.5$ kPa;

双线隧道:任意 4 s 内最大压强变化量 $\Delta p_{max} \leqslant 3.5$ kPa。

20 世纪 90 年代,根据线路不同隧道密度和使用车辆的情况,可将英国压力舒适度标准分为四种类型,详见表 3-4。

表 3-4 英国铁路修改的压力舒适度标准

旅程类型		界限准则/(kPa/4 s)		7 点比例等级
		极端情况	正常情况	
A	未密封车辆,隧线比小于 10%	4.00	2.5	4.5
B	未密封车辆,隧线比大于 25%	3.00	2.0	3.5
C	密封车辆,高舒适性,隧线比大于 25%	1.25	0.8	2.5
D	未密封车辆,高速铁路、地铁,隧线比大于 50%	1.00	0.7	2.0

日本研究者参考了英国铁路20世纪90年代的研究成果，对于日本线路使用未密封车辆的情形，规定在任意4 s内最大压强变化量为$\Delta p_{max} \leqslant 2.0$ kPa。瑞士在Rail-2000项目中，采用的标准为任意4 s内最大压强变化量为$\Delta p_{max} \leqslant 2.0$ kPa。韩国高速铁路的压力舒适度标准是任意3 s内，单线隧道中$\Delta p_{max} \leqslant 0.8$ kPa，复线隧道中$\Delta p_{max} \leqslant 1.25$ kPa。欧洲铁路研究所(ERRI)规定在使用未密封车辆时，单线隧道中任意4 s内最大压强变化量$\Delta p_{max} \leqslant 3.0$ kPa；会车时任意4 s内最大压强变化量$\Delta p_{max} \leqslant 4.5$ kPa。使用密封车辆时采用多时间间隔的压力舒适度标准。

我国有关压力舒适度标准的研究始于20世纪90年代京沪高速铁路的可行性研究，主要参考英国铁路的标准。京沪高速铁路全长1 318 km，隧道18座，隧道总长仅14.376 km，隧线比为1.1%。最长隧道为2 812 m的西渴马一号隧道，最短隧道为106 m的光新村隧道，在制定规范时，参考英国20世纪70年代标准，考虑未密封车辆，采用3.0 kPa/3 s标准。

目前，中铁西南科学研究院有限公司根据客运专线的特点，考虑到运输服务的类型、旅途所经历压力波动过程的频繁程度以及运输服务舒适度等级等方面的因素，提出了国内客运专线，宜采用较为严格的压力舒适度标准，见表3-5。运输服务舒适度等级分为采用未密封车辆的常规服务和采用密封车辆的高标准服务。

表3-5 我国客运专线隧道设计压力舒适度标准

线路类型	隧道结构	占线路比例	逻辑关系	隧道密集程度/(座/h)	瞬变压力/(kPa/3 s)
A(平原)	单线	<10%	且	<4	2.0
B(平原)	双线	<10%	且	<4	3.0
C(山丘)	单线	>25%	或	>4	0.8
D(山丘)	双线	>25%	或	>4	1.25

(2)基于多时间间隔的压力舒适度标准

表3-6为国外多时间间隔的压力舒适度标准，ERRI的标准适用于密封车辆。表3-7为京秦线提速改造工程动力仿真计算采用的安全性与舒适性标准。

表3-6 国外多时间间隔的压力舒适度标准

时间间隔/s	UIC标准/kPa	ERRI标准/kPa	德国标准/kPa
1	≤0.5	1.0	≤0.5
3	≤0.8	—	≤0.8
4	—	1.6	—
10	≤1.0	2.0	≤1.0
30	—	—	≤1.5
60	≤2.0	—	—
通过隧道全过程	—	—	≤2.0

注：UIC为欧洲铁路联盟。

表 3-7 京秦线提速改造工程动力仿真计算采用的安全性与舒适性标准

评价指标	车体垂直加速度	乘坐舒适度 Sperling 指标	轮重减载率	轮轨垂向力 P_2	道床顶面应力	基床表面应力
评定标准	1.25 m/s²	0～2.5 优 2.5～2.75 良 2.75～3.0 合格	准静态 0.6 动态 0.9	250 kN	0.5 MPa	0.15 MPa (既有线)

3.2.4 活塞风对照明设备工作环境的影响

在列车驶出隧道过程中，因为气流一方面在惯性作用下继续流动，另一方面在摩擦力影响下逐渐减弱，这种气流的流动及其变化称为列车“活塞风”。在“活塞风”的驱动下，可能使作业人员失稳，造成人身伤害，“活塞风”也可使洞内固定设备或者仪器处于不安全的恶劣环境之中，图 3-19～图 3-22 为活塞风在隧道内仿真过程。

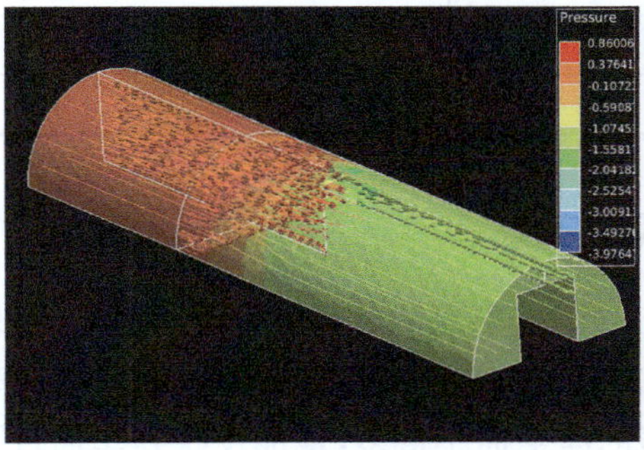

图 3-19 出口气压初态

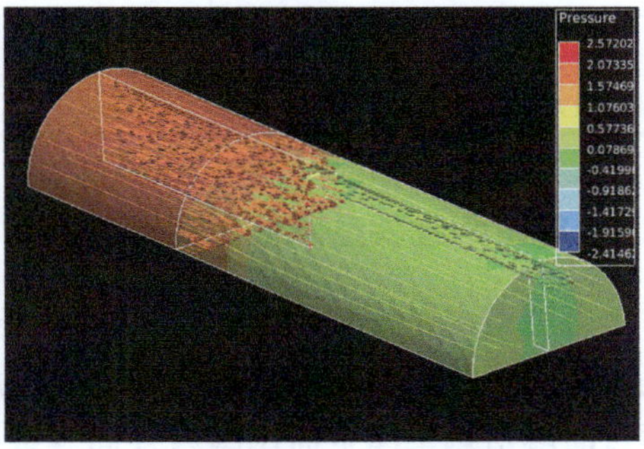

图 3-20 出口气压次态

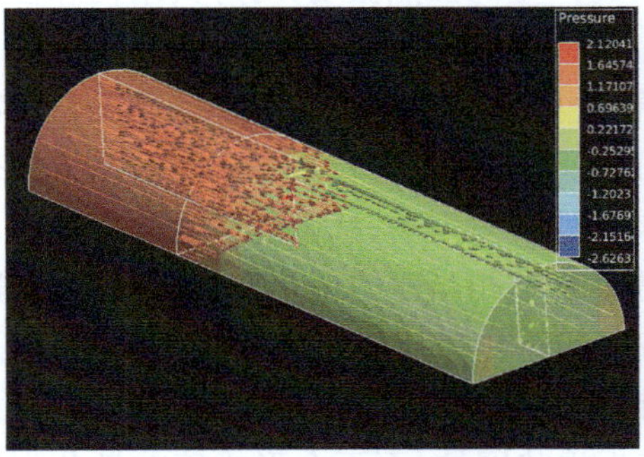

图 3-21 出口反气压初态

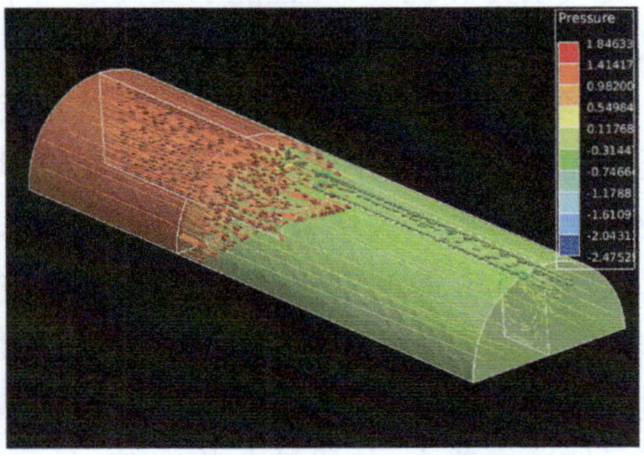

图 3-22 急增回流气压

分析隧道内距入口端 500 m 处的空气平均流速随时间的变化规律，通过测量约在 1.2 s 时，该处的空气还处于静止状态。当压缩波传播到该处时，被车头推挤的空气向出口方向流动，平均流速逐渐增大。直到车头通过该处时，流速突然减小。在列车通过测点过程中，流速方向与列车运行方向相反，并达到最小流速－6.30 m/s(负号表示气流方向与列车速度方向相反)。列车车尾通过测点后，该处流速又急剧增大，流速增加到车头刚接触点时的流速值，具体变化趋势如图 3-23 所示。

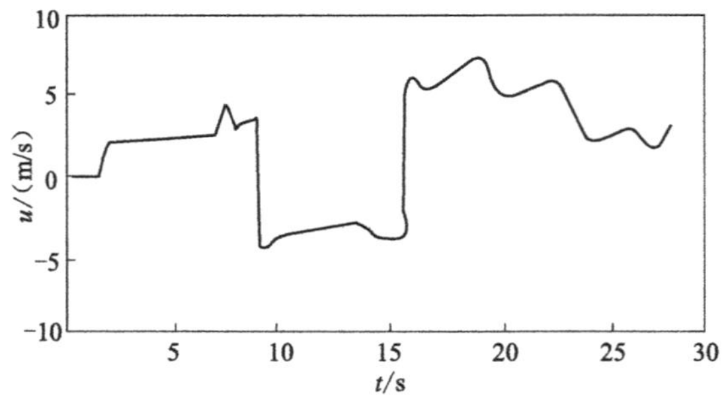

图 3-23　列车“活塞风”随时间变化的趋势

会车压力波是必然存在的，在单孔复线隧道断面设计参数选择考虑会车压力波。单车压力波与会车压力波车头前总压的比较见表 3-8。

表 3-8　单车压力波与会车压力波车头前总压的比较

项目	无会车工况	中点会车	1/3 处会车	端口会车
最大会压力增加峰值/kPa	0.79	1.42	1.55	1.30
3 s 内最大压力变化量/(kPa/3 s)	1.30	1.49	2.63	2.80

3.2.5　客货共线铁路隧道照明器材的动力载荷分析

考虑隧道内各种装备能否在活塞风下安全工作，选取照明灯具进行动力载荷测试，现场是我国客货共线的遂渝铁路，设计时速为 200 km，要求还可以通行双层集装箱列车，列车通过时隧道剩余净空面比国内外同等级铁路的净空面小得多，最能反映列车通过隧道时速为 200 km 时，悬挂在隧道壁上的照明灯具此时承受风速约为 55.6 m/s，为保证灯具能承受气动力和扰动，并且能承受高速列车运行时产生的强烈振动，对灯具结构和性能作了以下三方面的讨论分析：

(1)隧道灯具选用全套灯体为高纯铝锭外壳，上盖和下盖均采用 1 200 t 压铸机一次精密压铸而成，其表面光洁、无气孔、无裂纹，灯具的外壳厚度大于 2 mm，反射器是采用表面阳极氧化处理的高纯铝板一次压铸而成的，其具备反射效率高、抗老化能力强等特点。透光罩采用 5 mm 厚的钢化玻璃，还考虑到玻璃透镜是个相当薄的镜片。在隧道中，高速运行的列车扬起杂物可能击中透镜，击碎透镜，破碎的钢化玻璃碎粒散落到钢轨上，危及列车运行安全。因此，综合诸多因素后改用夹膜钢化玻璃，一方面增加玻璃厚度，另一方面提高了抗冲击能力，如果被杂物击碎，只可能产生蛛状网纹，而不会形成碎粒散落到钢轨上。后经光照数据测试，发现对光照效果也有改善和提高。

(2)隧道装备安全维护工程人员一致要求在玻璃透镜外侧加设大孔眼的不锈钢网罩，其目的是以防玻璃从灯具固定槽整体脱落造成更大危害。

(3)灯具传统的挂设方法是采用尼龙膨胀螺栓固定。改进型挂设方法是在灯具的两侧增加夹板，通过 L 形不锈钢板，保持了灯具的照度旋角功能。其目的是防止活塞风把灯具吹脱挂钩而落在钢轨上。

通过以上三方面分析和改进后，隧道照明灯具能满足灯具在风速大于 30 m/s 的风压下仍不脱钩的安装方法如图 3-24 所示。

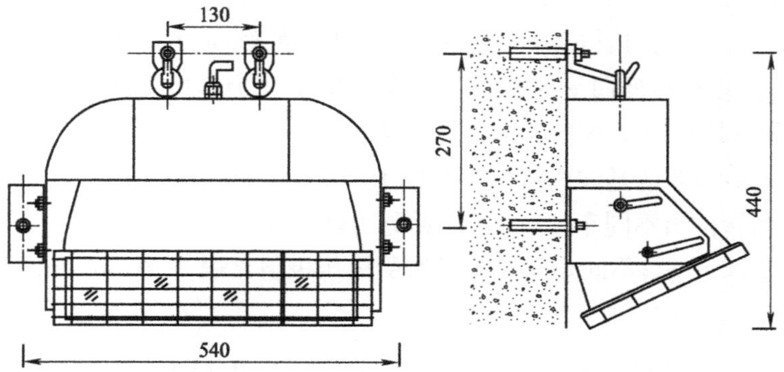

（a）芯注塑灯具挂架　（b）L形不锈钢固定板

图 3-24　隧道照明灯具安装示意(单位:mm)

现在高速铁路隧道灯具安装方法如图 3-25 所示,灯具能够承受任意方向施加的气动力。

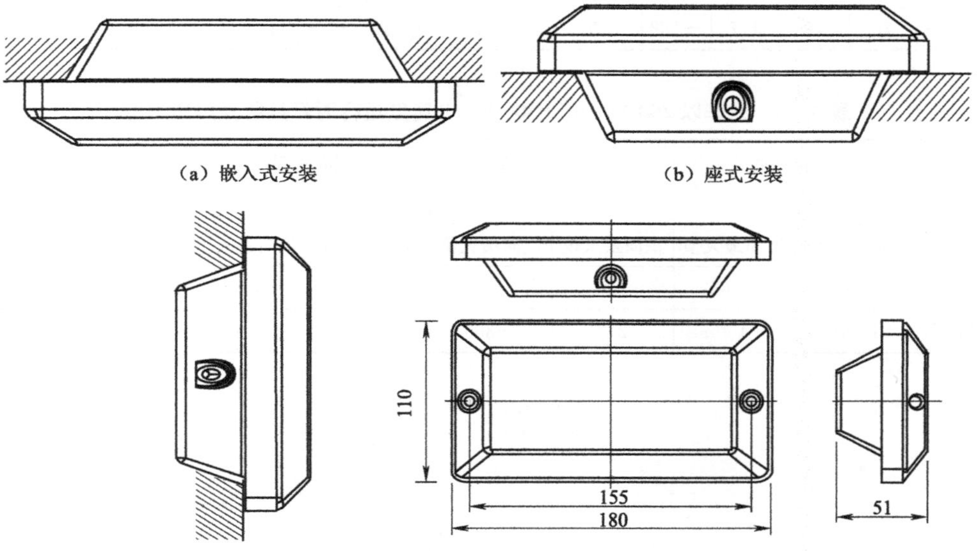

（a）嵌入式安装　（b）座式安装

（c）挂壁式安装　（d）灯具外形及安装尺寸

图 3-25　灯具安装方法及尺寸(单位:mm)

为进一步验证“活塞风”和压力波对隧道内灯具的安全影响,经多个厂家的灯具和电缆挂架样品对比分析,最终选择 NFC9178 型高速铁路隧道灯具和 JIW5210-J 型电缆挂架,送往中南大学高速列车研究中心进行模拟实验。理论计算是采用商用 FLUENT 流体力学数值计算软件,选择横断面净空面积为 46 m^2 单线遂渝铁路隧道进行流场仿真计算,当列车分别以 200 km/h 和 300 km/h 通过隧道时,计算出电缆、电缆挂架和隧道灯具所能承受的气动冲击载荷的极值。

仿真模型是采用非结构化四面体网格,生成面共有 30 万网格,同时也生成 110 万体网格,历时 4 个多月的仿真计算分析,在现场实测时,列车在隧道内行驶保持或接近 200～

300 km/h,测出隧道灯具不同时段不同方向上的力,列车行进纵向正 y 轴方向上对灯具的压力,列车行进反方向的纵向 y 轴方向上对灯具的压力;还要测出对灯具的正向 x 轴方向外排斥的侧向力,存在对灯具反向 x 轴方向内侧压迫的侧向力;存在正向 z 轴对灯具玻璃面方向上的压力,还存在反向 z 轴对灯具顶部的向下压力。电缆挂架的布设间距一般为 0.8～1.0 m,电缆截面一般小于 50 mm^2,忽略电缆所受的纵向气动力。因此,只考虑影响安全的受力方向最主要的是向内侧的力和向上的压力。

通过计算测量得出不同车速时,灯具所受气动力极值见表 3-9,300 km/h 和 200 km/h 气动极值如图 3-26 所示;不同车速时灯具所受风压极值见表 3-10,300 km/h 和 200 km/h 风压极值如图 3-27 所示。

表 3-9 列车以 200 km/h 和 300 km/h 速度运行时灯具所受气动力极值

车速	玻璃面 F_y/N		玻璃面 F_z/N		玻璃面 F_x/N		侧面 F_y/N		顶面 F_z/N		前后合力 F_x/N		玻璃面与顶面合力 F_z/N	
	正 y 向	反 y 向	正 z 向	反 z 向	正 x 向	反 x 向	正 y 向	反 y 向	正 z 向	反 z 向	正 x 向	反 x 向	正 z 向	反 z 向
300 km/h	169	−180	398	−424	433	−461	267	−283	−299	319	44	−74	99	−105
200 km/h	75	−80	177	−188	192	−205	119	−126	−133	142	20	−33	44	−47

表 3-10 列车以 200 km/h 和 300 km/h 速度运行时灯具所受风压极值

车速	玻璃面压强/Pa		前后面压强差/Pa		侧面压强/Pa		顶面压强/Pa	
	正向最大值	负向最大值	正向最大值	负向最大值	正向最大值	负向最大值	正向最大值	负向最大值
300 km/h	2 473	−2 629	489	−821	2 471	−2 622	2 555	−2 402
200 km/h	1 087	−1 169	220	−365	1 098	−1 165	1 135	−1 067

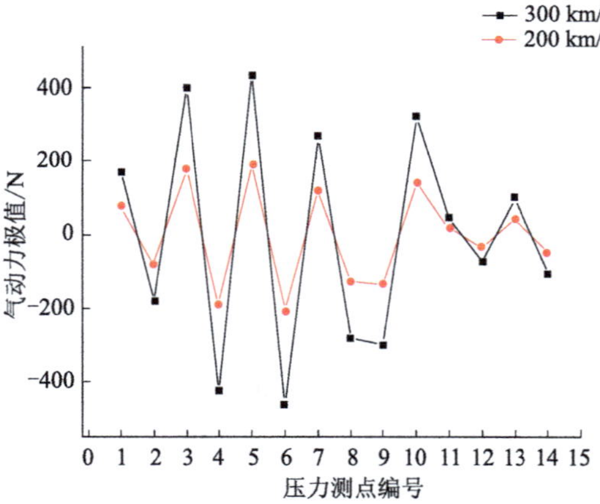

图 3-26 速度 200 km/h 和 300 km/h 气动力极值

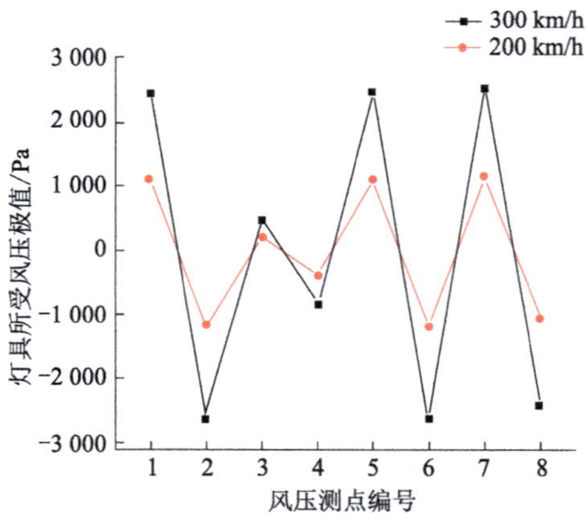

图 3-27 速度 200 km/h 和 300 km/h 风压极值

比对分析得出在列车通过隧道的过程中,隧道两侧交错挂设的 NFC9178 型高速铁路隧道灯具,由于受到活塞风的影响,气动力方向和大小均在较短时间内产生较大变化。隧道内不同位置上的灯具受到不同气动侧向力变化规律。当列车通过隧道入口时,灯具受

到一个 x 轴向较大的向外侧排斥的侧向力;当列车通过隧道中间和出口时,灯具受到一个 x 轴向较大的向内侧吸引的侧向力。灯具还会受到与车速方向相反的纵向 y 轴方向上气动力,在列车尾部通过时受到与车速方向相同的纵向 y 轴方向上的冲击力,列车尾部通过时的其纵向力最大值比头部通过时最大值要小。从整体上来分析得出设在隧道中间的灯具所受的气动力比在隧道两端的要小。

另外,隧道照明供电原则:3 km 及以上隧道设置固定照明,10 km 及以上隧道设置应急照明,3 km 及以下隧道设置固定照明接引条件(不设灯具),0.5～1 km 设置简易插座。电力电缆及控制电缆的敷设支架间距为 0.8～1.0 m,中间支架在直线隧道每隔 500 m,曲线隧道每隔 250～300 m 设一组加强支架,隧道两端设终端支架。因此,需对电缆挂架进行以下三方面的改进:

(1)钢芯注塑型电缆挂架,能提高抗腐蚀抗疲劳能力和机械强度。改进后的电缆挂架增设不锈钢压环,压环还配有硅橡胶压圈,既能固定电缆,又不伤电缆。

(2)改进前是用一个膨胀螺钉固定电缆挂架,因电缆受活塞风的影响使挂架产生轴向摆动。改进后在挂架下部增设一个钢芯轴,挂架由一点支撑改为二点支撑,解决了电缆轴向旋动的问题。

(3)改进前固定挂架是用尼龙膨胀螺栓,改进后是用不锈钢膨胀螺栓。

通过对表 3-10 和图 3-26 比对分析得到主要结论是对所选用 NFC9178 型高速铁路隧道灯具在最大角度位置时,列车以时速 300 km 通过面积 46 m^2 的隧道,其灯具的侧面、顶面、玻璃面所承受变化范围为－2 630～＋2 555 Pa 的平均风压。其迎风面的最大平均风压差为－820～＋488 Pa。对所选用 NFC9178 型高速铁路隧道灯具在最大角度位置时,列车以时速 200 km 通过面积 46 m^2 的隧道,其灯具的侧面、顶面、玻璃面所承受变化范围为－1 168～＋1 134 Pa 的平均风压。其迎风面的最大平均风压差为－364～＋217 Pa。列车以时速 300 km 通过隧道,JIW5210-J 型电缆挂架和挂设的电缆都受到较小气动力,单位长度的电缆受侧向力和升力为 7～13 N。通过理论计算与实测分析了 NFC9178 型高速铁路隧道灯具和 JIW5210-J 型电缆挂架,改进了结构设计上不合理的地方,减小了高速铁路隧道内活塞风所产生气动载荷,提高了列车隧道内安全运行的环境。

4 铁路隧道照明智能监控

4.1 绿色照明系统的必要性分析

20世纪70—80年代，全球面临能源危机和环境保护浪潮的兴起，节约能源，保护全球环境成为全人类的共识。1991年1月美国环保局(EPA)首先提出实施“绿色照明(green lights)”和推进“绿色照明工程(green lights program)”的概念，很快得到联合国的支持，也引起许多发达国家和发展中国家的重视，并积极采取相应的政策和技术措施，推进绿色照明工程的实施和发展。1993年11月我国国家经贸委开始启动中国绿色照明工程，并于1996年正式列入国家计划。

随着中国铁路隧道长度的纪录不断被刷新，铁路隧道照明越来越受到人们的重视，隧道照明既是确保安全行车的重要设施，也为隧道装备维护和维修提供照明。恶劣环境对铁路特长隧道照明控制提出了新的挑战，只要有列车停在隧道内，隧道内的应急灯必须开启，但又要考虑照明灯具的节能。据此，设计出一个先进的隧道智能绿色照明系统，必须应用新型节能电光源，充分利用先进的计算机控制技术，实现就地人工、现场自动、远程自控等多种控制方式，提出车来灯亮，车走灯灭的综合自动节电绿色照明系统是完全必要的。

4.1.1 光纤传感系统的特征

信号检测是传感系统中的关键技术之一，传感解调系统的实质是一个信息(能量)转换和传递的检测系统，它能准确、迅速地测量出信号幅度的大小，并无失真地再现被测信号随时间的变化过程，待测信息(动态的或静态的)不仅要精确地测量其幅值，而且需记录和跟踪其整个变化过程。

从解调的光波信号来看，光纤光栅传感信号的解调方案包括强度解调、相位解调、频率解调、偏振解调和波长解调等。其中，波长解调技术具有将感测的信息进行波长编码，中心波长处窄带反射，不必对光纤连接器和耦合器损耗以及光源输出功率起伏进行补偿等优点，得到了广泛应用。光纤光栅传感器解调系统如图4-1所示，在传感过程中，光源发出的光波由传输通道经连接器进入传感光栅，传感光栅在外场(主要是应力和温度)的作用下，对光波进行调制；接着，带有外场信息的调制光波被传感光栅反射(或透射)，由连接器进入接收通道而被探测器接收解调并输出。由于探测器接收的光谱包含了外场作用的信息，因而从探测器检测出的光谱分析及相关变化，即可获得外场信息的细致描述。相比而言，基于反射式的传感解调系统比较容易实现。

光纤光栅传感器的关键技术是测量其波长的移动。通常测量光波长都是用光谱分析仪，包括单色仪和傅里叶变换光谱仪等。它的波长测量范围宽，分辨率高，能测量出微小的应变量，用于分布式测量也极为简便，但它体积大，价格昂贵，一般都用于实验室中，不宜现场使用。很多传感系统在强震、有腐蚀气体存在、潮湿、多尘、铁路过车时产生活塞风的恶劣环境下不能稳定工作。另外，供电电压不稳、波动较大，其他传感系统不能满足宽电压波动幅度，极易损坏。光纤光栅传感器是一种新型全光纤无源器件，可测量恶劣环境下的温度、应变、应力、加速度、压强等，可进行分布式测量。它具有体积小、质量轻、与光纤兼容、插入损耗低、性能长期稳定性好等特点。与电阻应变计相比，光纤传感器具有体积小，抗辐射，不受电磁干扰，质量轻，可实行分布式测量等特点和优势，所以其特别适合在铁路隧道环境中应用。

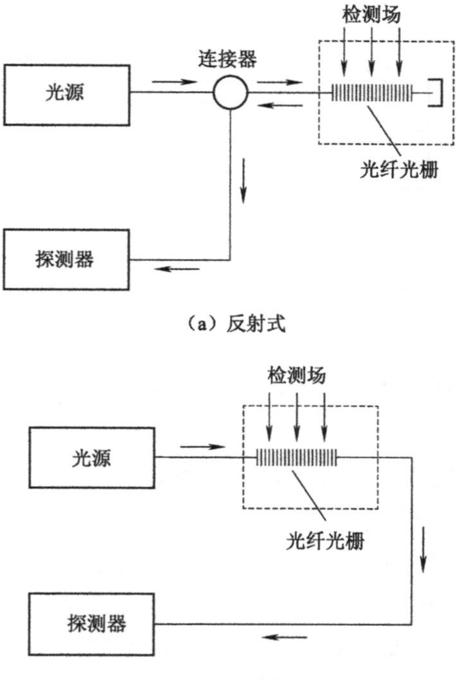

(a) 反射式

(b) 透射式

图 4-1　光纤光栅传感解调系统

4.1.2　光纤光栅的工作原理

分布式传感和传感器的复用是光纤传感器所独有的技术，它能实现沿光纤铺设路径上分布场的测量，显著降低系统成本，减少引线。光纤光栅通过波长编码易于实现复用，这种复用光纤光栅传感器在大型结构如水坝、隧道、桥梁、重要建筑和飞行器等的安全监测方面有着极为广阔的应用前景。

波分复用 WDM 和时分复用 TDM 的串联式复用技术有效地提高了光源功率；空分复用 SDM 的并联拓扑结构允许传感器可独立工作并具有可互换性。利用波、时和空这三项复用的组合可以构成复杂的光纤光栅传感网络，串联复用和并联复用的组合可提供一种二维的准分布式传感网络，光纤传感器网络中的 SDM+TDM+WDM 原理如图 4-2 所示。

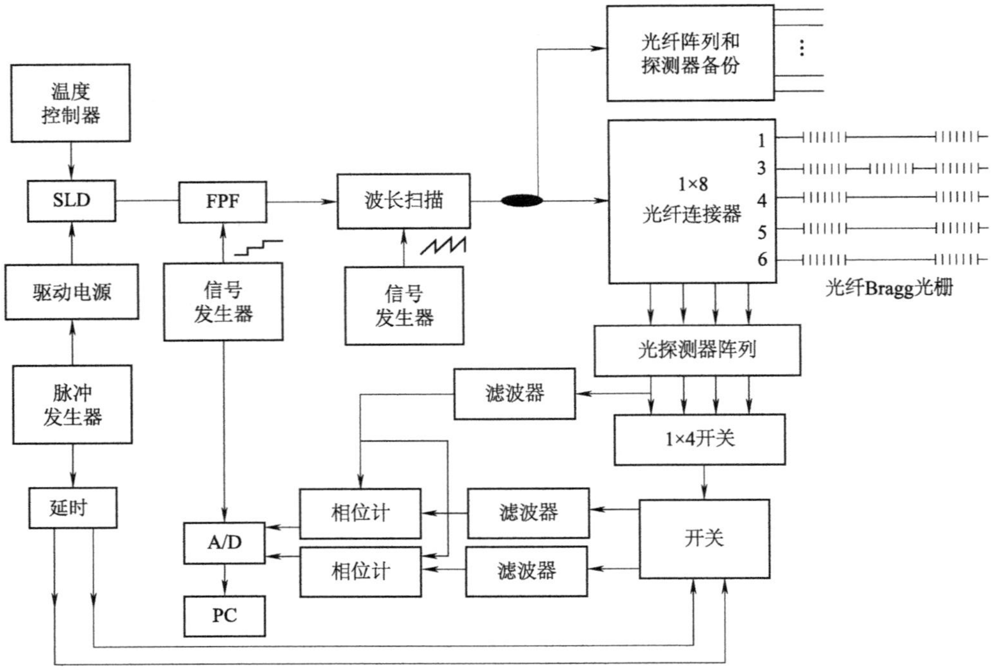

图 4-2 光纤传感器网络中的 SDM+TDM+WDM 原理

4.2 基于隧道应变计在线测力系统设计

结合前一节对光纤光栅工作原理和特点的阐述，可采用光纤应变计传感器对单线轨道、双线轨道和三线轨道进行应力在线监测，以达到当列车进入、离开隧道时，隧道内的照明系统能够自动开启和关闭。第三章对各类列车在隧道内的振动进行分析，利用光纤在线测振传感器，提取因列车故障出现在特长隧道内的突变振动信号，中央控制器经处理后，自动紧急开启应急照明灯和疏散照明灯，达到乘客能在各信号灯的照明下安全快速逃离的目标；并对隧道内空气动力学进行分析，利用光纤在线测压计，获取因列车故障出现在特长隧道内的突变气压信号，将提取的突变振动信号和突变气压信号经编写程序对比计算后，再送中央控制器处理，自动紧急开启应急照明灯和疏散照明灯，达到乘客能在各信号灯的照明下安全快速逃离的目标。

列轨应变计铺设示意如图 4-3 所示，因钢轨为工字形梁，每个测点处至少需要安装 4 支应变计，根据材料力学原理，当列车通过钢轨时，钢轨因荷载而产生垂直方向的压应力和水平方向的拉应力，同时有两个方向的变形发生。可以采取在钢轨内侧安装光纤光栅应变计的方法，将钢轨应变转换成光信号，然后通过信号转换器将应变计采集的信号转换成开关量，用以控制照明系统的电子开关。

当列车从左端即将进入隧道，机车头车轮接触应变计安装部位钢轨时，钢轨持荷产生应变，通过应变片采集到的信号经转换、滤波、放大后，对照明系统的电子开关进行闭合控制，从而达到开启照明的目的；同样，当列车离开隧道时，机车头车轮接触到布置在右端的应变片后产生控制信号去控制开关的断开，从而达到关闭照明系统的目的。

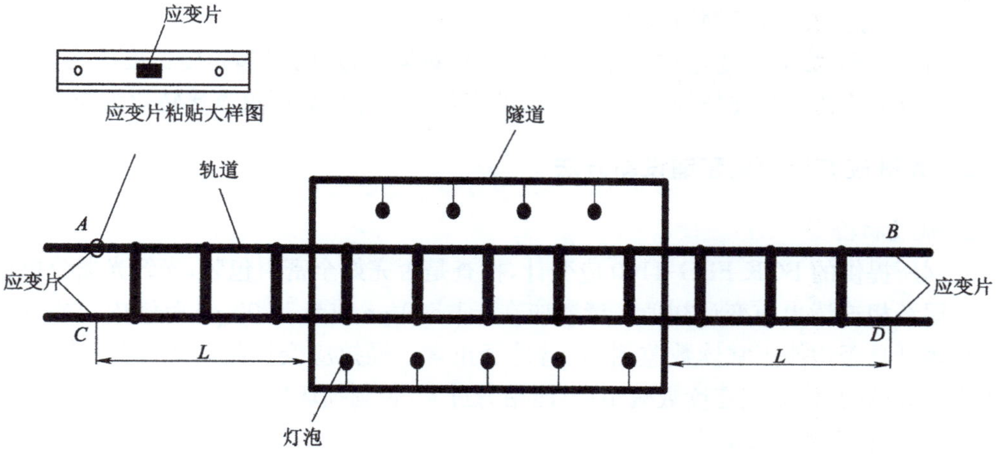

L—钢轨长度。

图 4-3 列轨应变计铺设示意

4.2.1 光纤应变计的选型

BGK-FBG-4100 和 BGK-FBG-4150 光纤光栅应变计主要用于测量桥梁、桩基、隧道衬砌、钢轨、建筑物等构件上的应变。BGK-FBG-4100、BGK-FBG-4150 光纤光栅应变计主要技术指标见表 4-1。

表 4-1 应变计技术指标

型号	BGK-FBG-4100	BGK-FBG-4150
量程	±1 500 με	
分辨率	1 με	
精确度	0.3%F.S.	
应变计尺寸	110 mm×30 mm	72 mm×28 mm
温度范围	−30～80 ℃	

BGK-FBG-4100、BGK-FBG-4150 光纤光栅应变计主体是一体化结构，如图 4-4 所示。

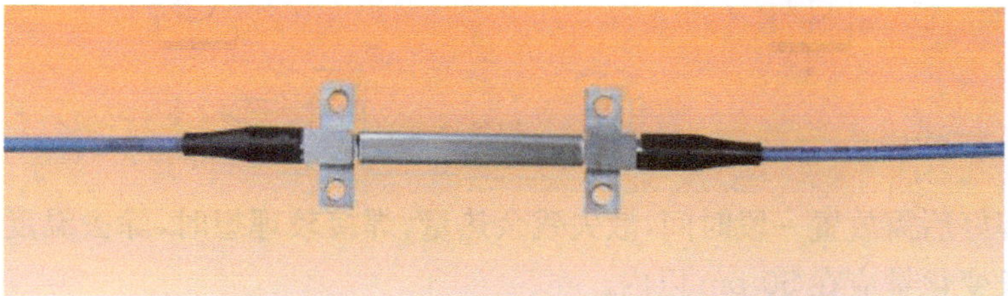

图 4-4 BGK-FBG-4100/4150 光纤光栅应变计

(1)主要固定方式是采用焊接方式，短期监测也可以用卡具及螺栓固定到钢或混凝土表面。

(2)应变测量采用光纤光栅原理：把一根光栅封装在金属结构件内，安装时把传感器两端带孔的固定块焊接于钢结构表面即可。

表面的变形(如应变变化)导致两端固定块相对运动,从而引起光栅长度改变,光栅长度的改变反应为探测光波长的变化,光波长的变化可由光栅分析仪直接转化为应变值。

4.2.2 改进应变计的成套铺设新方法

1. 铺设初检

根据所提供的 BGK-FBG-4100 应变计,检查是否完好全密封包装,光纤光栅分析仪与传感器尾纤相连读出应变计初值。读数应在±1 500 $\mu\varepsilon$ 或±3 000 $\mu\varepsilon$ 范围内。检查应变计两端尾纤是否均能正常读数监测,光谱是否正常。轻拉应变计的两端,应变读数增加,轻压应变计的两端,微应变读数减小;不能用力过大,否则损坏传感器。

2. 焊接方式安装应变计

初检完后,立即进行焊接,将 BGK-FBG-4100 应变计焊接到钢轨上需要以下工具和附件:

(1)电动磨床或打磨机、锉、钢刷、砂纸;

(2)焊机;

(3)光缆扎线(数量根据需要)。

3. 安装步骤

(1)基面准备是把钢轨表面平整和清洁,除掉锈、油渍和腐蚀物。用电动磨床、打磨机、锉、钢刷、砂纸整平成一个光滑的安装基面。

(2)焊接应变计是按图 4-5 所示的焊接顺序对角焊接应变计,焊接时要用沾水湿布进行冷却,不能用力按压传感器中央部位,以防止传感器变形后测量不准确。

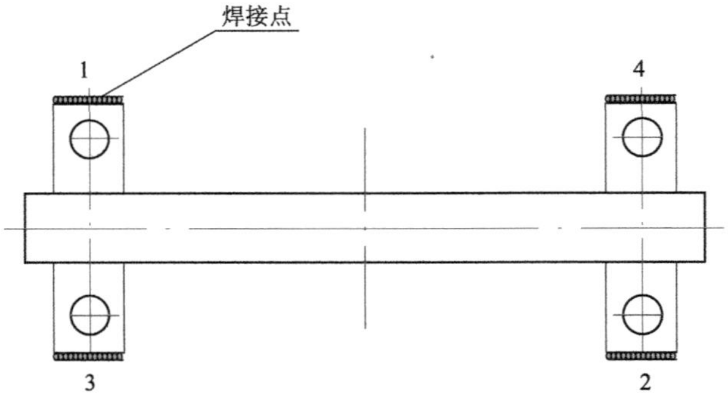

图 4-5 焊接应变计

应变计焊好后需放置一段时间,散失残余热量,焊接较理想时,除去温度的影响后,分析仪上的波长变化量应在 50 pm 以内。

(3)应变计保护:防止焊点氧化腐蚀,用防水复合剂进行保护,第一道防线是在焊点边缘小心滴几滴黏合剂,黏合剂就会渗入焊点周边空隙。在注意应变计打磨过的位置,涂一层防水复合剂。固定应变计光缆方法是使用配备的固定片,将光缆及接头牢牢点焊到钢轨上,并留出一些空隙在光缆上,再用另一个固定片在光缆接头处将光缆点焊到钢轨上,也可用光缆胶扎带将应变计光缆固定到结构上。连接光纤光栅分析仪检查应变计读数,检查应变计读数及光谱是否在允许范围内，若应变计光能量损耗过大，要检查故障。

4. 应变计及光缆保护

应变计和光缆接头应予以保护，使其免受机械损伤，应变计由角钢或槽钢做成的盖板保护，盖板扣在应变计顶部，双头螺栓可用自动焊机直接焊到盖板表面，或用六角螺栓弧焊连接。后一种情况，可设计特制盖板夹具用以准确定位。盖板套在双头螺栓或螺栓里，拧紧螺母将其固定在适当位置。双头螺栓与应变计距离要远于 152.4 mm，当拧紧螺母时不应用力过大，以免损害下面的钢构件表面并造成不准确读数。典型的盖板构造如图 4-6 所示。

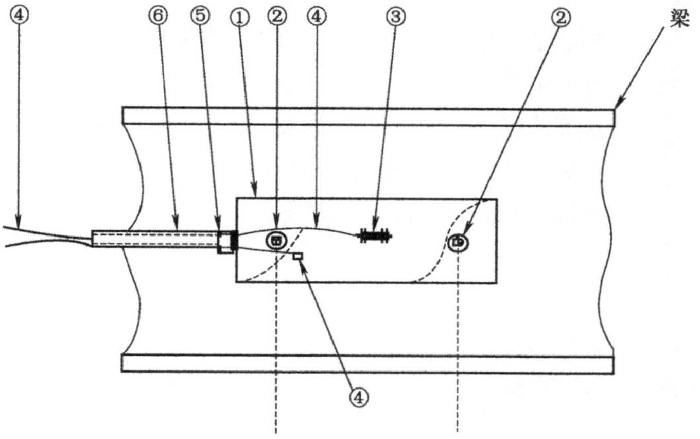

①—传感器保护壳；②—螺栓 1/2—13×3″；
③—应变计；④—应变计光缆；⑤—管道接头；⑥—护线管。

图 4-6 典型安装

如果没有弧焊机，上述保护将无法操作。传感器保护壳所提供的保护在多数情况下均可胜任，如果使用环境较好也可以考虑不加保护壳及护线管。

(1)应力计算

因钢轨为工字形梁，每个测点处至少需要安装 4 支应变计，如图 4-7 所示，在工字形梁上，四支应变计（①、②、③和④）每两支背对背地焊在中央工字形梁腹。应变计位于高于工字形梁腹中央的厚度(d)，两组应变计相距($2c$)，工字形梁有两个凸缘，宽为 $2b$，梁腹深为 $2a$。

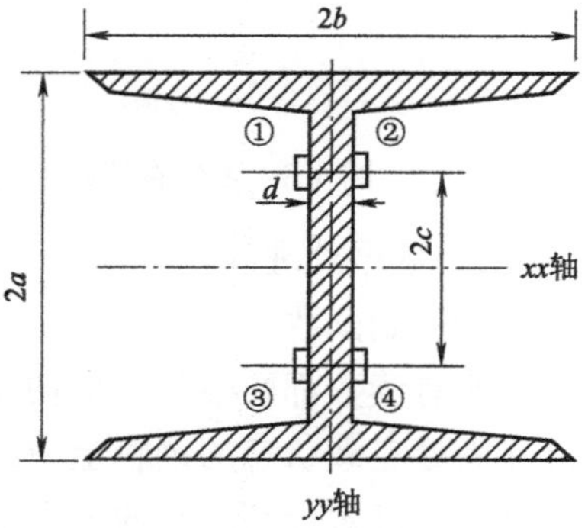

图 4-7 安装在中央梁腹上的应变计

①按图 4-6 安装，轴应力按下式计算。

$$\sigma_{\text{轴向}}=\frac{\varepsilon_1+\varepsilon_2+\varepsilon_3+\varepsilon_4}{4}E \quad \text{(轴应力)}$$

轴应力是通过四支应变计应变读数平均并乘以模量而得出。

②yy 轴最大应力为

$$\sigma_{yy}=\frac{(\varepsilon_1+\varepsilon_3)-(\varepsilon_2+\varepsilon_4)}{4}\cdot\frac{b}{d}E$$

③xx 轴最大应力为

$$\sigma_{xx}=\frac{(\varepsilon_1+\varepsilon_2)-(\varepsilon_3+\varepsilon_4)}{4}\cdot\frac{a}{c}E$$

④最大应力为

$$\sigma_{最大}=\sigma_{轴向}+\sigma_{xx}+\sigma_{yy}$$

上述所有计算，一定要注意应力方向，交叉部分任一点(钢轨表面上任一点)的总应力为轴应力、x 轴向应力和 y 轴向应力的矢量和。通过观察可知，凸缘外角处的应变要大大高于梁腹处的应变，局部的故障可能从这些点处开始。

通过以上比较分析得出，要得到最精确的读数，最好是把应变计焊接于翼缘转角处，如图 4-8 所示。但把应变计焊于此也有很大缺点，即仪器保护变得困难，电缆易受损伤，而且实际应用中又会引起另一更为严重问题：每一支应变计易受到当地弯力的影响，但只影响一支而不影响其他。因此把应变计成功地焊接在工字形梁腹中性轴的两侧，这就是图 4-7更为适当的原因。按图 4-7 中布设还有另一优势，即梁腹上的应变计容易保护。图 4-9主要用于 2 支应变计测量轴应变的另一方法。

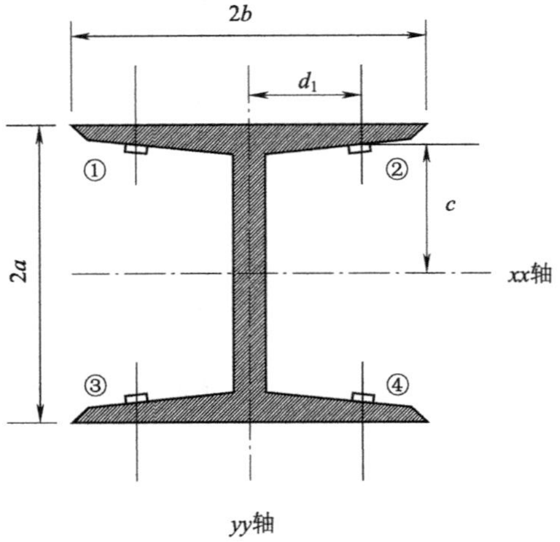

图 4-8　安装在翼缘上的应变计

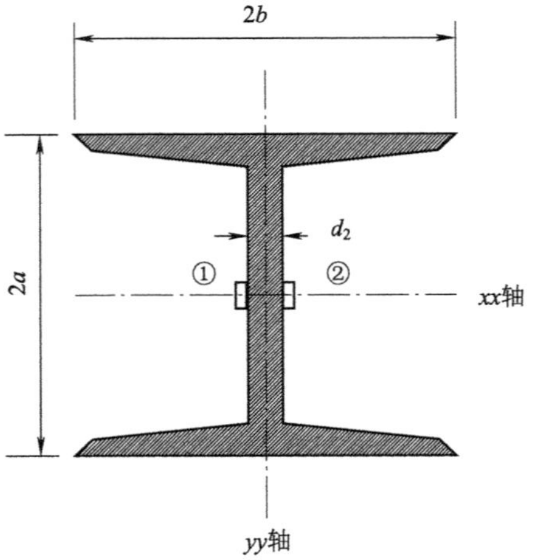

图 4-9　轴应变测量

(2)数据处理与计算

①初始读数

所有读数都要参照一个初始读数，因此应细心采集一个初始读数。最好将应变计安装在尚处空载状态的钢轨上，在各部件装入结构之前。这样，初始读数与零压力相对应，否则初始读数会与未知的压力水平相一致。

②数据处理

将 BGK-FBG-4100 或 BGK-FBG-4150 读数转化为微应变，可自动由生产厂家的光纤光栅分析仪完成，理论计算转换公式如下：

$$\varepsilon=K(\lambda_1-\lambda_0)-B(\lambda_{t1}-\lambda_{t0})$$

式中　K——应变计应变系数(取正值)，$\mu\varepsilon$/nm；

B——温度修正系数，$B=2.3K+(\alpha_A-\alpha_B)\times10^8$，$\mu\varepsilon$/nm；

λ_1——应变栅当前的波长值，nm；

λ_0——应变栅初始的波长值，nm；

α_A——被测物热膨胀系数，如被测为铝、钢铁等材料；

α_B——传感器结构件本身的热膨胀系数，$\alpha_B=10\times10^{-6}/℃$；

ε——应变量，$\mu\varepsilon$；

λ_{t1}——温补光栅当前波长值，nm；

λ_{t0}——温补光栅初始波长值，nm。

③表面焊接式应变计的数据处理方法

假设应变传感器初始状态下的应变光栅波长值 $\lambda_0=1\ 548.20$ nm，温补光栅 $\lambda_{t0}=1\ 546.100$ nm，由于对被测物体施加了外力作用，使得测量到的当前应变光栅 $\lambda_1=1\ 549.000$ nm，同时环境温度的改变使得相应温补光栅值变为 $\lambda_{t1}=1\ 546.200$ nm，应变计的应变系数 $K=833\ \mu\varepsilon/\text{nm}$，被测钢材的热膨胀系数 $\alpha_A=17\times10^{-6}/℃$，传感器本身材料的热膨胀系数 $\alpha_B=10\times10^{-6}/℃$，则温度修正系数为

$$
\begin{aligned}
B &= 2.3K+(\alpha_A-\alpha_B)\times10^8\\
&= 2.3\times833\ \mu\varepsilon/\text{nm}+(17\times10^{-6}-10\times10^{-6})\times10^8\ \mu\varepsilon/\text{nm}\\
&= 2\ 615.9\ \mu\varepsilon/\text{nm}
\end{aligned}
$$

则仅由于荷载使被测物体产生的应变值：

$$
\begin{aligned}
\varepsilon &= K(\lambda_1-\lambda_0)-B(\lambda_{t1}-\lambda_{t0})\\
&= 833\times(1\ 549.000-1\ 548.200)\ \mu\varepsilon-2\ 615.9\times(1\ 546.200-1\ 546.100)\ \mu\varepsilon\\
&= 404.81\ \mu\varepsilon
\end{aligned}
$$

4.3 基于光纤传感分析仪在钢轨形变应力的测定

4.3.1 光纤分析仪 FBG8125

FBG8125 是一款高精度、高分辨率、多功能、多通道的设备，广泛适用光学传感器。该设备适用于现场测量，具有光谱分析功能，能让用户彻底了解对不同物理条件传感器反映出的光谱具体的变化过程，根据 FBG 中心波长的变化计算出被测量的变化值。该光分析仪适合大容量数据和特定传感系统的前期预研，还能长期在线实时测量。FBG8125 基于光纤通信领域中成熟的 MEMS 可调滤波技术，尤其适合需要大量使用传感器的传感系统。使用 USB、RS232 串行接口(便携式)或者网络接口(含工控机)，使得数据的采集和处理得心应手。用户可以随意选择波长、应力、温度、光谱等显示选项。FBG8125 对恶劣环境适应良好，光纤传感系统通常在比较恶劣的环境中工作，如在石油钻井平台和桥梁监测的露天控制室。温度、湿度、冲击和振动随时都可能改变和出现，所以为了保持测量精度和重复性，全部关键部件经过 Telcordia 认证，寿命超过 15 年，在 $-10\sim50$ ℃范围内能正常工作。在设计过程中，采用高精度的实时动态校准，通过高精度的波长校准，使 FBG8125 能达一定数量级的测试精度。

4.3.2 工作原理

FBG8125 光纤传感分析仪，来自光栅阵列的反射光入射到光纤 Michelson 干涉仪，其中，该干涉仪的一端由压电光纤延伸器控制以改变相对光程。当光程差为零时，探测器会接收到拍频信号。在该方法中，光栅的反射离散波长导致了明显的音频信号。可通过外部扰动场对这种频率进行调制。在整个相干长度范围内，通过光栅反射光谱产生的干涉图，实现对 Michelson 光程差进行扫描。FFT 分析仪的分辨率为 6×10^{-6} Hz，这表示等价的波长移位分辨率为 0.015 nm，或转换为 1 550 nm 波长的应变分辨率为 12 με。光纤傅里叶变换光谱法克服了干涉波长移位检测范围的限制，提高了波长分辨率，在整个相干长度范围内，通过获得光栅反射光谱产生的干涉图，从而实现传感光栅的波分复用。

波分复用技术在可提供的光源光谱范围内，对每只光纤 Bragg 光栅传感器进行了独特的光谱编码，光谱确定了传感器的工作范围，也与特定的空间位置有关。波分复用的直接优势是传感光栅的物理间距与波长分辨率无关。

主机 FBG8125 选用高速 DSP 处理器作为 CPU，可对光谱分析的大量数据进行高速计算处理，配有独特的全光谱解调软件系统，能稳定且准确地测量出温度值。整个传感系统由 ASE 光源、光交换机或光纤耦合器，光传感器，光谱分析单元，信号输出等部分组成，FBG8125 工作原理如图 4-10 所示。

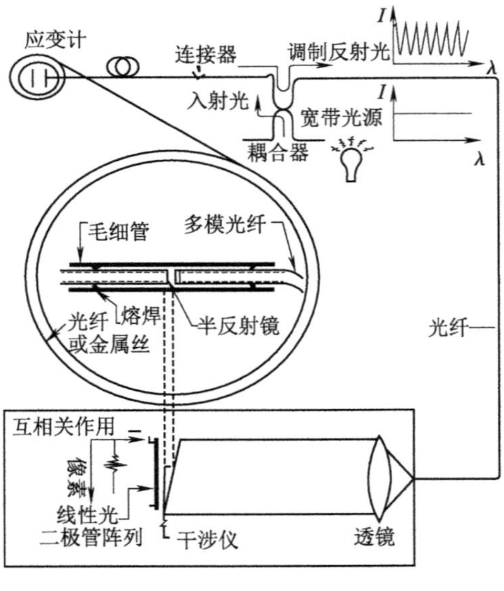

图 4-10 FBG8125 工作原理

(1)FBG8125 光纤传感分析仪主要指标和参数

FBG8125 光纤传感分析仪主要技术指标见表 4-2。

表 4-2 FBG8125 光纤传感分析仪主要技术指标

通道数	1、4、8、16	扫描频率	2 Hz/通道
每通道最大 FBG 传感器数量	80	光学接头	FC/PC
波长范围	1 525～1 565 nm	电源	AC 220 V

续上表

精度	±5 pm	接口	RS232 或 USB
动态范围	>50 dB	尺寸/mm	500×440×177(内置工机) 300×280×105(便携式)
分辨率	1 pm	工作温度	−10～50 ℃

(2)温度计主要技术指标

光纤光栅式温度计适用于不同结构表面或内部的温度测试，被广泛应用在桥梁、大坝、海洋石油平台、输油输气管道等大型结构及建筑，以及电力、军工、消防、矿业、航空航天等领域大型设施或设备的准分布式精确测温。分布式测量点多、测温精度高、测温范围大、不受电磁干扰、耐腐蚀，具体性能指标见表 4-3。

表 4-3 温度计主要技术指标

型号图		精度	0.5 ℃
标准量程	−30～80/120 ℃	外壳材料	不锈钢
引线类型	两端各 1.2 m 铠装光缆	外形尺寸	82 mm×Φ7 mm
灵敏度	0.1 ℃	安装方式	表面黏接或埋入
耐水压	可按客户要求定制耐 0.5 MPa、2 MPa 或其他水压		

(3)便携式高分辨率光纤光栅分析仪

便携式高分辨率光纤光栅分析仪适用于现场的人工测量，具有高精度、高分辨率、多功能的解调读数特点。采用 LCD 屏显示，界面友好、操作简单，具有数据存储、数据查询、通信等功能。内置锂电池可连续工作 10 h。机壳采用 ABS 工程塑料，质量轻、抗冲击、抗变形，可适应恶劣工作环境，具体性能指标见表 4-4。

表 4-4 分析仪主要技术指标

通道数	1	通信接口	USB
每通道可接入 FBG 数量	20	显示方式	点阵式液晶屏：240×128
波长范围	1 525～1 565 nm	充电电压	AC 100～240 V，50～60 Hz 或 DC 12 V±10%
精度	±5 pm	功耗	典型值：5 W；峰值：<10 W
分辨率	1 pm	工作环境	温度：−10～50 ℃； 湿度：0～80%无凝结
动态范围	>50 dB	存储环境	温度：−20～60 ℃； 湿度：0～95%无凝结
扫描频率	2 Hz	外形尺寸	(*L*)278 mm×(*W*)228 mm× (*H*)98 mm
光学接口	FC/APC	质量	2 kg

用光纤光栅分析仪排查故障，当产生故障检查时，先要看光谱是否为正常谱形，如果

显示某点的光能量损耗过大,可针对线路中引起能量损耗较大的点进行修复;如果温度显示值与实际温度值存在偏差,可检查参数表的设置是否正确,可通过修正参数表使其显示的温度值与实际温度相一致。

在混凝土结构施工过程中所遇到的一个非常棘手的问题是在混凝土捣固时容易破坏传感器及光缆。光纤 Bragg 光栅通常用于单模通信光纤上,其质地脆,易断裂,为适应土木工程施工特点,在将其作为传感器测量建筑结构时,应采取适当保护措施。

在钢筋笼中布置好混凝土温度传感器的光纤线路后,将混凝土温度传感器用铁丝等按照预定位置固定在钢筋笼中,然后将中间段用铜管包扎,铜管两端用热缩套管密封,可以防水、防纤芯折断等。

2003 年 9 月,用表 4-3 中光纤光栅传感温度计埋设于混凝土中对北京中关村某标志性建筑进行混凝土凝固过程中温度测量,图 4-11 是温度计在预埋前的铺设实况,把温度传感器布置完好后,就将光纤包扎固定好,然后在光纤尾端连接到光纤光栅分析仪上,对混凝土在凝固过程中的温度实时变化数据进行采集,现场实时采集数据如图 4-12 所示。

图 4-11　温度计预埋前布置

图 4-12　钢筋混凝土温度监测

传感器虽适用于各种恶劣环境,在使用时应注意避免用于超过测量范围的地区(特殊要求可定制),同时还应注意避免传感器在强酸、强碱的环境下长期工作,用于混凝土、土体或钻孔中时可直接安装埋设,但应注意对光缆实施保护,如图 4-13 所示,用塑料套管保护光纤和光缆。

图 4-13　光纤塑料套管

4.3.3　光纤光栅压力计标定方法

通过工程实例对光纤光栅温度计进行了标定，采用类推的方法，同样在现场对光纤光栅压力计进行精确标定。在测量时，可使用便携式高分辨率光纤光栅分析仪连接好传感器尾纤直接读取，此时光纤光栅分析仪已将波长值转变为温度值，同理可以将波长值转变为压力值。

1. 光纤光栅温度标定试验 1

通过公式来将波长值转化为温度值：

$$T=k_1(\lambda-\lambda_0)+k_2(\lambda-\lambda_0)^2+T_0 \tag{4-1}$$

式中，k_1 为一次温度系数，如：$k_1=110$ ℃/nm；k_2 为二次温度系数(约为-10.5 ℃/nm^2)；λ 为光栅当前波长(nm)；T 为当前温度(℃)；温度传感器在 T_0 温度下的波长为 λ_0(nm)，一般取 $T_0=0$ ℃的波长。

2. 温度传感器的计算方法

假设温度传感器在 $T_0=0$ ℃时的波长值 $\lambda_0=1\,548.200$ nm，在当前某一温度下测得的波长值为 $\lambda=1\,548.450$ nm，一次温度系数 $k_1=110$ ℃/nm，二次温度系数 $k_2=-10.5$ ℃/nm^2，则当前温度：

$$\begin{aligned}T&=k_1(\lambda-\lambda_0)+k_2(\lambda-\lambda_0)^2+T_0\\&=110\times(1\,548.450-1\,548.200)\ ℃-10.5\times(1\,548.450-1\,548.200)^2℃+0\ ℃\\&=26.8\ ℃\end{aligned}$$

3. 光纤光栅温度标定试验 2

数据拟合直线如图 4-14 所示，被测光纤自然状态放置于恒温箱内，调节恒温箱的温度，随着温度的变化，随之应变也在变化，测量至少 5 次之后，会得到 5 组数据，这 5 组数据可以拟合成一条直线，直线的斜率 a 也就是温度补偿系数($C_{12}=a\approx1.07$ MHz/℃)。在北京标准时间内 NBX 内置的标准校准光纤，当温度 $x=25$ ℃时的中心频率 y 约为 10.862 5 GHz，得到计算公式，其中 b 为定常值。

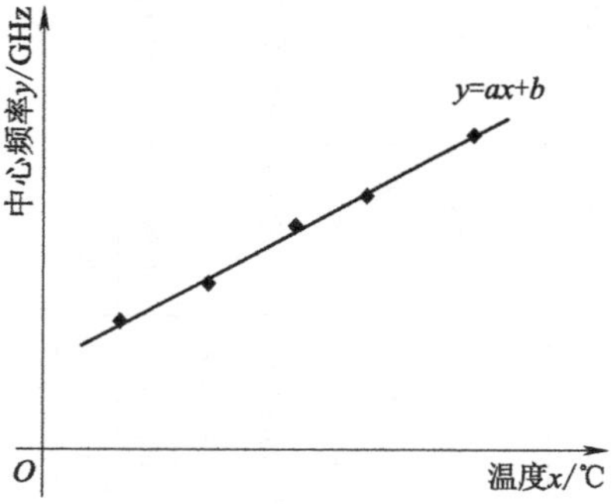

图 4-14　数据拟合直线

$$y=ax+b \tag{4-2}$$

从上述第一种标定方法要弄清楚起点温度 T_0、起点温度系数 k_1、起点温度 T_0 下的波长 λ_0，三者作为起点标定的初始值，这还要与当前测量值中 k_2、λ 代入公式(4-1)进行计算来得到当前温度值，按上述改进方法，对 12 只支传感器进行标定测验见表 4-5。

从表 4-5 中可得测点编号 20094946 的标定时的波长、厂家的出厂时温度 $T_{厂}$、厂家的出厂时的检测温度 $T_{检}$、一次方程的温度差值 $|\Delta T_{厂}|$、一次方程检测差值 $|\Delta T_{检}|$、另外，二次方程厂家温度值 $T'_{厂}$、二次温度检测值 $T'_{检}$、二次厂家差值 $|\Delta T'_{厂}|$、二次检测差值 $|\Delta T'_{检}|$，标准温度是通过恒温箱采样取值的，DH16 型电热恒温水槽自动温控和温度显示等，水槽内是通过工业精密温度计核对，取采样温度范围为 0～60 ℃，采样步长为5 ℃，共取 13 次温度值，其他数据都是波长值见表 4-6。

表 4-5　初值参数标定统计

序号	出厂编号	厂家参数					率定参数(线性方程)			率定参数(二次方程)		
		灵敏度系数	零点值	二次灵敏度系数	一次灵敏度系数	常数项	灵敏度系数	零点值	常数项	二次灵敏度系数	一次灵敏度系数	常数项
1	20094946	100.950 355 8	1 530.718	−11.182 153 24	109.946 562	−0.634 258 103	103.862 386 6	1 530.726	−158 984.871 801 7	−2.072 145 2	6 448.836 380 1	−5 016 112.415 840 3
2	20095277	100.845 319 9	1 532.318	−13.947 799 12	112.059 234	−0.774 081 467	103.088 143 0	1 532.314	−157 963.371 644 6	−1.447 541 2	4 540.106 592 5	−3 558 062.185 811 9
3	20095012	100.453 696	1 535.766	−9.708 962 648	108.284 169	−0.551 132 332	103.473 168 7	1 535.781	−158 912.070 070 4	−3.152 391 0	9 788.069 551 2	−7 597 028.499 905 0
4	2008062252	100.118 516 4	1 537.747	−10.940 347 54	109.156 387	−0.685 765 187	103.427 223 6	1 537.762	−159 046.400 310 8	−2.682 465 5	8 354.973 043 7	−6 504 701.833 610 9
5	2007111719	97.488 359 5	1 539.800	−9.517 991 611	105.561 807	−0.585 738 233	102.642 403 1	1 539.813	−158 050.038 678 5	−3.618 391 3	11 248.054 613 1	−8 740 608.025 938 3
6	2008052154	100.221 950 4	1 541.740	−9.561 970 728	107.948 126	−0.539 069 907	102.730 255 6	1 541.754	−158 384.740 202 1	−1.254 613 2	3 972.073 110 4	−3 141 737.214 085 6
7	2008062288	100.843 079 6	1 528.783	−9.028 486 052	108.085 931	−0.522 071 415	104.401 264 4	1 528.793	−159 607.676 592 9	−7.302 660 8	22 437.115 791 1	−17 233 868.186 184 4
8	20094940	100.570 347 1	1 530.701	−10.724 936 22	109.225 571	−0.611 443 094	104.010 369 2	1 530.711	−159 209.451 250 3	−9.234 045 3	28 378.644 364 8	−21 803 431.780 768 5
9	20095278	101.251 984 7	1 532.296	−11.766 429 7	110.636 129	−0.637 760 827	103.785 973 8	1 532.297	−159 030.459 385 0	−11.596 126 3	35 647.901 645 2	−27 396 232.475 237 1
10	20082997	99.792 149 4	1 554.043	−10.706 900 79	108.427 711	−0.579 251 741	102.760 301 2	1 554.049	−159 694.075 045 5	−11.561 629 0	36 044.182 836 9	−28 092 302.793 695 3
11	20082738	99.713 199 5	1 555.747	−9.007 562 917	106.999 862	−0.524 158 315	102.336 065 2	1 555.771	−159 211.002 544 0	−9.108 536 7	28 449.248 776 3	−22 214 000.843 969 8
12	20094598	98.844 744 3	1 557.694	−7.669 042 606	105.116 968	−0.444 796 606	102.109 286 9	1 557.723	−159 057.549 218 7	−8.982 876 0	28 093.038 536 9	−21 964 215.216 023 1

表 4-6　测点编号 20094946 的温度计标定数据记录表

标准温度/℃	0	5.0	10.0	15.0	20.0	25.0	30.0	35.0	40.0	45.0	50.0	55.0	60.0
波长/nm	1 530.726	1 530.775	1 530.825	1 530.870	1 530.918	1 530.965	1 531.014	1 531.065	1 531.108	1 531.160	1 531.208	1 531.256	1 531.305
$T_厂$/℃	0.8	5.8	10.8	15.3	20.2	24.9	29.9	35.0	39.4	44.6	49.5	54.3	59.3
$T_检$/℃	0	5.1	10.3	14.9	19.9	24.8	29.9	35.2	39.7	45.1	50.0	55.0	60.1
$\|\Delta T_厂\|$/℃	0.8	0.8	0.8	0.3	0.2	0.1	0.1	0	0.6	0.4	0.5	0.7	0.7
$\|\Delta T_检\|$/℃	0	0.1	0.3	0.1	0.1	0.2	0.1	0.2	0.3	0.1	0	0	0.1
$T'_厂$/℃	0.2	5.6	11.0	15.8	20.9	25.8	30.9	36.2	40.5	45.8	50.6	55.3	60.1
$T'_检$/℃	−0.1	5.1	10.3	15.0	20.0	24.9	30.0	35.3	39.7	45.1	50.1	55.0	60.1
$\|\Delta T'_厂\|$/℃	0.2	0.6	1.0	0.8	0.9	0.8	0.9	1.2	0.5	0.8	0.6	0.3	0.1
$\|\Delta T'_检\|$/℃	0.1	0.1	0.3	0	0	0.1	0	0.3	0.3	0.1	0.1	0	0.1

温度传感器的标定在上述两种计算方法中第一方法较适合厂家在出厂后，到应用现场时必须要进行重新标定，仪器受天气、气压、温度、湿度、内部元器件零点温度漂移等现场诸多要素影响，光纤光栅传感器还需熔解机进行现场熔解，在熔解过程中对光纤的折射和反射是有一定衰减的，这样会带来标定时新的误差，因此，表 4-7 这组数据是非常重要的，为现场重新标定提供基础，减少现场测试数据误差，为波长变化提高精度。

表 4-7　厂家给出温度计标定参数

灵敏度系数	零点值	二次灵敏度系数	一次灵敏度系数	常数项
100.950 355 8	1 530.718	−11.182 153 24	109.946 562	−0.634 258 103

表 4-8 中的线性方程参数可以通过表 4-7 中的厂家给出温度计标定参数按公式(4-1)得出，同时，按温度计标定方法 2 中的公式(4-2)得出。

表 4-8　现场率定参数(线性方程)

灵敏度系数	零点值	常数项
103.862 386 6	1 530.726	−158 984.871 801 7

图 4-15 是通过 13 组数据进行一次方程拟合得到的，其中 12 个测点则是表 4-9 中的温度传感器在不同温度下，通过便携式高分辨率光纤光栅分析仪现场实时采集得到的 13 组变化光波长。

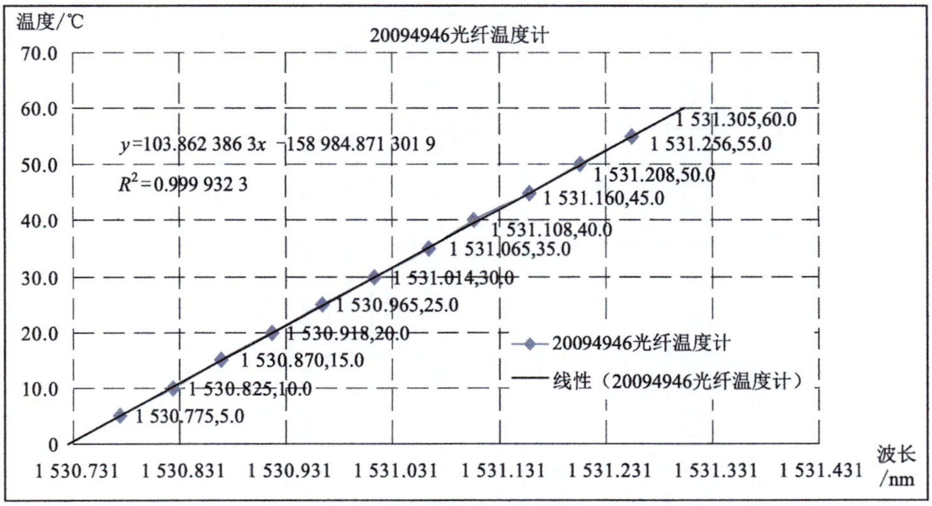

图 4-15　拟合一次直线性方程

由这温度与光波长两者进行一次方程拟合，导出公式(4-2)中的参数 a，即为该拟合直线斜率，实为灵敏度系数，常数项即为拟合直线 b 的值，两者是完全一致的。

表 4-10 中是二次拟合直线方程参数，这主要与表 4-5 中厂家给出温度计标定参数相比较得到现场标定参数，如果误差小，就可满足工程的需要，如果误差大，而在误差范围内，可以用到工程中去，但要通过标定方法提高测试精度，二次方程可以分析测试结果是否准确。

表 4-9　阶梯温度下 12 个测点 13 组波长值

单位:nm

测点编号	标准温度												
	0 ℃	5.0 ℃	10.0 ℃	15.0 ℃	20.0 ℃	25.0 ℃	30.0 ℃	35.0 ℃	40.0 ℃	45.0 ℃	50.0 ℃	55.0 ℃	60.0 ℃
20094946	1 530.726	1 530.775	1 530.825	1 530.870	1 530.918	1 530.965	1 531.014	1 531.065	1 531.108	1 531.160	1 531.208	1 531.256	1 531.305
20095277	1 532.314	1 532.364	1 532.411	1 532.458	1 532.505	1 532.558	1 532.604	1 532.652	1 532.702	1 532.750	1 532.800	1 532.847	1 532.896
20095012	1 535.781	1 535.830	1 535.879	1 535.924	1 535.974	1 536.020	1 536.070	1 536.117	1 536.167	1 536.214	1 536.263	1 536.315	1 536.361
2008062252	1 537.762	1 537.810	1 537.860	1 537.907	1 537.955	1 538.000	1 538.051	1 538.100	1 538.147	1 538.195	1 538.246	1 538.294	1 538.343
2007111719	1 539.813	1 539.863	1 539.911	1 539.957	1 540.006	1 540.055	1 540.105	1 540.154	1 540.199	1 540.248	1 540.300	1 540.350	1 540.399
2008052154	1 541.754	1 541.803	1 541.851	1 541.899	1 541.949	1 541.995	1 542.046	1 542.094	1 542.143	1 542.191	1 542.240	1 542.290	1 542.338
2008062288	1 528.793	1 528.842	1 528.887	1 528.934	1 528.980	1 529.028	1 529.075	1 529.123	1 529.171	1 529.223	1 529.271	1 529.319	1 529.368
20094940	1 530.711	1 530.759	1 530.803	1 530.853	1 530.898	1 530.945	1 530.992	1 531.041	1 531.088	1 531.140	1 531.190	1 531.239	1 531.288
20095278	1 532.297	1 532.345	1 532.389	1 532.437	1 532.482	1 532.530	1 532.577	1 532.626	1 532.674	1 532.725	1 532.776	1 532.826	1 532.875
20082997	1 554.049	1 554.098	1 554.142	1 554.191	1 554.235	1 554.285	1 554.331	1 554.381	1 554.429	1 554.483	1 554.533	1 554.584	1 554.632
20082738	1 555.771	1 555.818	1 555.865	1 555.913	1 555.967	1 556.008	1 556.055	1 556.106	1 556.155	1 556.206	1 556.257	1 556.307	1 556.355
20094598	1 557.723	1 557.771	1 557.817	1 557.865	1 557.911	1 557.962	1 558.009	1 558.059	1 558.107	1 558.159	1 558.210	1 558.260	1 558.310

表 4-10 现场率定参数(二次方程)

二次灵敏度系数	一次灵敏度系数	常数项
−2.072 145 2	6 448.836 380 1	−5 016 112.415 840 3

图 4-16 所示的二次方程拟合直线同样是用表 4-5 中所测波长数据进行拟合得到的，图 4-16 中的拟合二次直线方程所得参数较拟合一次直线方程所得参数的精度要高，通过两次的直线拟合可以判断实测数据的准确性。

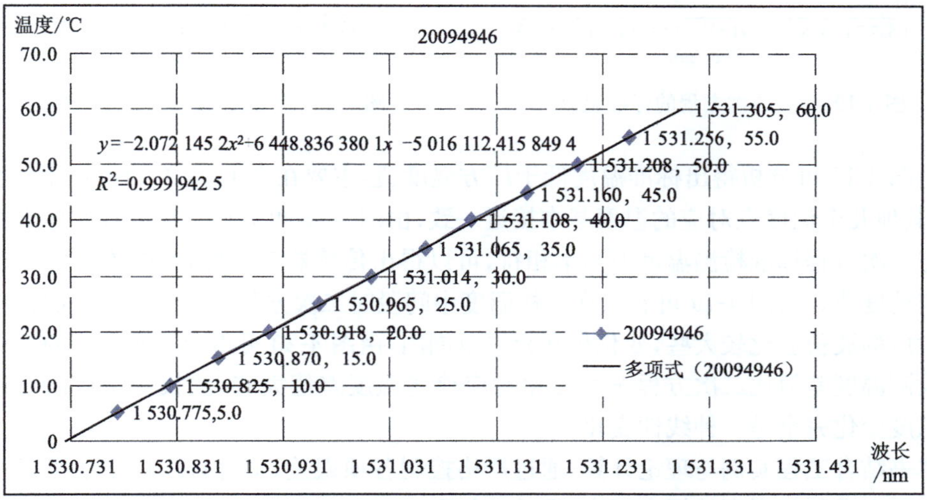

图 4-16 拟合二次直线方程

一次方程厂方标准温度如图 4-17 所示，二次方程检测标准温度如图 4-18 所示，一、二次方程的标准温差如图 4-19 所示，一、二次方程的检测温差如图 4-20 所示。

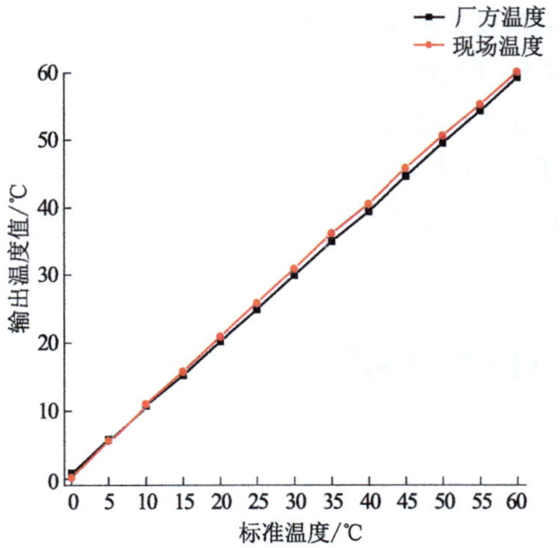

图 4-17 一次方程厂方标准温度

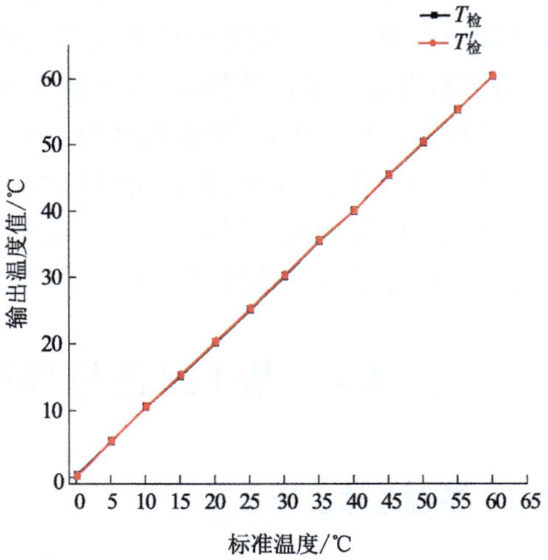

图 4-18 二次方程检测标准温度

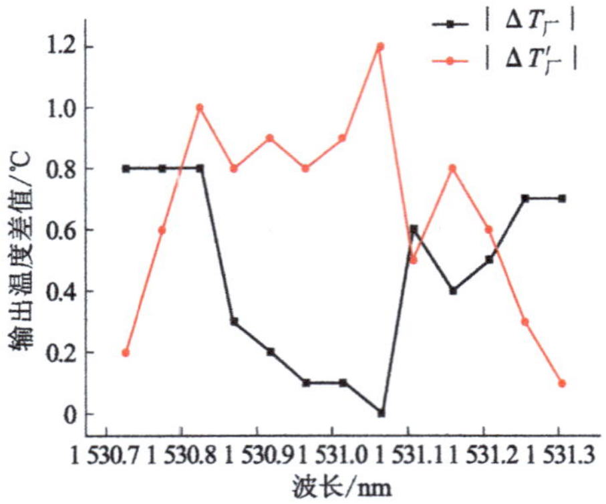

图 4-19　一、二次方程的标准温差

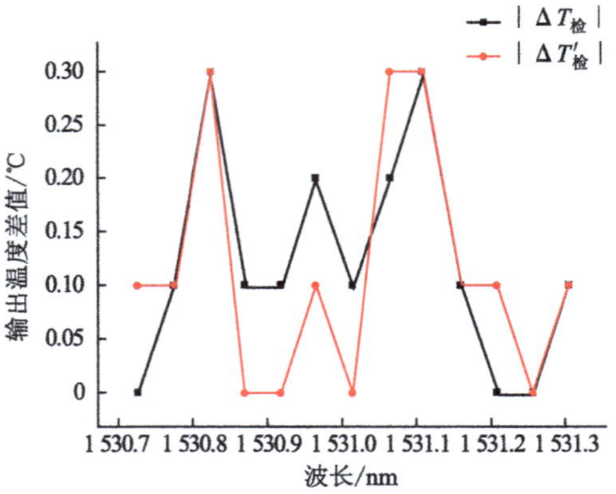

图 4-20　一、二次方程的检测温差

由图 4-17 可分析得出标准温度低于厂方温度值，主要在 0 ℃、5 ℃、10 ℃几个点时较高些，其他几个温度点对应的温度基本接近一致；由图 4-18 可分析一次方程的标准检测温度值与二次方程标准检测温度值基本相符，可以得出传感器是完好，并能得到一个精度较高标定精度值。由图 4-19 可看出在采样温度中间段时二次方程温度差值比一次方程温度差值对应的波长变化较大些，变化仍在允许范围内；由图 4-20 可得出一次方程的波长变化对应检测温度差值比二次方程波长变化对应检测温度差值大些，波长变化从而导致微小检测温度变化完全是一种线性变化。

本书结合工程实例与理论计算，通过严格控制各项误差，拟合直线标定法可以在很宽温区范围内得到相当高的标定精度，现总结如下：

(1)基于波长函数的辐射温度计的一点标定法是可行的，在精心控制各环节误差的情况下，可获得较高的标定精度。且若各环节误差已有详细的估计数据，则根据此方法完全可以求出任何标定点上的误差。

(2)实际应用中要严格控制参考温度源的误差，且要选择离标定温度较近的温度参考点，以减小各项误差。相对来说波长误差对标定精度影响较小，有时可以忽略。波长函数的幅值测量误差亦要严格控制，在测量中要采用精度高线路。

(3)在实际标定中，利用温控黑体炉的一个温度点进行全量程标定，亦可得到较高的精度。但由于采用一次项拟合和黑体炉温度示值有误差，相对误差比理论计算要大。

(4)以工程实例为背景，总结出一套全新的光纤温度计的标定方法，同时，可在光纤应变计、测振传感器等其他传感器上广泛应用。

4.4　基于绿色照明的 RTLCS-2008 系统设计

4.4.1　系统总体设计

1. 隧道照明系统的功能

隧道照明着重在于隧道设施本身的正常运行、定期维护检修和事故状态的疏散与救援。因此，设置隧道照明应满足以下功能。

(1)满足正常维护与检修、隧道内的轨道、路基以及通信、信号、电力、排水等辅助设备的需要,满足正常行车运输安全需要。

(2)列车正常运行时,满足旅客视觉舒适度的需要。

(3)隧道内发生隧道坍塌、火灾、脱轨、人为破坏事故时,满足旅客疏散逃生需要。

(4)满足各类事故救援的需要。

2. 绿色照明

绿色照明即节能环保:列车来了,点亮固定照明,列车离开隧道,关闭固定照明。具备远程监控功能,能够确保隧道固定照明根据需要点亮或关闭,运行在节电状态。

3. 智能控制

(1)自动在线巡检各类隧道灯具,判断其好与坏。

(2)列车进隧道,自启动正常照明灯,列车离开隧道,自动关闭正常照明灯。

(3)列车在隧道内出现事故,自启动应急照明灯、安全指示灯及疏散照明灯等。

4. 解决技术问题

电力载波方案如图 4-21 所示,该系统包括电流有无检测、光敏传感检测、红外检测、振动检测、压力检测等检测技术。

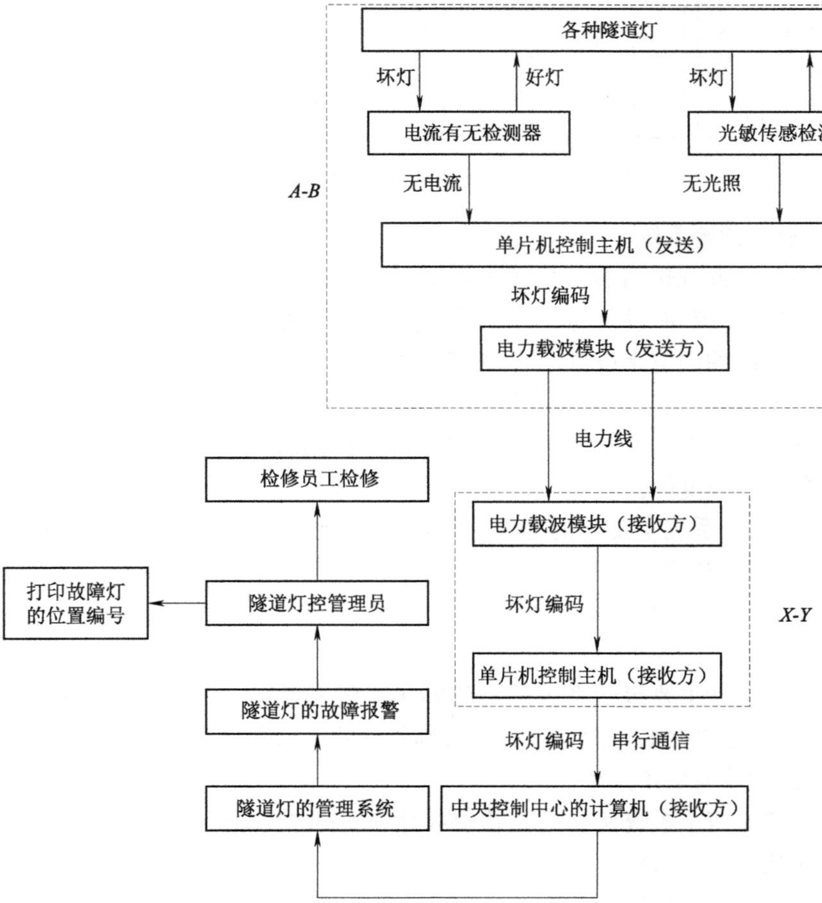

图 4-21 电力载波方案

4.4.2 系统详细设计

1. RTLCS-2008 系统的软件功能

RTLCS-2008 隧道照明监控系统主要包括隧道内故障预警系统、故障诊断系统和低压电力载波通信子系统三部分，如图 4-22 所示，主要安装在中央控制中心计算机上，承担这三个子系统的通信、数据存储和管理等功能。

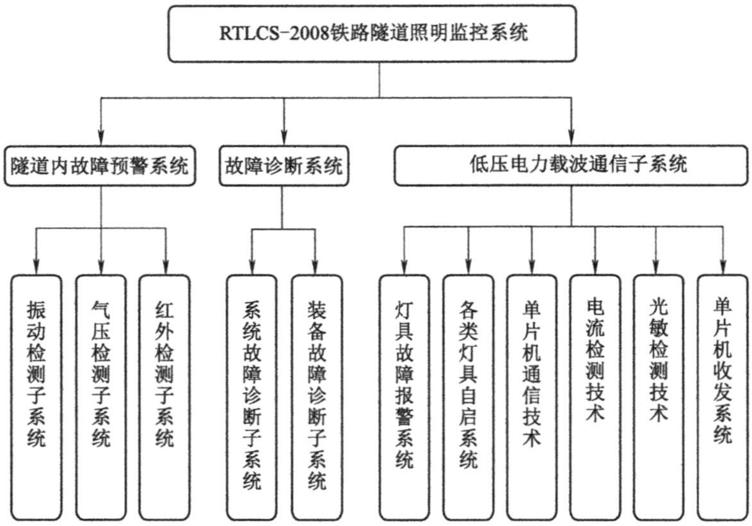

图 4-22 RTLCS-2008 系统总体功能

(1)隧道内故障预警系统

故障预警系统子系统包括振动检测子系统、气压检测子系统和红外检测子系统三部分，其中振动检测子系统和气压检测子系统的前沿理论分析研究已在第三章中完成论述，其结论作为该子系统的阈值来设置，达到准确判断列车在隧道内出现故障，能迅速自启动应急照明灯、安全指示灯及疏散照明灯等，能保证人员安全撤离和紧急救援等。另外能实时反应隧道内气流的压力，能自动调整在该隧道内的行驶速度，能保证旅客车内舒适性，降低隧道内装备损坏程度等。

最后，红外检测子系统主要功能是绿色照明即节能环保，主要保证列车进入隧道，点亮固定照明，列车离开隧道，关闭固定照明。具备远程监控功能，能够确保隧道固定照明根据需要点亮或关闭，运行在节电状态。

(2)故障诊断系统

故障诊断系统设计主要包括系统故障诊断子系统和装备故障诊断子系统，在这两子系统中，前者称软件故障诊断，即软故障；后者称硬件故障诊断，即硬故障。

(3)低压电力载波通信子系统

低压电力载波通信子系统包括电流检测技术和光敏检测技术等 6 个功能模块，本书重点对电流检测技术和光敏检测技术论述。

2. RTLCS-2008 系统方案设计

RTLCS-2008 系统采用分层的分布式结构，由 RTLCS-2008 隧道监控主站、通信控制器、现场控制器以及通信系统等功能模块组成,其系统结构如图 4-23 所示。

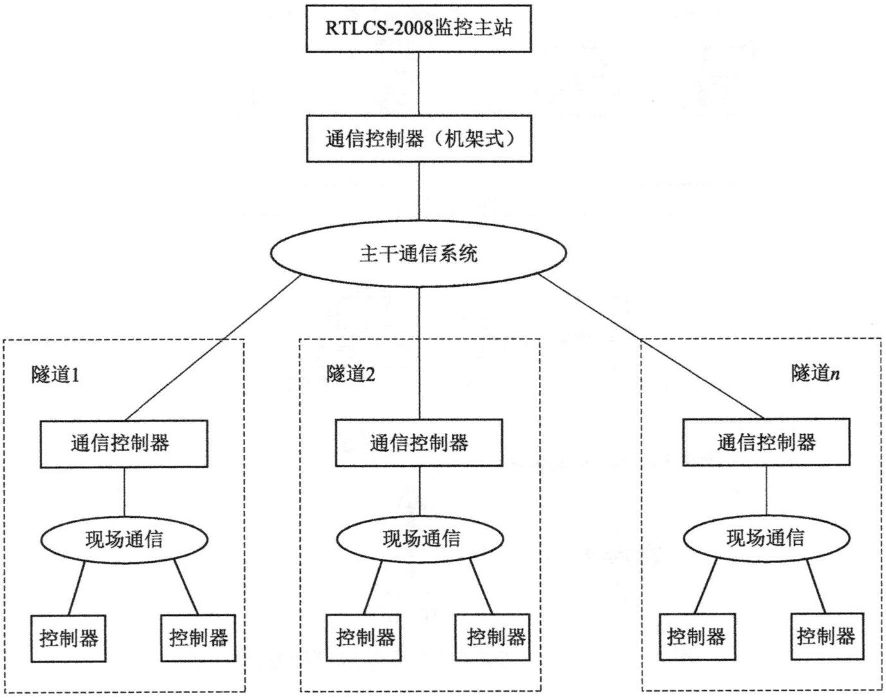

图 4-23 RTLCS-2008 系统原理

4.4.3 RTLCS-2008 隧道照明监控系统主站

RTLCS-2008 主站一般安装在综合维修段调度控制室内,是隧道照明监控系统的调度指挥中心,承担着所管辖范围内隧道照明系统的监视、控制、调度和救援指挥任务。RTLCS-2008 主站经中间层通信控制器与现场隧道监控器(RTU)配合,实现变配电设备、低压开关、照明设备的监控和管理,具有技术先进、功能完善、系统稳定、传输可靠、安装使用维护简单等优点。RTLCS-2008 主站基于跨平台运行架构,既支持界面友好、应用广泛的 Win32(Win9x/NT/2000/XP)系统平台,也支持可靠性、稳定性更好的 Linux/Unix 平台,还支持异构平台系统,即服务器采用 Linux 或 Unix,而客户端采用 WinXP。RTLCS-2008 具有良好的开放性和扩展能力,可以根据用户要求和现场监控对象的不同进行扩展或裁减。通过接入不同的智能控制器如 RTU、PLC、DDC 等,可以用作隧道照明监控系统,也可以用作隧道机电设备综合监控系统,或车站机电设备综合监控系统,主站系统典型配置及结构如图 4-24 所示。

1. RTLCS-2008 主要功能

(1)数据采集和处理

可以采集和处理的开关量包括:开关状态、应急照明设备状态、继电器状态、继电保护动作信号、事故/故障信号、报警信号、手动—自动方式选择的位置信号、电度脉冲量等。可以采集、计算和处理的模拟量包括:振动、电压、电流、频率、有功功率、无功功率、视在功率、功率因数、压力、流量、温度等。

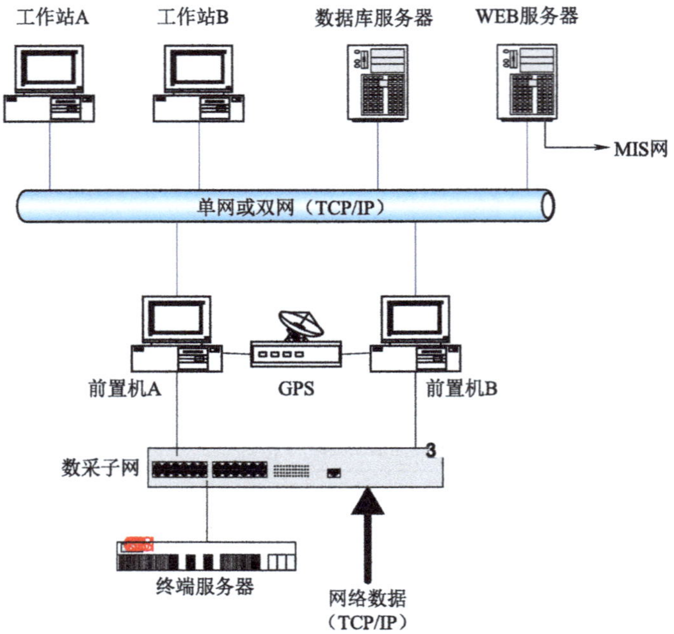

图 4-24 RTLCS-2008 监控主站典型配置及结构

(2)控制功能

控制对象包括照明设备开关、应急照明系统(EPS)切换、开关/刀闸的断/合、继电器/交流接触器/可控硅的远方分合、变压器分接头的升/降、继电保护及自动装置的远方投切、RTU/PLC/DDC/微机保护装置定值整定等。对隧道内的所有灯光可以任意编组，并实施控制。控制方式包括随时控制、定时控制(时间任意设置)、周期控制(时间间隔任意设置)或事件触发控制。可以根据低压开关状态和监测量(电压、电流)的大小，间接判定灯光设备是否有故障。

(3)组态功能

系统提供强大的图形编辑功能。用户可以根据现场情况绘制、编辑监控画面；常用图形符号如变压器、开关、照明设备、电动机、水泵等由系统图元库提供，用户也可以根据需要任意扩充新的图元；所绘制的各种监控画面，在与现场设备完成“绑定”后，即可以直接反映现场设备的运行状态；用户也可以通过监控画面直接完成远程控制，以及画面分层、缩放、漫游、导航、拷贝输出至打印机等，全面取代传统的控制按钮和操作台功能。一般设计的监控画面有：系统配置图和运行状态图；地理信息图、系统设备布局图；供配电接线图；照明系统状态图；通信系统状态图；报警信息图等。

(4)报警功能

系统运行过程中，有事件发生便产生报警。报警源包括开关变位、设备故障、事故信号、遥控操作失败、设备投退、遥测越限、用户自定义的报警等。可以对系统用户进行登入和口令管理，提供完善的权限管理，保证系统安全性。报警输出方式多种多样，具体有：自动推出报警画面；声音、灯光、事项打印、记录历史数据库；GSM 短消息和语音拨号服务。

(5)紧急救援

为了保障隧道安全,RTLCS-2008 系统为紧急救援提供技术手段和保障,主要包括:

①预先生成 1 套或多套救援照明控制方案,紧急情况下,能够按照救援方案成批自动输出控制命令。

②所有控制输出均生成操作事项(还包含时间、操作员、值班员等信息),记录历史数据库供查询。

(6)电子值班

系统提供电子值班技术,可以替代值班人员对整个自动化系统及相关在线运行设备进行监视,出现异常和故障能及时通过多种途径通知相应的值班人员,减轻值班人员工作负担,为隧道照明自动化系统实现无人值守提供技术上准备。

①GSM 短消息服务

根据用户的配置,可以将当前的告警信息转化为 GSM 短消息,指定发送给相应的值班人员。

②语音拨号服务

为了弥补 GSM 短消息的延迟和单向的弊端,系统提供语音拨号通知服务,拨通值班人员的电话,将当前告警转化为语音方式播放。

(7)数据转发

RTLCS-2008 主站可以作为数据转发节点向其他自动化系统或 MIS 系统转发必要的数据和信息,实现数据共享。

(8)Web 服务

可以向 MIS 系统或其他系统以 Web 服务的方式提供数据访问。通过 Internet 或 Intranet,基于 IE 浏览器即可访问隧道机电设备监控系统的实时数据和信息。

(9)远程诊断及维护

RTLCS-2008 提供远程诊断和维护功能,可通过公用电话网络(PSTN)或其他公用网络可以访问 RTLCS-2008 系统的每一台微机(经授权),对应用软件进行远方诊断和维护,修改参数、修改程序甚至更换程序,从而缩短服务响应时间和故障处理时间,提高系统的可维护性、可用率,提高服务质量。

2. RTLCS-2008 隧道控制器

RTLCS-2008 隧道控制器安装在隧道的综合洞室内,主要负责箱式变压器、照明开关、EPS、以及其他机电设备等的监视和控制,并通过通信控制器与综合维修段内的监控主站通信实现远程监控。RTLCS-2008 分为两大类:一类是开关量 RTLCS-2008D,另一类是模拟量 RTLCS-2008A。

(1)RTLCS-2008D 的主要功能包括:

①6 路开关量光电隔离输入,12 路 C 型继电器控制输出(AC 5 A/250 V);或者 12 路开关量光隔输入,6 路 C 型继电器控制输出。

②具有光电隔离 RS-485 通信接口,ModBus RTU 通信。

③标准 DIN 导轨安装方式。

④工作环境满足环境温度－20～65 ℃，相对湿度≤90％的要求，具有防尘、防振、防潮、防腐的能力，能够适应铁路隧道的工作环境要求。

（2）当现场需要监控变压器或其他模拟量设备时，可以选配 RTLCS-2008A，其主要功能包括：

①可以采集相电压、相电流、线电压、线电流、零序电流、频率（A 相）等模拟信号。

②可以计算有功功率、无功功率、视在功率、功率因数等参数。

③具有光电隔离 RS-485 通信接口，ModBus RTU 通信。

④标准 DIN 导轨安装方式。

⑤工作环境满足环境温度－20～65 ℃、相对湿度≤90％的要求，具有防尘、防震、防潮、防腐的能力，能够适应铁路隧道的工作环境要求。

图 4-25 是以某条隧道中的任意一小段的通信控制器和 RTU 的安装位置与铺设方法。

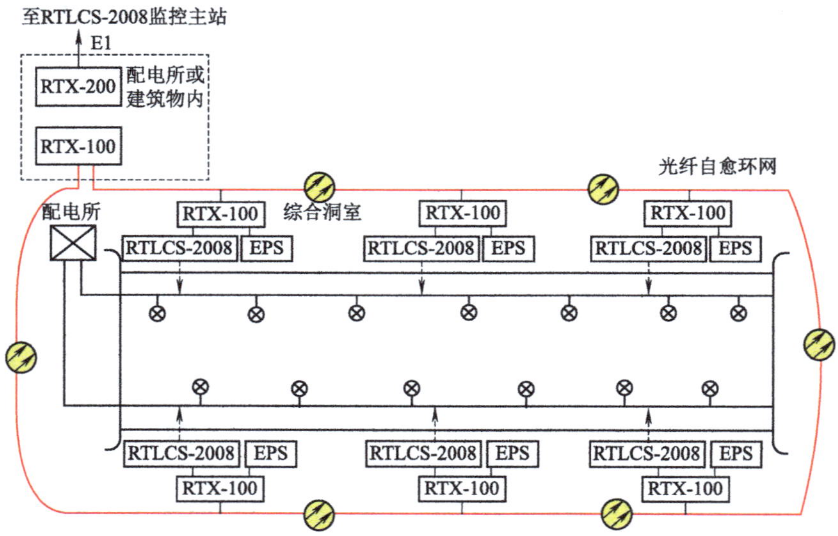

图 4-25　隧道监控系统工作原理

3. 通信系统

通信系统由 RTX-200 通信控制器、RTX-100 智能通信节点及通信专业提供的传输通道组成。主干通信通道一般采用通信专业提供的 SDH/E1（成帧或非成帧，G. 703）通道完成。

（1）每条隧道在隧道口配电所或其他建筑物内预留 1 个 E1 或 $n\times64$K（$n=1\sim31$）接口。

（2）监控中心预留的接口数量与隧道通信控制器数量一一对应。

4. RTX-200 通信控制器

RTX-200 通信控制器安装在隧道洞口附近建筑物内，如配电所。一般每条隧道配置一台通信控制器，作为数据转发节点，对上连接隧道监控主站，对下连接隧道内的所有 RTU，起到上通下达的作用，系统如图 4-26 所示。

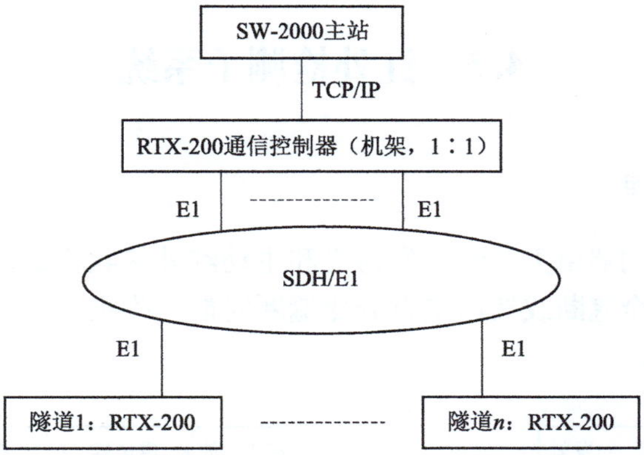

图 4-26　隧道照明监控系统主干通信方案

RTX-200 主要功能特点如下：

①传输接口：E1 或 $n\times64$K，$n=1\sim31$；G.703。

②数据接口：以太网接口、电接口、光接口。

③安装方式：机架式（主站端），标准 DIN 导轨（站端）。

④工作环境满足环境温度－20～65 ℃、相对湿度≤90%的要求，具有防尘、防振、防潮、防腐的能力，能够适应铁路隧道的工作环境要求。

5. RTX-100 双环自愈通信节点

RTX-100 双环自愈通信节点安装在隧道综合洞室内，经光缆构成光纤自愈单/双环网；对上连接 RTX-200 通信控制器；对下提供多路数据接口包括 RS-232/485、以太网接口，系统如图 4-27 所示，主要功能和特点如下：

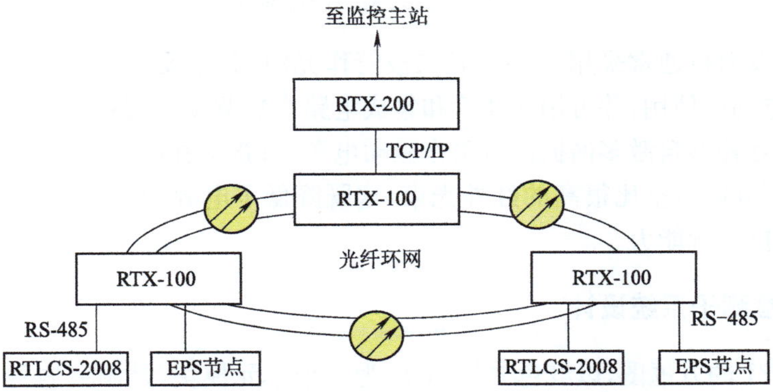

图 4-27　现场环型自愈通信方案

①光纤单环或双环网，自愈保护。

②数据串口：RS-232，RS-485。

③以太网数据接口。

④工业标准设计，氧化处理的铝材外壳，适应恶劣环境；工作温度：－40～80 ℃；湿度：95%。

4.5 红外检测子系统

4.5.1 红外检测原理

主动红外入侵探测器由主动红外发射机和主动红外接收机组成，当发射机与接收机之间的红外光束被完全遮断或按给定百分比遮断时能产生报警状态的装置，红外对射内部原理如图 4-28 所示。

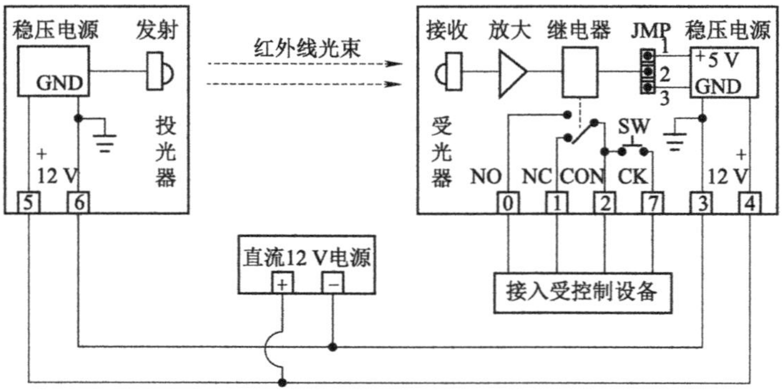

（接线图）

注：受光器中的SW是防拆壳开关，当外壳合上时SW开关闭合。
受光器中的JMP是继电器线圈的跳线选择，选择方法如下：
1 2 3 跳线帽短路1-2：受光器在接到红外线光束时继电器线圈不通电。
1 2 3 跳线帽短路2-3：受光器在接到红外线光束时继电器线圈通电。

图 4-28 红外对射内部原理

主动红外发射机通常采用红外发光二极管作光源，其主要优点是体积小、质量轻、寿命长，交直流电均可使用，并可用晶体管和集成电路直接驱动。现在的主动红外入侵探测器多数是采用互补型自激多谐振荡电路作驱动电源，直接加在红外发光二级管两端，使其发出经脉冲调制的、占空比很高的红外光束，这既降低了电源的功耗，又增强了主动红外入侵探测器的抗干扰能力。

4.5.2 红外检测子系统设计

根据图 4-21 的方框图，以红色方框 *A-B* 为一个单元模块，是洞室内每一盏灯的底座内必须安装该模块，并给每一盏灯和该单元统一编号。

红色方框 *X-Y* 为一个单元模块，以一个变压器为一组，在这组内所有的 *A-B* 单元模块都能向同一个 *X-Y* 单元模块发送信号。

红外检测自动启动方案如下：

(1)单线隧道分成两部分

列车进入隧道红外检测和列车离开隧道红外检测两部分，进入隧道红外对射安装如图 4-29 所示。

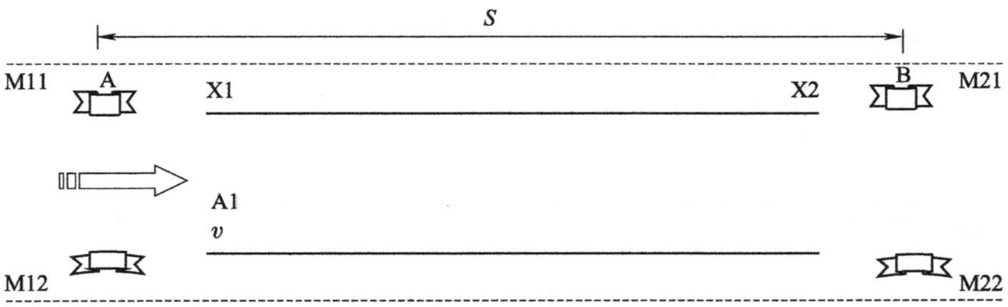

图 4-29 进入隧道红外对射安装

在离隧道口距离 S 米远的地方分别布设 A、B 两组红外对射器，M11 和 M12 分别为 A 组的发收模块，M21 和 M22 分别为 B 组的发收模块，X1 表示 A 组有红外检测信号，X2 表示 B 组有红外检测信号，根据 X1 和 X2 所得信号的先后关系，就可以判断列车进出隧道的方向。

①详细设计：A 组红外发射器指 M11 和 M12；B 组红外发射器指 M21 和 M22。

②计算时间：

$$t=S/v$$

式中，S 为 A 组与 B 组之间的距离；t 为经过隧道的时间；v 为列车速度。

③方向判断：X1 先有信号，X2 后有信号，从左至右方向，为 A1；X2 先有信号，X1 后有信号，从右至左方向，为 A2。

④故障有无判断：

A1 方向：X1 有信号经过 t 秒后 X2 有信号，表示列车正常通过；X1 有信号经过 t 秒后 X2 没有信号，表示列车出故障；A2 方向：反之。

⑤列车有故障，单片机（主机）经过 t 秒延时，自启动。

⑥X1、X2 都没信号，表示没有火车通过。

$(X2,X1)\in\{$0 表示无信号，1 表示有信号$\}$，$Y\in\{$0 表示无故障，1 表示有故障$\}$。

实验得出结论：在隧道内间隔一定的距离 S（$S<v_{\min}t_0$，列车故障后必须 t_0 内的时间报警）设一个红外传感器，当前后两个红外传感器感知列车的时间差超过 $S/v_{\min}$ 时，说明列车的速度低于 $v_{\min}$，认为列车出现事故启动报警系统。假设列车速度低于 30 m/s 时（$v_{\min}=$ 30 m/s），认为列车已故障，发生故障后 60 s 内应启动应急照明。那么红外探头的间距（S）应小于 600 m，取 $S=500$ m，当相邻探头感知的时间差大于 50 s 时，说明速度小于 10 m/s，自动启动应急照明。但是当探头的距离大于 600 m 时，取 $S=700$ m，假设列车刚被第一个控头感知，就停下来了，这时要经过（700/30） s 才报警，超过了规定的报警时间。其中红外探头有一个参数——最短遮光时间要设置，当辐射信号被完全或按给定百分比遮光的持续时间大于或等于最短遮光时间探头不会报警，这有益于减少系统的误报警。例如一只飞鸟经过时就不应报警，通常以 10 m/s 的速度来确定最短遮光时间，假设飞鸟长度 20 cm，则最短遮光时间应大于 20 ms，考虑到误差可设定为 30 ms。

图 4-30 为离开隧道红外对射安装，根据图 4-30 与图 4-29 的比较，同理可得出列车离开隧道的逻辑关系见表 4-11，然后，将这种逻辑关系编写成程序，写入红外检测的单片机控制板中，设计成节电的自启动终端装备。

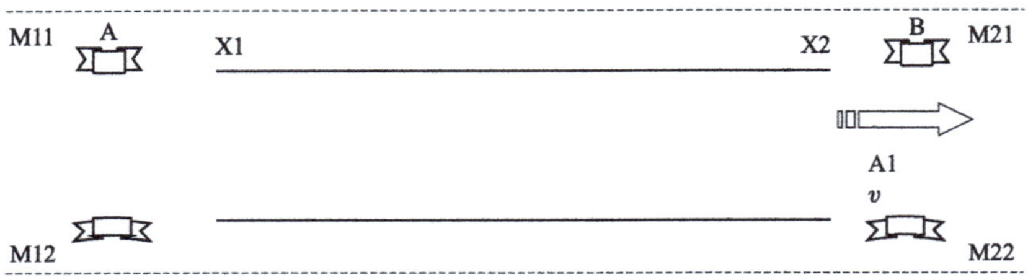

图 4-30　离开隧道红外对射安装

表 4-11　红外检测模块的程序逻辑

X1	X2	Y
0	0	0
0	1	1
1	0	1
1	1	0

(2)双线隧道红外检测

双线双向红外对射安装如图 4-31 所示,双线双向隧道可等同于四条单线隧道,图中分成 A、B、C、D 四组,有 8 个信号 X1、X2、X3、X4、X5、X6、X7、X8,另有 S_1、S_2、S_3、S_4 四个距离。

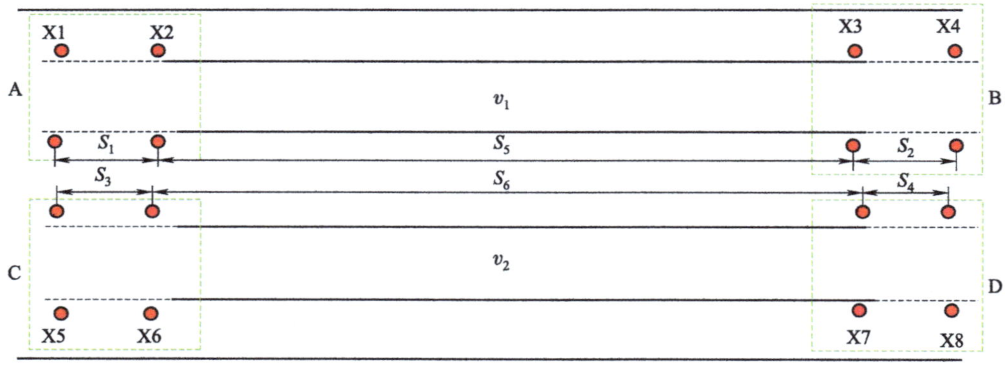

图 4-31　双线双向红外对射安装

(3)双线双向隧道详细设计

①方向判断:不考虑在隧道内有叉道情况:

第一轨道 { X1 先有信号,X4 后有信号,列车运行方向从左至右(A 至 B)
X4 先有信号,X1 后有信号,列车运行方向从右至左(B 至 A)

第二轨道 { X5 先有信号,X8 后有信号,列车运行方向从左至右(C 至 D)
X8 先有信号,X5 后有信号,列车运行方向从右至左(D 至 C)

②时间计算:

S_1/v_1、S_2/v_1 的时间必须大于两对红外避光响应时间之和(A、B);

S_3/v_2、S_4/v_2 的时间必须大于两对红外避光响应时间之和(C、D)。

③故障有无判断：

A 至 B 方向：

A 组有信号经过 S_5/v_1 时间后 B 组有信号，表示列车正常通过；

A 组有信号经过 S_5/v_1 时间后 B 组没有信号，表示列车出故障。

B 至 A 方向：

B 组有信号经过 S_5/v_1 时间后 A 组有信号，表示列车正常通过；

B 组有信号经过 S_5/v_1 时间后 A 组没有信号，表示列车出故障。

C 至 D 方向：

C 组有信号经过 S_6/v_2 时间后 D 组有信号，表示列车正常通过；

C 组有信号经过 S_6/v_2 时间后 D 组没有信号，表示列车出故障。

D 至 C 方向：

D 组有信号经过 S_6/v_2 时间后 C 组有信号，表示列车正常通过；

D 组有信号经过 S_6/v_2 时间后 C 组没有信号，表示列车出故障。

(X2，X3，X6，X7)∈{0 表示无信号，1 表示有信号}，Y∈{0 表示无故障，1 表示有故障}。

④列车有故障，单片机（主机）经过表 4-11 的第二列时间延时，自启动。

实践得出控制方法是相对单线单向应算法复杂一些，因为需要对列车的行驶方向进行判断，双线隧道在一处装两个红外传感器，通过一组中两个红外传感器对列车的感知先后来判断列车的前进方向，这一组中的两个传感器的距离不能太小，应能满足其顺序记录的要求；每一组中第一个传感器的感知时间用来计算列车的速度，计算速度的方法同上。当列车经过 A 组红外探头时，如果 A1 先感知，而 A2 后感知，则列车由 A1 往 A2 方向行驶，反之由 A2 往 A1 方向行驶。但在这有一个问题应注意，尽管探头都可以设置一个统一最短遮光时间，但总存在误差，一般约 5 ms，当两个探头均设定为 30 ms 时，最大的差异是一个 25 ms，另一个 30 ms，两个相差 10 ms，当两个探头感知的时间差小于 10 ms 时可能同时报警，且这般监设备对事件分辨约 20 ms，也就是说当两个控头感知的时间差小于 30 ms，监控设备无法分辨哪个先，哪个后，为可靠可以认为两个控头感知的时间差 $t=$ 40 ms，当列车的最高速度 $v_{max}=360$ km/h 时（为计算方便），一组中的两个探头距离可设为 4 m。

将列车隧道运行的逻辑关系见表 4-12，将这种逻辑关系编写成程序，写入红外检测的单片机控制板中，设计成节电的自启动终端装备。

表 4-12　红外检测模块的程序逻辑

序号	有故障、自启动时间/s	X6	X7	X2	X3	Y
1		0	0	0	0	0
2	(S_5/v_1)	0	0	0	1	1
3	(S_5/v_1)	0	0	1	0	1
4		0	0	1	1	0
5	(S_6/v_2)	0	1	0	0	1

续上表

序号	有故障、自启动时间/s	X6	X7	X2	X3	Y
6	Max(S_5/v_1、S_6/v_2)	0	1	0	1	1
7	Max(S_5/v_1、S_6/v_2)	0	1	1	0	1
8	S_6/v_2)	0	1	1	1	1
9	(S_6/v_2)	1	0	0	0	1
10	Max(S_5/v_1、S_6/v_2)	1	0	0	1	1
11	Max(S_5/v_1、S_6/v_2)	1	0	1	0	1
12	(S_6/v_2)	1	0	1	1	1
13		1	1	0	0	0
14	(S_5/v_1)	1	1	0	1	1
15	(S_5/v_1)	1	1	1	0	1
16		1	1	1	1	0

铁路隧道照明系统设计目标是达到微机系统稳定、可靠、可行、可操作性强的终端红外自启动功能。这样才能保障特长隧道内的正常照明灯、应急照明灯、安全指示灯等自动巡检、列车有故障自启动。

4.6 电流检测子系统

铁路隧道照明中的每一盏灯都安装在电源回路中，如果某一盏灯损坏了，那么连接这盏灯的回路就没有电流，如果没有损坏，电路中就存在电流，因此，只需在每盏灯的回路中串上一个电流有无检测传感器，通过电流有无检测传感器把逻辑电平信号传单片机（控制主机），然后把状态信号通过电力载波线上传给控制中心计算机，中心计算机上装有隧道灯的管理系统，系统就会把损坏灯的编号，自动报给检修员。

4.6.1 电流的霍尔效应原理

美国科学家爱德温·霍尔发现：在均匀磁场中放置一宽度为 L，厚度为 d 的矩形截面载流导体板（或称霍尔元件），若电流方向与磁场方向垂直，则在导体上即垂直于电流又垂直于磁场的方向上出现电压差。这个现象称为霍尔效应，所产生的电压差称为霍尔电压。电流测量原理如图 4-32 所示。

根据经典电子理论，霍尔电压 U_H、电流 I 以及磁感应强度 B 之间满足：

$$U_H=\frac{1}{k}\cdot\frac{BI}{d} \tag{4-3}$$

式中，k 为霍尔系数，由导体材料载流子密度和载流子电量决定；d 为导体厚度。根据式(4-3)可推知，当载流材料和几何尺寸确定后，霍尔电压的大小只与电流和磁感应强度有关，因此霍尔传感器可用来探测磁场和电流。利用霍尔效应制成的传感元件称霍尔传感器。霍尔传感器根据具体的实现方式又分为霍尔磁平衡式和直放式。其中霍尔磁平衡式准确度高，温漂小，霍尔磁平衡式电流传感器工作原理如图 4-33 所示。

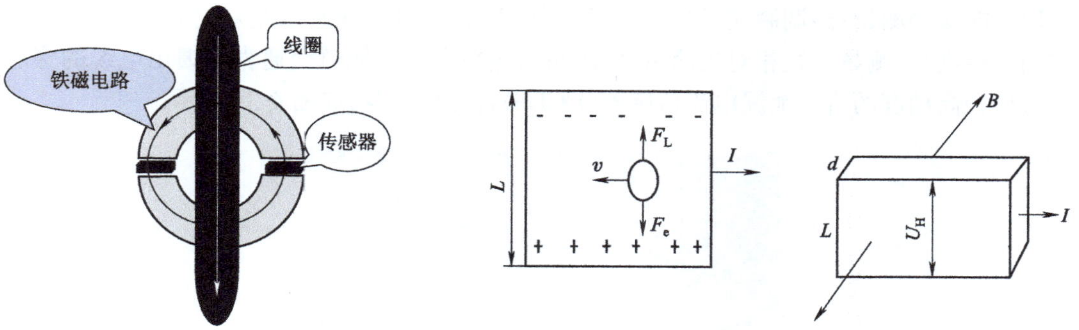

（a）电流传感器原理效果图　　（b）霍尔磁平衡测量原理

图 4-32　电流测量原理

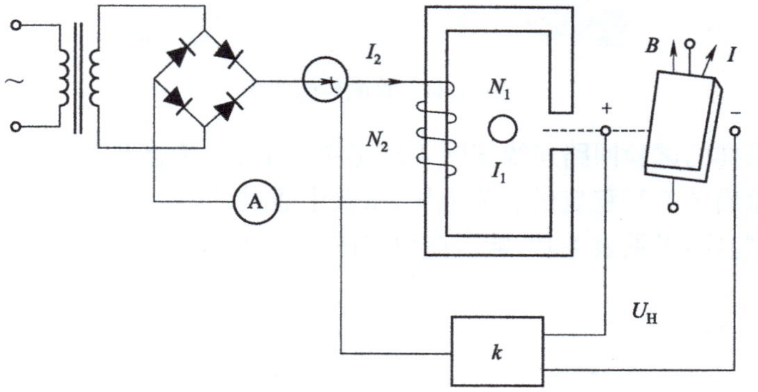

图 4-33　霍尔磁平衡式电流传感器工作原理

平衡式霍尔传感器以铁磁物体作为导磁体，将霍尔元件放在铁磁体的气隙内，铁芯中有一平衡绕组，铁芯气隙里的霍尔元件以电流 I 为控制信号，作为检零装置，用来检测被测电流 I_1 和平衡绕组中电流 I_2 在铁芯里所产生的磁势平衡状态。平衡电流 I_2 由另一独立的电源供给，它的大小依赖于霍尔变换器检测的霍尔电压 U_H 信号，控制可控硅导通的触发角，自动予以调节。被测电流 I_1 和平衡电流 I_2 满足以下关系：

$$I_1=\frac{N_2}{N_1}I_2 \tag{4-4}$$

式中，N_1 表示被测电流在铁芯上的匝数，N_2 表示平衡电流在铁芯上的匝数。由式(4-4)可知只要准确测量了电流 I_2，就可以算出被测电流 I_1 的大小。

4.6.2　直流传感参数测试及应用

直流馈出电缆的电气、物理结构以及检测信号的特征决定研制的直流电流传感器必须满足以下几点：

①传感器内径不得小于 45 mm；

②检测信号的获取，只能通过非接触式测量；

③研制的传感器检测分辨率不得大于 30 μA，原则上越小越好，量程越大越好。

目前，直流电流的传感技术很多，直流互感器原理、磁放大原理适用于介入式测量，不能用于非接触测量；磁调制式虽然适用于非接触测量，但实现起来相对复杂，霍尔磁平衡式测量精度高，测量系统相对也简单，应用霍尔磁平衡式于轨道交通直流馈出电缆的穿芯式大口径高精度的直流泄漏电流传感器(DCLS)，传感器实物如图 4-34 所示。

图 4-34 直流传感实物

在实验室采样的试验回路连线按图 4-35 连接，对直流传感器性能进行了测试，试验电压是直流电源输出的 5 V 稳定的直流电压，试验中通过可调电阻 R 值，以获取多组变化的测试电流值。试验结果见表 4-13，响应曲线如图 4-36 所示。

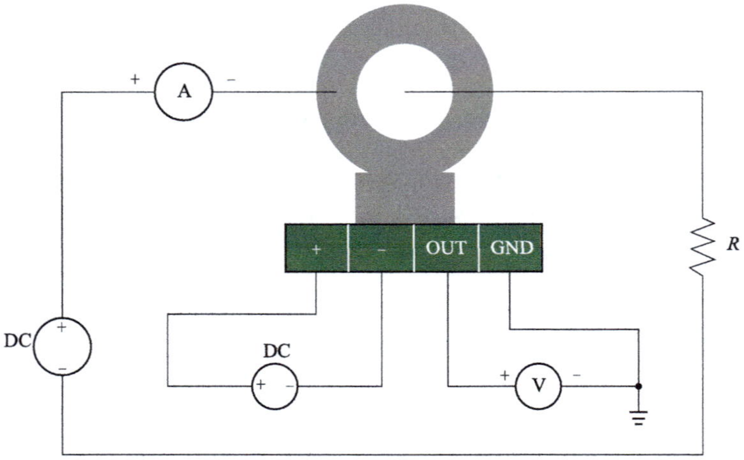

图 4-35 直流电流传感器性能测试回路

表 4-13 直流电流传感器测试结果

测量电阻 R/kΩ (5 V)	输入电流/μA		输出电压/V		绝缘电阻/MΩ (1 500 V)
	理论	测量	理论	测量	
6.9	730	725	0.37	0.39～0.389	2.05
11	520	485	0.270	0.258～0.268	3.01
16	343	321	0.169	0.169～0.176	4.49
23	231	230	0.120	0.107～0.118	6.61

续上表

测量电阻 R/kΩ (5 V)	输入电流/μA		输出电压/V		绝缘电阻/MΩ (1 500 V)
	理论	测量	理论	测量	
52	110	98	0.060	0.046～0.054	15.1
110	55	52	0.028	0.028～0.037	30.1
160	36	33	0.017	0.019～0.027	45.2
∞	0	0	0	0.011～0.160	∞

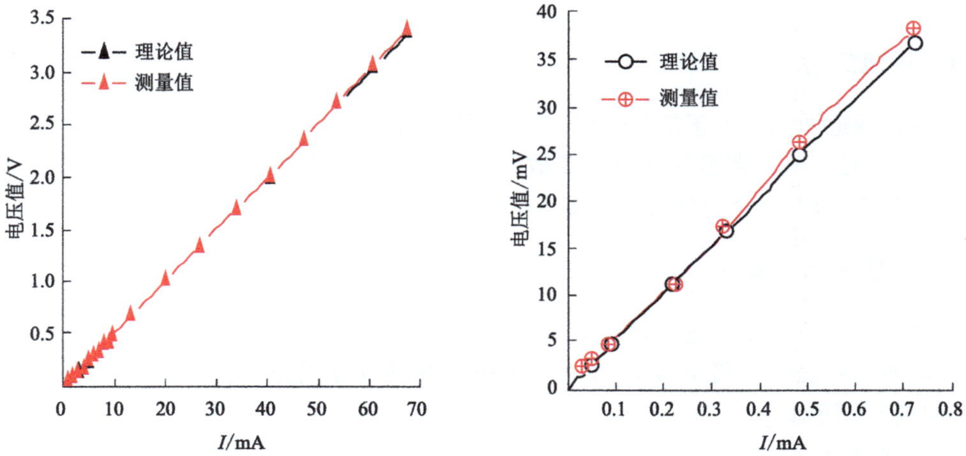

（a）传感器mA级电流响应曲线　　（b）传感器μA级电流响应曲线

图 4-36　选型的直流传感器响应曲线

根据表 4-13 和图 4-36 的测试结果，表明选型的直流电流传感器的测量精度、分辨率以及测量量程均满足直流馈出电缆泄漏电流的测量。直流电流传感器的综合性能参数见表 4-14。

表 4-14　直流电传感器性能参数

项目名称	性能参数
工作原理	霍尔磁平衡
测量范围	0～100 mA
输出	0～5 V
分辨率	30 μA
失调电流	−200 μA～200 μA
绝缘电压	6.6 kV
工作温度	−10～70 ℃
反应时间	<10 μs
内径	50 mm
电源	±15 V

5 隧道供电优化与故障智能诊断

5.1 隧道供电方案优化

5.1.1 用电负荷

设置在隧道两侧壁上正常照明灯、疏散照明灯，疏散指示标志灯和隧道设备洞室内的照明灯等，一般情况正常照明灯兼作疏散照明灯；每个洞室电源箱内设单相、三相插座作为洞室设备检修用，隧道总体设计如图 5-1 所示。

5.1.2 低压供电方案一

隧道内的负荷由设在隧道设备洞室或洞口的双变压器箱式变电供电，一级负荷及综合负荷贯通线各提供一路 10 kV，10 kV 采用环网供电方式，其高低压设备纳入 SCADA 系统，如图 5-2 所示。

1. 方案优化

目前 10 kV 电源供电方式是很可靠的，从目前现场了解的情况来看，唯一不足的是有的地方两条电缆同沟敷设，电缆最容易出现故障的地方就是电缆终端头和中间，当一个电缆头出现故障发生火灾时，可能引起另一条电缆故障。

双变压器设在一个箱式变压器内，可能会因为一路电源的其中一个元件的绝缘老化等因素引起火灾，导致两路电源停电，从而引起两路贯通线停电，造成两路电源同时停电，降低了供电可供性。

现场情况反映，站前专业预埋的钢管很难满足要求，有一部分过轨钢管无法穿过电缆，即使能穿过电缆，但造成电缆的损伤。

2. 方案改进

为了避免上述问题，两条贯通线的电缆最好不要同沟敷设，如果同沟敷设，两条贯通线的电缆的中间头要错开，并对电缆头进行防护，确保一个中间头故障引起火灾时，不影响另一条电缆正常运行。

箱式变压器最好只设一台变压器，并与另一路贯通线的距离满足防火间距，如不能满足防火间距，应采取防火措施。

如果电缆分两侧敷设，箱式变压器为单台变压的箱式变压器，也分两侧设置，这样能避免高压电缆过轨。

5.1.3 低压供电方案二

对隧道内供电方式是从变压器引低压主干线至各设备洞室内的配电箱，从配电箱内引

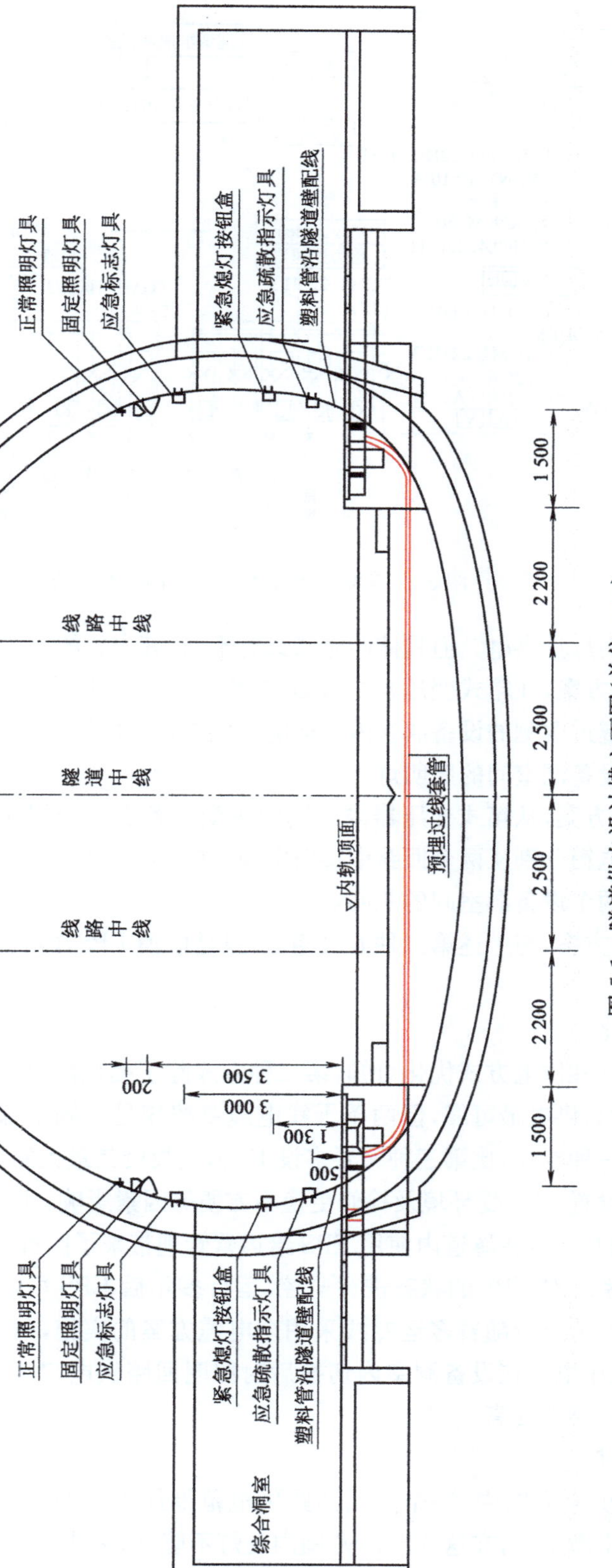

图 5-1 隧道供电设计横立面图(单位:mm)

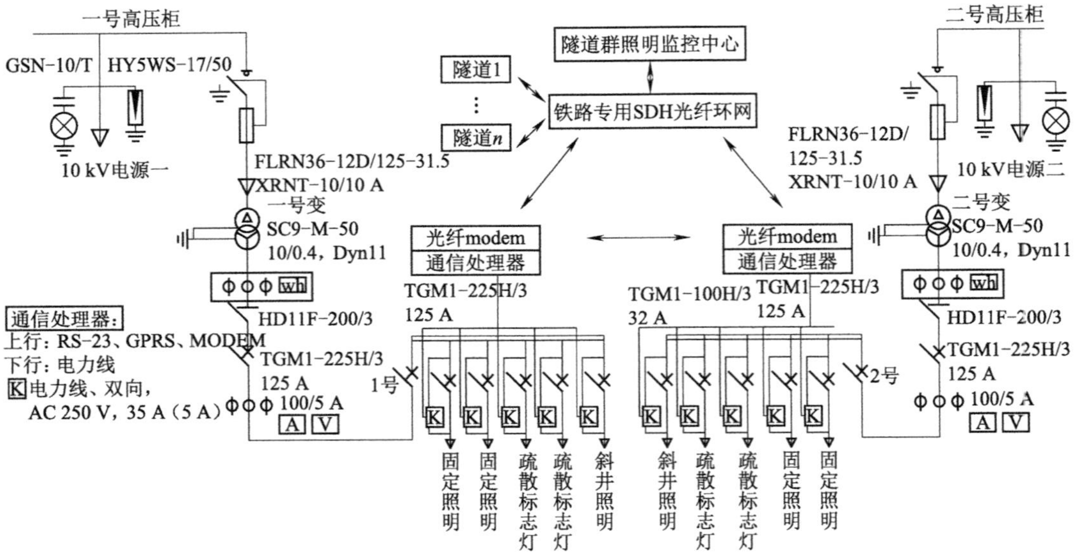

图 5-2 某隧道照明配电与控制系统示意

照明回路对照明灯具供电。但具体的做法又有不同，其主要的方式有：

（1）第一种方案，在箱式变压器内设双电源换装置，不同变压器各出一回路经切换后引一个回路对隧道两侧的设备洞室内的配电箱供电，并经 EPS 后对照明回路供电，一个照明回路供两个设备洞室间的照明灯。

（2）第二种方案，从箱式变压器内不同的主变下各引一个回路沿隧道两侧敷设，在设备洞室内的配电箱分别从两个回路中接引电源，并切换后再经 EPS 后对照明回路供电，一个照明回路供两个设备洞室间的照明灯。

（3）第三种方案，与上述第二种方式相似，只是取消 EPS，两电源切换后直接对照明回路供电。

①方案优化

综合上述三种供电方式优化可知，第二种方式除了提供两路电源外，还为应急照明提供了第三路电源，供电最可靠，但两条干线电缆要按满足两侧全部负荷的供电要求，其电缆截面要比第一种要大，比第三种又要多设 EPS，其投资是最大的。

在隧道内设置 EPS 受环境及检修更换不方便等因素影响，比在建筑内使用的 EPS 的可靠性要低，同时大量在隧道内使用 EPS 给运营管理带来了困难，增加了维护成本。如果没有远程监控系统对 EPS 的状态进行监控，运行多年后 EPS 可能会起不到作用，根据铁路贯通线的运行情况及随着客运专线采用全电缆方案的实施，两条干线在隧道两侧敷设时，采用两路低压电源在设备洞室内切换后对照明回路供电，其可靠性与第二种相同，但比第一种供电可靠性要高。

②方案改进

上述三种供电方案中，一个照明回路供电范围最大为 500 m（两个设备洞室间的距离），一旦因故中断供电，在这 500 m 范围内的灯不能亮，造成疏散的人员无法判断疏散的方向，尽管规范对双电源切换后应急照明供电回路的供电范围没有明确的限制，但还是有必要缩短照明回路的供电范围，在目前的供电方案下可以将一个回路的供电范围缩小到原来的二分之一。方案是从每个洞室分别往两端各供一个，每个回路供至两个隧道洞室中间，这样每个回路供电范围最大为 250 m。

5.1.4 双电源切换设备的选用

供电可靠性除了供电方案外，其中双电源自动转换开关设备（automatic transfer switching equipment，ATSE），其设备的选型直接关系到供电的可靠性，如图 5-3 所示。

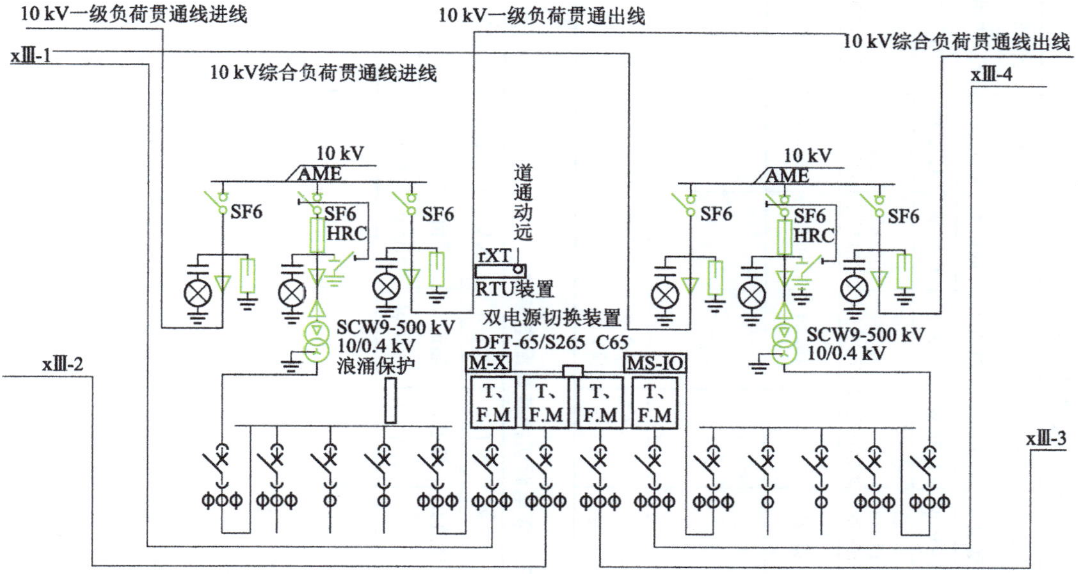

图 5-3 双电源切换供电图

铁路隧道照明一般用 10 kV 一级负荷一根贯通线与 10 kV 综合负荷一根贯通线两者之间进行切换，对进线电能质量进行实时测量、保护和变换等，10 kV 经升压变压器转换成 50 kV，再根据各负载进行分配，表 5-1 是三进三出双电源切换装置配电参数，表 5-2 是单进三出双电源切换装置配电参数，表 5-3 是隧道内某洞室配电参数。

电能在输送过程中是需要保护的，图 5-4 中主要是电涌保护器必须能承受预期通过它们的瞬时大电流，并应符合以下两个附加要求：通过电涌时的最大钳压，有能力熄灭产生的工频续流。即电涌保护器的最大钳压加上其两端引线的感应电压应与所属系统的基本绝缘水平和设备允许的最大电涌电压协调一致。为使最大电涌电压足够低，其两端的引线应做到最短。在不同界面上的各电涌保护器还应与其相应的能量承受能力相一致。若用一套电涌保护器（SPD）达不到所要求的保护电压水平时，应采用附加的配合协调的电涌保护器，以确保达到要求的保护水平。

当采用 TN-C-S 或 TN-S 系统时，在 N 与 PE 线连接处电涌保护器用三个，在其以后 N 与 PE 线分开处安装电涌保护器时用四个，即在 N 与 PE 线间增加一个。选择电涌保护器耐受的预期短路电流，电涌保护器耐受短路电流（当电涌保护器失效时产生）和与之相连接的过电流保护器（设置于内部或外部）一起承受等于和大于安装处预期产生的最大短路电流，选择时要考虑到电涌保护器制造厂规定应具备的最大过电流保护器。

表 5-1　三进三出双电源切换装置配电参数

回路编号		NA-1	NA-2	NA-3	NA-4	NⅣ-1	NⅣ-2	NV	NⅣ-3	NⅣ-4	NB-4	NB-3	NB-2	NB-1	
回路名称	电源一	通信主用	通信主用	RTU 主用	隧道主用	隧道 1	隧道 2	预留	隧道 3	隧道 4	隧道备用	RTU 主用	通信备用	通信备用	电源二
相序	U-V-W	U	V	W	U-V-W	U-V-W	U-V-W	U-V-W	U-V-W	U-V-W	U-V-W	W	V	U	U-V-W
计算容量/kW	38.54	1.5	1.5	1	34.04	8.69	12.38		8.69	18.47	34.04	1	1.5	1.5	38.54
计算电流/A	74.46	8.52	8.52	5.86	63.96	16.34	23.27		16.34	34.72	63.96	5.86	8.52	8.52	72.46
脱扣器额定电流/A	80	10	10	10	80	25	32		25	40	80	10	10	10	80
出线型规						W-0.6/14×25	W-0.6/14×25	W-0.6/14×25	W-0.6/14×25						

表 5-2　单进三出双电源切换装置配电参数

回路编号		NA-1	NA-2	NA-3	NA-4	NⅠ-1	NⅠ-2	NⅠ-3	NⅠ-4	NV	NB-4	NB-3	NB-2	NB-1	
回路名称	电源一	通信主用	通信主用	RTU 主用	隧道主用	隧道 1	隧道 2	隧道 3	隧道 4	预留	隧道备用	RTU 主用	通信备用	通信备用	电源二
相序	U-V-W	U-V-W	V	W	U-V-W	V	W	U-V-W	U-V-W	U-V-W	U-V-W	W	V	U-V-W	U-V-W
计算容量/kW	16	7		1	6	2	2				6	1		7	16
计算电流/A	30.08	13.16		5.86	11.28	11.28	11.28				11.28	5.86		13.16	30.08
脱扣器额定电流/A	40	20		10	20	16	16				20	10		20	40
出线型规						W-0.6/14×25	W-0.6/14×25	W-0.6/14×25	W-0.6/14×25						

表 5-3　某综合洞室配电参数

配电箱号		X1					EPS1	
回路编号		X1-1	X1-2	X1-3	X1-4	X1-5	E1-1	E1-2
回路名称	洞室电源	检修插座	照明插座	洞室照明	预留	EPS 电源	应急照明 1	应急照明 2
相序	U-V-W	U-V-W	U	W	U-V-W	V	V	V
计算容量/kW	7.97	2	0.5	0.144		1.99	0.26	1.73
计算电流/A	14.98	3.8	2.84	0.82		11.14	1.46	9.96
设备型号	S253S-D20	S253S-K10/0.03	S251S-C6/0.03	S251S-C2	S253S-D16	S251S-C20	ZLUS-Ⅱ-3 kVA	
出线型规	VV-0.6/1 kV 4×25					NH-VV-0.6/1 kV 5×6+3×4	NH-VV-0.6/1 kV 5×6+3×4	NH-VV-0.6/1 kV 5×6+3×4

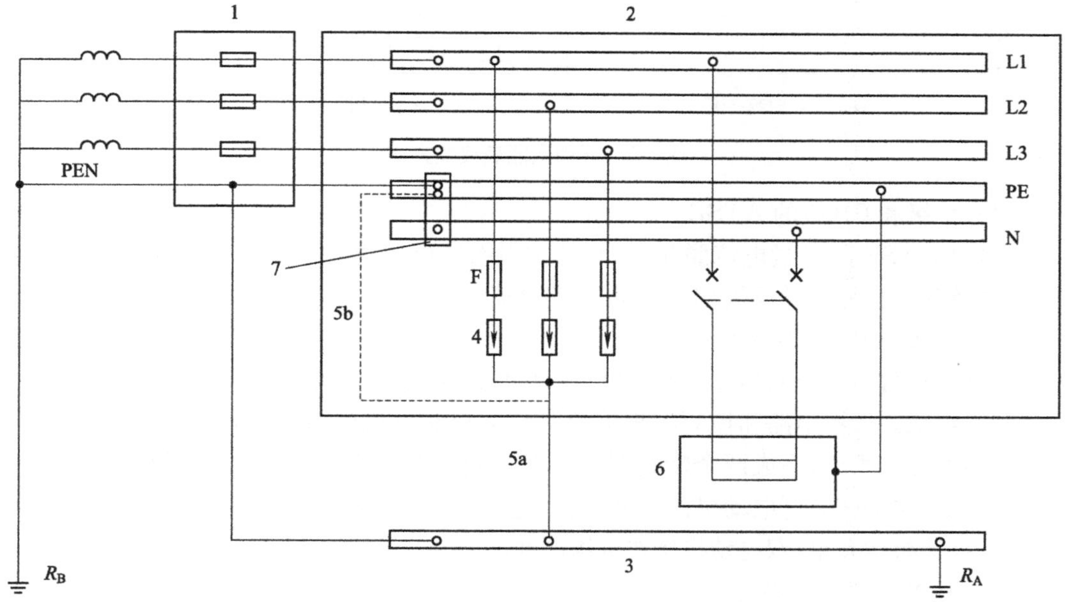

U_0—低压系统相线对中性线的标称电压，在 220 V/380 V 三相系统中，$U_0=220$ V；
1—装置的电压；2—配电盘；3—总接地端或总接地连接带；4—电涌保护器(SPD)；
5—电涌保护器的接地连接，5a 或 5b；6—需要保护的设备；7—PE 与 N 线的连接带；
F—保护电涌保护器推荐的熔丝、断路器或剩余电流保护器；R_A—本装置的接地电阻；R_B—供电系统的接地电阻。

图 5-4　TN 系统中的电涌保护器

电能测量是保证供电稳定的条件，现给出五种隧道内改进后电量表的接线方式：

①单相电能表直接接入式接线，如图 5-5(a)所示；

②三相三线有功电能表直接接入式接线，如图 5-5(b)所示；

③三相三线有功电能表经电流电压互感器接入式接线，如图 5-5(c)所示；

④三相四线电能表直接接入式接线，如图 5-5(d)所示；

⑤三相四线有功电能表经电流电压互感器接入式接线，如图 5-5(e)所示。

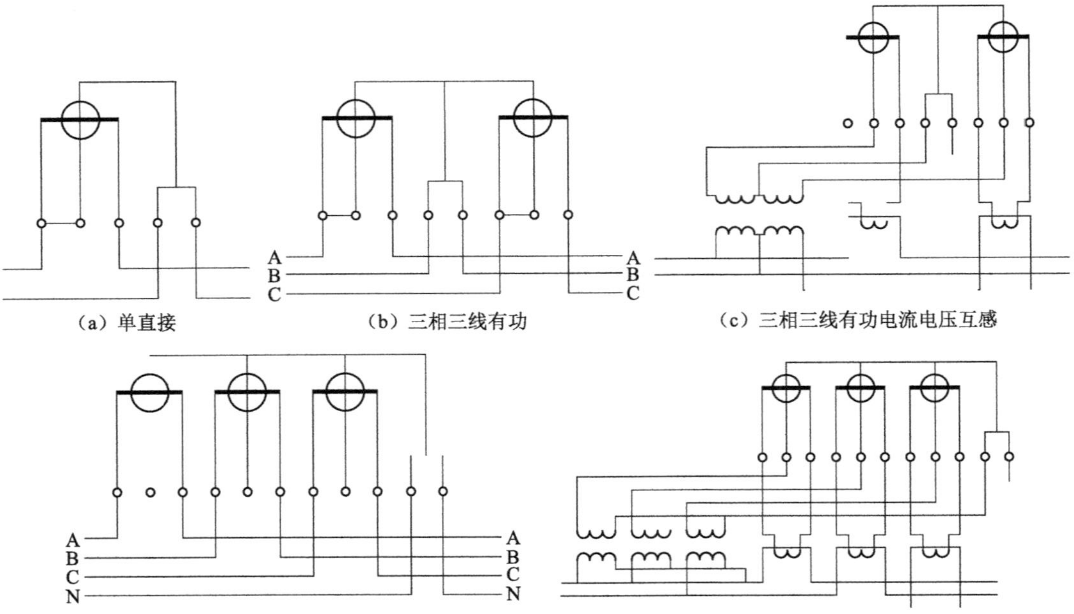

(a) 单直接　(b) 三相三线有功　(c) 三相三线有功电流电压互感

(d) 三相四线直接　(e) 三相四线有功电流电压互感

图 5-5　五种电能表接线方式

(1)PC 级和 CB 级的 ATSE

CB 级 ATSE 配备过电流脱扣器，它的主触头能够接通并用于分断短路电流；PC 级 ATSE 能够接通、承载，但不能用于分断短路电流。

(2)CB 级 ATSE 的结构

该结构通常由两个断路器，操作电机、机械传动装置、检测电路、控制器及机械锁扣等附属器件组成。检测电路和控制器根据检测结果控制电机的启动，通过机械传动装置推动断路器的操作手柄，完成两个断路器的分合达到电源转换的目的。当断路器的手柄到位后，微动开关动作断开电动机的控制回路，电机停止，机械锁扣件保证两个断路器不同时合闸，操作机构有单、双电动机操作机构两种。

(3)CB 级 ATSE 的特点

具有短路保护作用，它实现了双电源切换和等短路保护的特点。但机械传动装置复杂，因机械部件松动和变形，可能造成断路器分合不到位，在合时造成动静、动触头不能有效闭合(断路器滑扣)，更有甚者机械卡死；机械偏差造成微动开关的损坏或不到位，使电动机不能停电，使电机过载或堵转，使电机及电机的控制电路和设备受损，同时机械部分长期受力易损坏；如果 ATSE 与下级分回路的断路器不能满足保护的选择性时，当下级分路短路时，亦造成 ATSE 跳闸，但两电源仍有电，造成 ATSE 不切换，致使供电中断(如果锁扣能保证使两个断路器总处于一合一断的状态，则可不造成上述供电中断的状态，应了解锁扣是否有上述功能)，对于单电机操作机构的装置，由于一台电机完成两台电动机的开合，机械传动装置比两台电机的操作机构更复杂，所以故障更高，具有关统计表明单电机操作机构是双电动机操作机构返修率的 1.95 倍。

(4)PC级ATSE的结构

PC级的ATSE从结构上来讲有与组合式、负荷开关式、一体化式三种结构，其中给合式的ATSE开关本体是由两个刀开关或接触器等组成，另配辅助设备；负荷开关式由一负荷开关构成开关主体，另配辅助设备；一体化式由一个转换开关构成开关主体，另配辅助设备。

(5)PC级ATSE的特点

只有切换功能，在它的进线侧要配具有保护和隔离的电器，相应比CB级ATSE的造价高。由两个刀开关为开关主体的ATSE除上述特点外其他与CB级的ATSE相同。由接触器组成的ATSE价格低；但是接触器线圈长期通电损耗，且受电网波动线圈宜烧坏，触头因抖动易熔焊，其产品的机械、电气可靠性很低。这几类产品不易做连续工作制下的ATSE。

由刀开关组成的ATSE电气性能较低，开关由于内部一般无灭弧罩，电弧形成后的游离气体又不易排放，灭弧能力低，加上无银合金接点，抗烧损能力低。因而，电气性能很难达到ATSE性能要求。单一负荷开关构成PC级ATSE产品结构简单，体积小，转换速度也较快，但触头开距小，不易熄灭电弧。电器使用类别仅能达到AC-31，使用中存在不安全因素。

一体式PC级ATSE是专门针对双电源切换设计的，开关本体是单台开关电器组成，产品体积小；一个触头自身联锁，不会造成两路电源同时被接通事故；触头仅有2个工作位，可确保供电的连续性；开关的触头开距大，易于拉断电弧，转换过程安全，具有两个灭弧室。易于电弧熄灭，不会造成灭弧室内游离气体二次击穿，转换失败事故；触头接点由优质合金材料组成，接触电阻小。开关机构简单，单台电磁铁操作，可靠性好，转换速度快，电器使用类别不低于AC-33B。

照明回路按两个相邻洞室的一半的距离设置。选择一体式PC级ATSE作为双电源切换设备，并在进线侧配具有保护和隔离功能的电器。

5.2 隧道照明控制方案优化

5.2.1 隧道电力照明设计

1. 电源及供电方式

5号洞室照明平面布置如图5-6所示，该隧道北口设双电源隧道照明落地式变电箱一处，10 kV电源接引于综合负荷贯通线及地方10 kV电网，隧道照明电源为交流380 V/220 V，从落地式变电箱处两段低压母线分别接引两回路经双电源切换装置切换后，NI回路供各综合洞室电源箱电源。在各综合洞室设应急时间为2 h的电源装置EPS，供隧道照明应急时使用。隧道疏散指示灯及标志灯电源为交流380 V/220 V并自带应急时间为1.5 h的蓄电池。在图5-6中，三相五线制用颜色黄、绿、红、淡蓝色分别表示U、V、W、N保护接地线双颜色(PE)。W.N.PE表示红色线、淡蓝色线、双颜色的保护接地线；U.N.PE表示黄色线、淡蓝色线、双颜色的保护接地线；V.N.PE表示绿色线、淡蓝色线、双颜色的保护接地线。

2. 负荷

固定照明光源采用120 W无极荧光灯，隧道疏散指示灯及标志灯电源6 W致电发光板，每个洞室按5 kW插座及照明负荷配置，全隧道仅一个洞室。

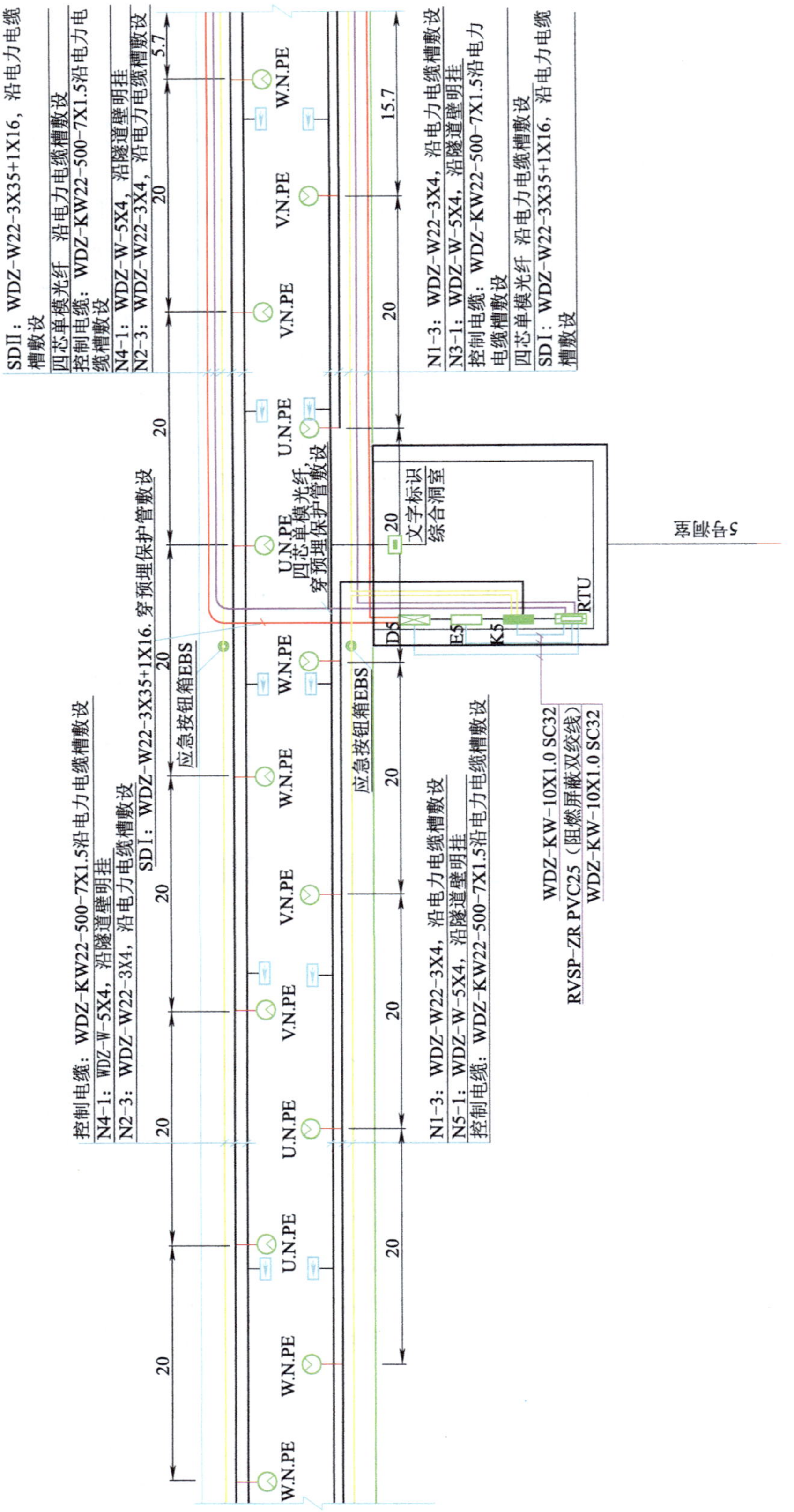

图 5-6 5 号洞室照明平面布置(单位:m)

3. 照明控制方式

固定照明灯采用分段两端控制，分段开关设于隧道两端洞口和隧道洞室内，照明监控如图 5-7 所示，1 号～7 号综合洞室内设置照明监控器（RTU），在 7 号综合洞室设照明监控器通信接口，从通信接口敷设光缆至隧道附近的通信基站，通过通信光缆专用通道上传至综合维修段控制室。

紧急情况下可使设于隧道外控制箱上的或设于洞室外隧道壁上的紧急按钮打开或关闭全隧道照明灯。疏散指示灯及标志灯在 K2 控制箱控制，平时常开。综合维修段控制设备可完成各综合洞室电源箱隧道照明开关的监视、EPS 的监视、标志灯（D1-2、D1-3）回路的监视以及事故紧急情况下控制启灯按钮（7 号综合洞室口）。通信系统由通信专业提供 10M IP 网络，网络接口设在综合维修段及隧道近处的无线通信基站内，通信介质为单模光缆（1 310 nm），通信接口为 SC 接口，隧道现场通信网络由 4 芯铠装多模光缆和自愈型光 MODEM 组成，网络结构为自愈环网。隧道内各综合洞室的 RTU、EPS 通过 RS-485 总线接入光 MODEM，经自愈环网的主光 MODEM、通过 10M 光电转换器（设于 7 号洞室 RTU 内）接入通信无线基站 10M IP 接口（由通信专业提供）与调度通信。监控器 RTU 对象见表 5-4。

表 5-4　监控器 RTU 对象

序号	RTU 编号	RTU 监控量		
		遥　信	遥　测	遥　控
1	1 号综合洞室	D1-2 回路状态	D1 母线电压（ABC）	D1-2 回路开关
		D1-3 回路状态		D1-3 回路开关
		D1-4 回路状态	D1 母线电流（A）	
2	2 号综合洞室	D2-2 回路状态	D2 母线电压（ABC）	
			D2-2 回路电流（B）	
3	3 号综合洞室	D3-2 回路状态	D3 母线电压（ABC）	
			D3-2 回路电流（C）	
4	4 号综合洞室	D4-2 回路状态	D4 母线电压（ABC）	
			D4-2 回路电流（A）	
5	5 号综合洞室	D5-2 回路状态	D5 母线电压（ABC）	
			D5-2 回路电流（B）	
6	6 号综合洞室	D6-2 回路状态	D6 母线电压（ABC）	
			D6-2 回路电流（C）	
7	7 号综合洞室	D7-2 回路状态	D7 母线电压（ABC）	
			D7-2 回路电流（C）	紧急启动按钮开关

RTU 容量应设为模拟量三相电压 1 路、单相电流各 2 路；开关量大于等于 4 路；遥控量大于等于 4 路；1 路带光电隔离的 RS-232/485 通信接口；通信规约；具有防尘、防震、防潮、防腐、防电磁干扰能力。EPS 应设为智能，可通过 RS-232/485 通信接口提供其工作状态。

4. 设备安装

综合洞室设备布线如图 5-8 所示，综合洞室内设置在隧道两侧的固定照明灯交错布置、

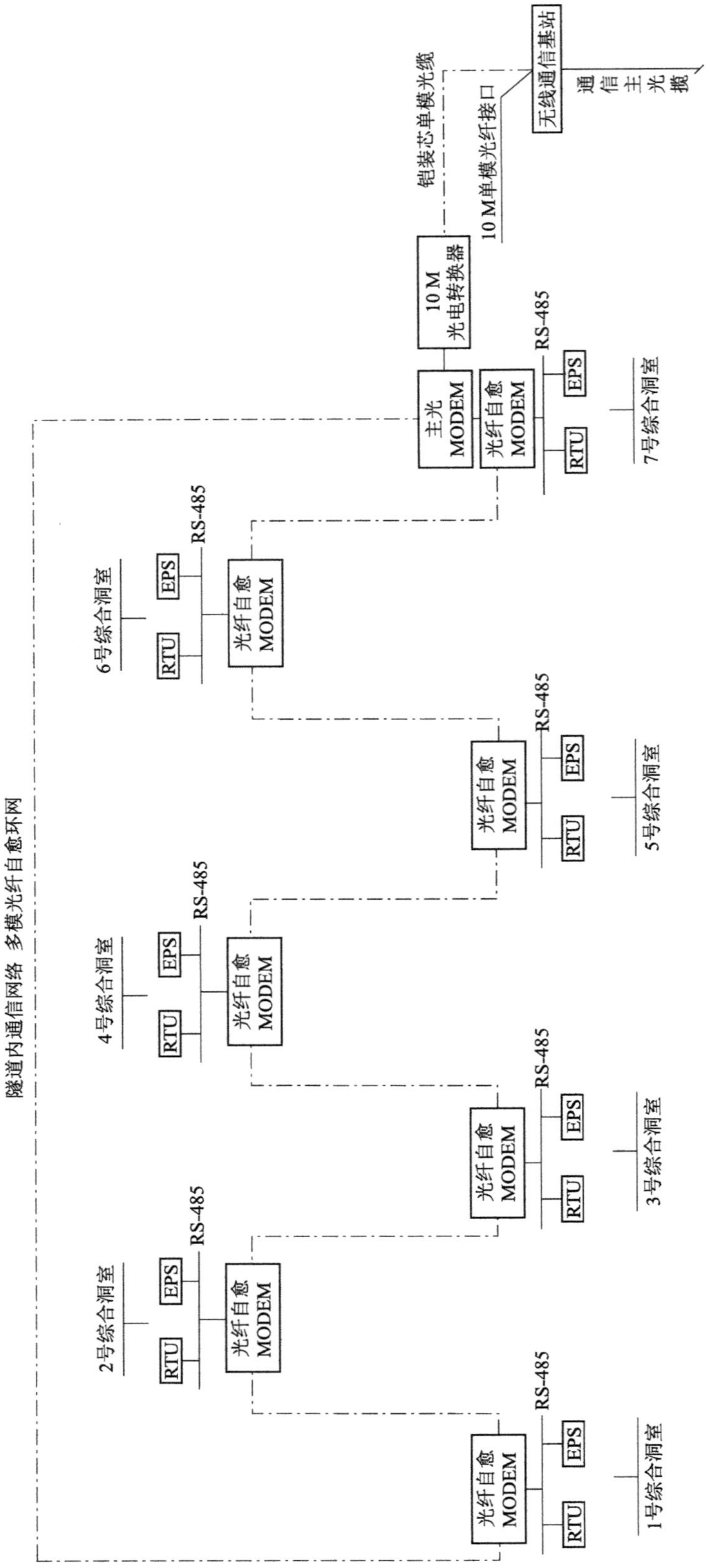

图 5-7 光纤照明监控器环网组成

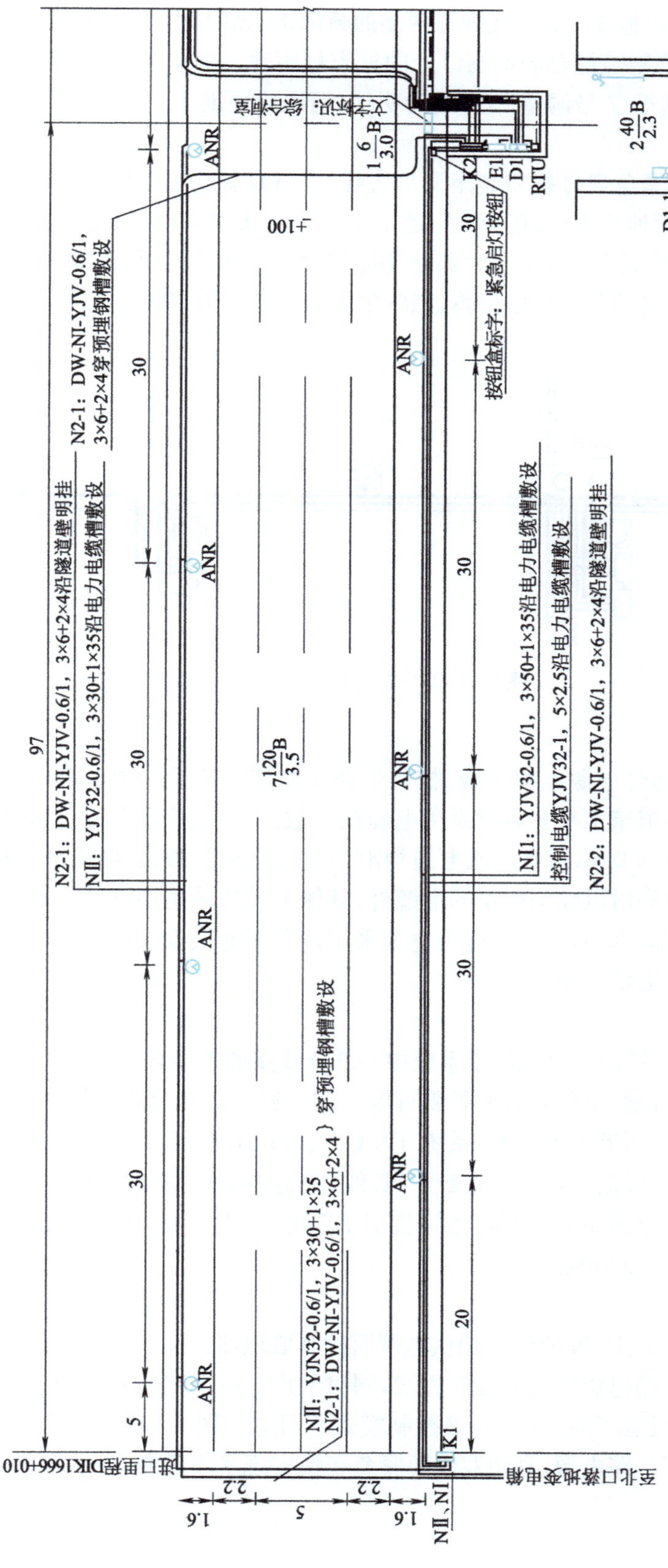

图 5-8　综合洞室设备布线(单位:m)

水平间距一般为 30 m，距地 3.5 m。在隧道两侧的疏散指示灯对称布置，水平间距一般为 100 m，距地 0.5 m，设在隧道综合洞室洞口上的标志灯距地 3.0 m，隧道口及综合洞室内电源箱、RTU、照明控制箱、7 号洞室 EPS 均为明挂，箱底边距地 1.3 m；其他 EPS 为落地靠墙安装。

设置在综合洞口的紧急启灯按钮盒矩洞口边缘 0.3 m，盒底边距地 1.3 m；综合洞室洞内照明灯具为壁装，距地 2.3 m，其开关距地 1.3 m，所有安装在隧道主洞的灯具均采用 ϕ12 mm 不锈钢膨胀螺栓固定。图 5-9 为部分设备布设图，其中所有紧急按钮、按钮、疏散标志灯、洞位标志灯、灯具、开关箱、按钮箱、EPS 等的防护等级为 IP65。

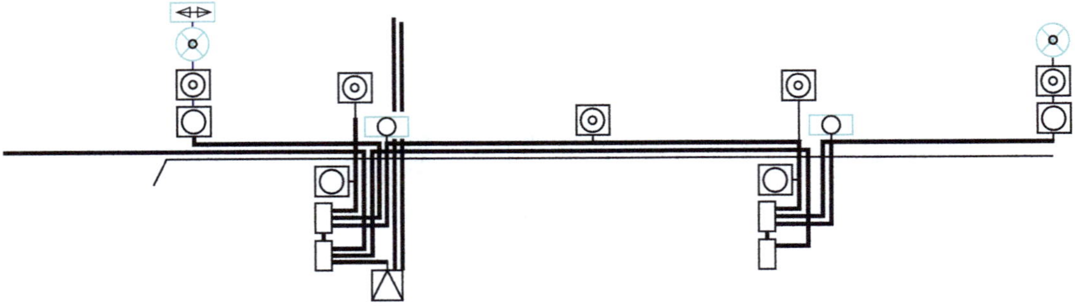

图 5-9　部分设备布设

5. 配线方式

隧道电源电缆、标志灯电源电缆干线、控制电缆及监控光缆沿隧道电力电缆沟敷设，隧道照明干线电缆沿隧道壁水平安装时采用电缆挂钩敷设，挂钩安装间距为 0.8 m，电缆安装高度为距灯具上缘 0.2 m，所有过轨电缆均沿预留过轨钢管敷设，除沿隧道壁采用电缆挂钩水平敷设的电缆和沿电缆沟敷设的电缆外，其他电缆均采用穿钢管沿隧道壁明敷，电缆槽内分支接头采用防水型，隧道外电力电缆采用钢管埋地敷设或沿墙壁明敷，监控光缆沿通信电缆槽敷设至通信基站。

6. 接地方式

照明系统接地采用 TN-C-S 系统，该系统中一部分线路的中性导体和保护导体是合一的，电源端有一点直接接地，电气装置的外露可电导部分通过中性导体或保护导体连接到此接地点，电源电缆在变压器处不接地，系统 TN-C-S 接线如图 5-10 所示。各综合洞室电源箱和照明控制箱从隧道综合接地母线接引 PE 线，隧道内疏散指示灯及标志灯回路，其他照明回路从各个洞室电源箱或照明控制箱接引 PE 线，隧道主洞的灯具、配线安装应满足列车运行速度为 350 km/h 时的要求。

7. 优化控制

图 5-11 给出了 W、V、U、N 四线三相供电照明控制原理，图 5-12 是在基本照明控制原理的基础上设计出了一路电源供电的控制方案，同时给出了三个典型控制模式原理图，若本地电网出现故障时，没有了应急电源，该控制模式不可取。图 5-13 是在图 5-12 的基础上通过设计优化增添了一路电源，利用双电源紧急切换实现了不间断供电，通常另一路带的是 EPS 电源。

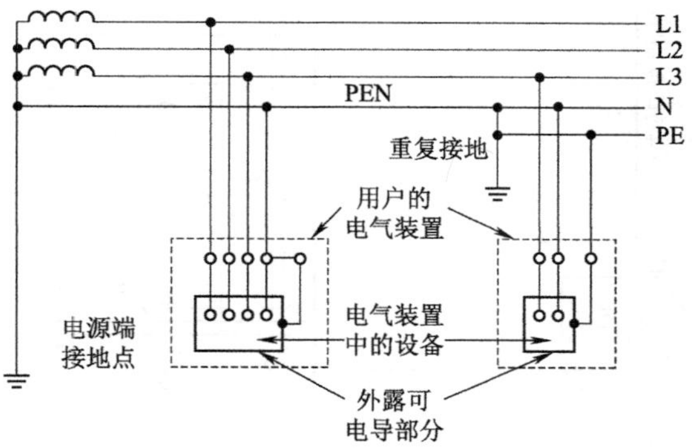

图 5-10 系统 TN-C-S 接线

图 5-11 照明基本控制原理

(1)方案讨论

在图 5-14 所示的单路 EPS 直流源供电控制方式中，为了达到在紧急情况下能启动全隧道的灯具，并考虑到电缆线间电容的影响，全隧道采用了一个直流的控制电源。全隧道灯具能否正常启动，这个直流电源及电源线路的可靠性显得特别重要。

目前工程中采用的直流电源由 EPS 提供的，正常情况下直流电源设备由贯通线提供的低压电源供电，当贯通线提供的低压电源失电后由 EPS 供电，可靠性较高，但只有一个直流电源设备，当直流电源设备损坏后，不能保证正常供电。

同时全隧道控制电源由一条电缆提供，一旦电缆出现问题将不能启动全部灯具。另外对于未纳入监控的隧道只有一控制方式，降低了控制的可靠性，参照国外的做法还应增加一种就地控制方式，通过优化改进设计如图 5-15 所示。

(2)方案改进

综合上述控制电源及供电方式应采用双直流电源，环网供电方式，但应注意按双倍隧道长度核算控制线路的压降。同时为了确保其可靠性，控制电源及线路还要纳入远程监控中，同时对未纳入远程监控的隧道，认为可以在隧道内设传感器，来检测列车速度，当列车的速度低于设定时速时启动应急照明灯具。

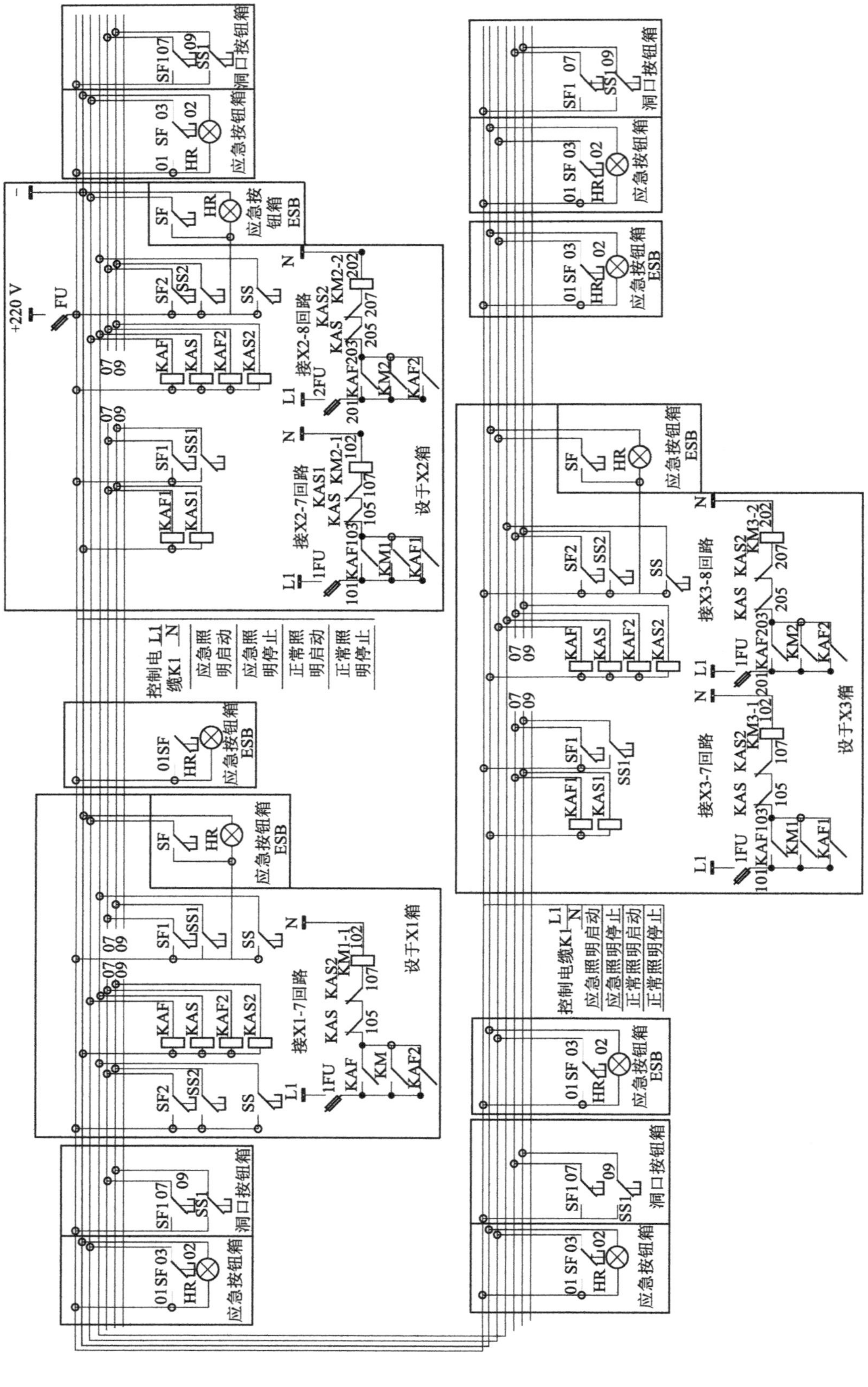

图 5-12 典型单电源三种模式照明控制方法

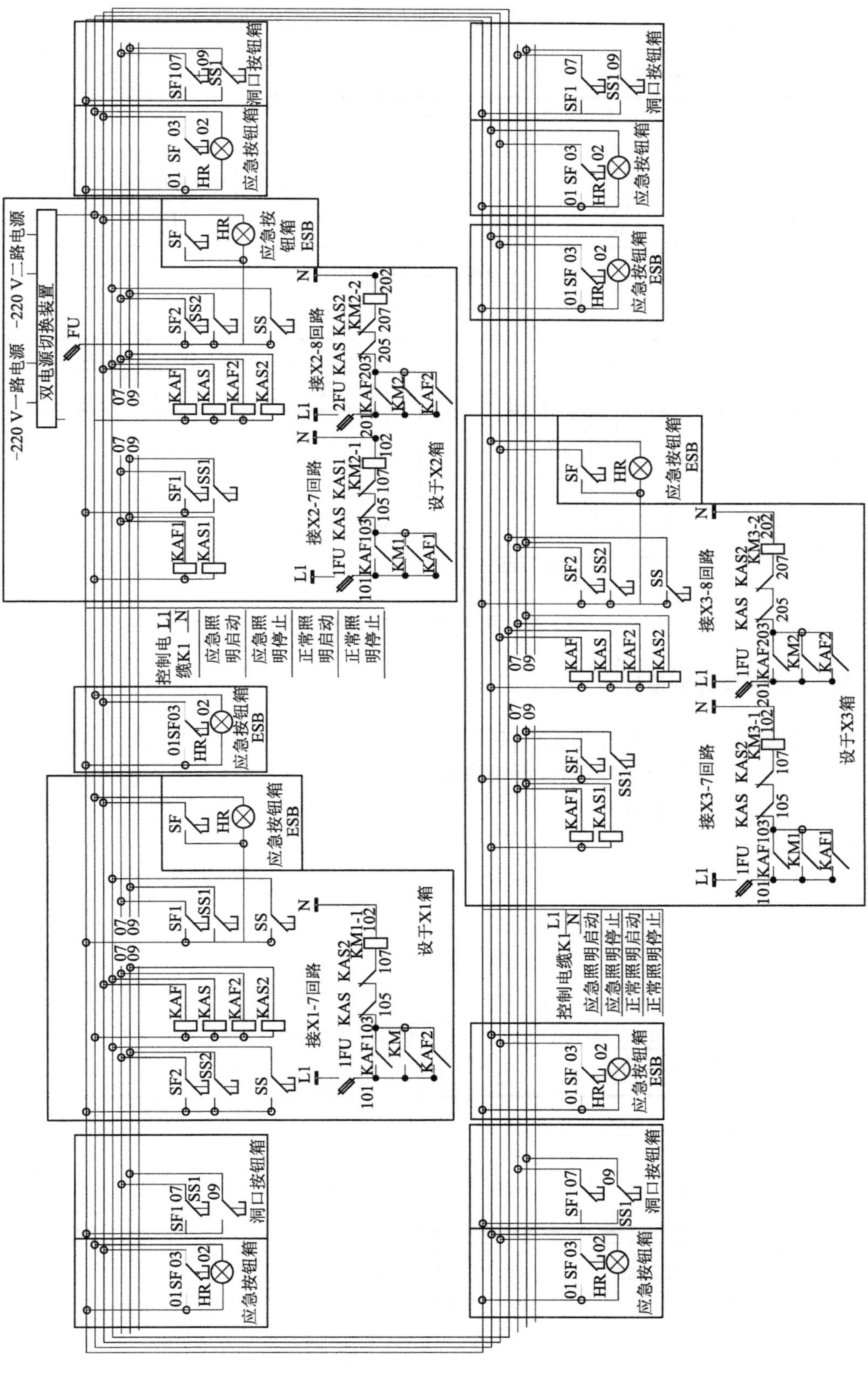

图 5-13 典型双电源三种模式照明控制方法

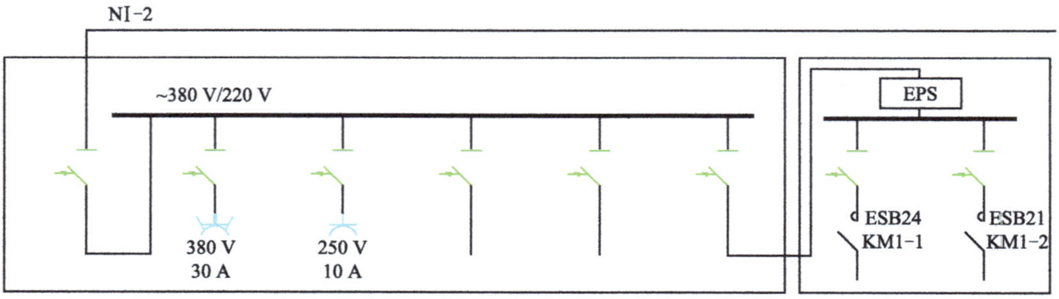

图 5-14　单路 EPS 直流源供电

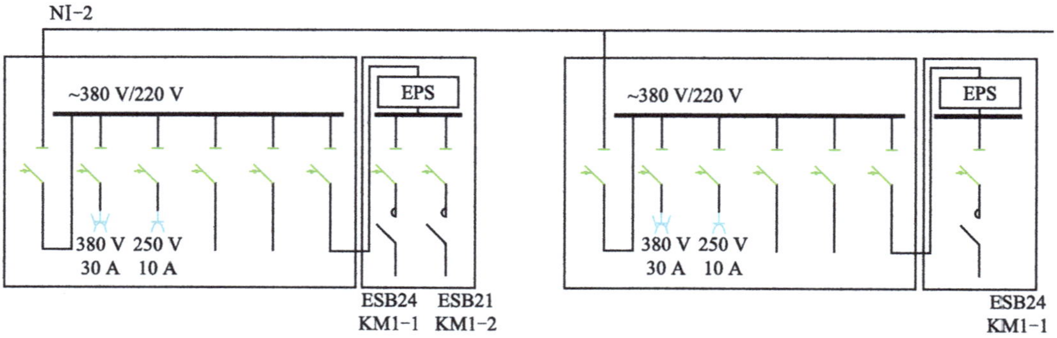

图 5-15　双路 EPS 直流源供电

5.2.2　远程智能控制设计

设计隧道监控系统由监控主站、监控网络及现场监控设备组成。其监控主站负责对隧道的应急照明设施进行监控，监控网络由隧道内的现场监控网络和由主站至隧道的主干通道组成，如图 5-16 所示。

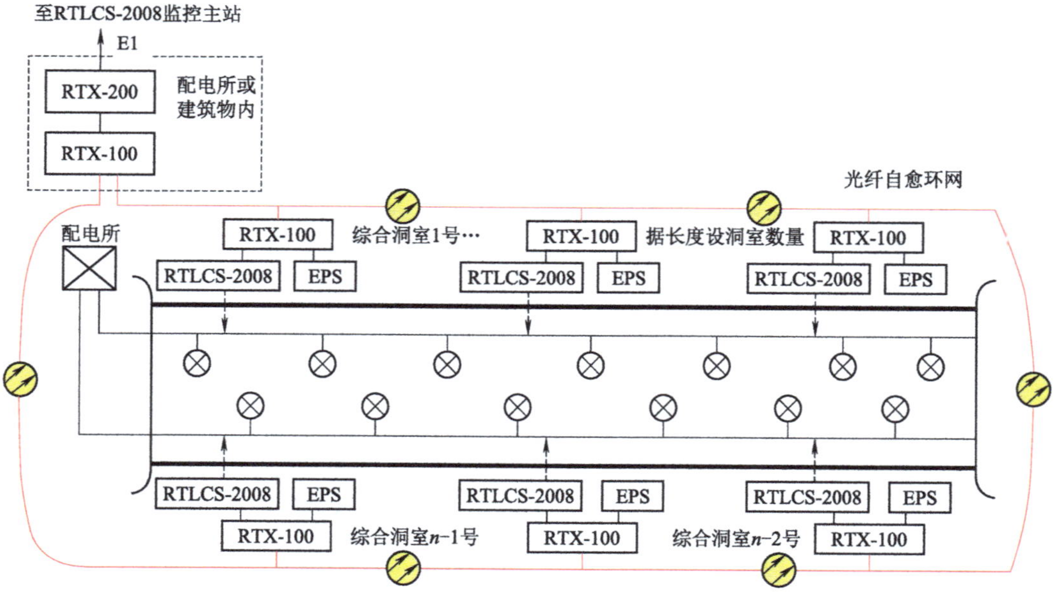

图 5-16　隧道内主干网的构成

(1)现场监控网络是由设在隧道设备洞室及变压洞室内的设双环自愈通信节点控制器,经光缆构成的光纤自愈双环网;洞内照明控制箱组成如图 5-17 所示,主干通道采用通信专业提供的 SDH/E1(成帧或非成帧,G.703)通道;现场监控网络通过设在通信移动基站附近的自愈通信节点控制器,经通信转发控制器与主干通道相连接。

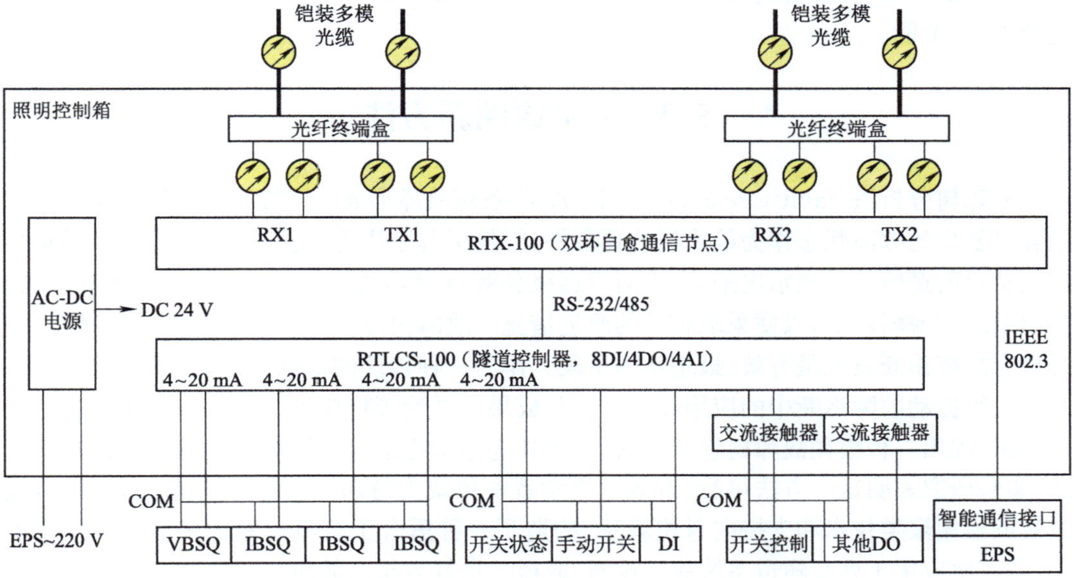

图 5-17 洞内照明控制箱组成

(2)现场监控设备完成对各照明回路进行监控及 EPS 进行监视。各现场监控设备通过双绞线与洞室内的双环自愈通信节点控制器相连接。

方案优化:G.703 组网模式如图 5-18 所示,在上述监控方案中,在现场采用光缆构成的光纤自愈双环网,网络的任何一个点出现问题,都不会影响其他现场设备的监控,可靠性非常高,但上传通道只有一个,当远程监控作为一种应急照明的控制方式之一时,这种可靠性稍显差,当不作为应急照明的控制方式时,可靠性能满足要求。主干通道采用通信专业提供的 SDH/E1(成帧或非成帧,G.703)通道。

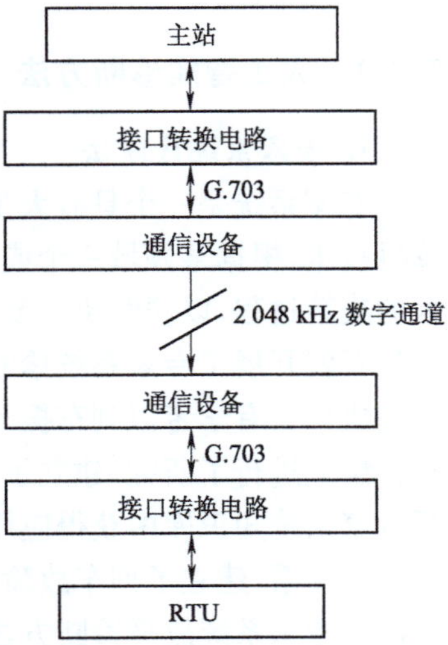

图 5-18 G.703 组网模式

该模式由于通信接口是用于通信设备的接口,而一般的监控设备是不具备这种接口,要求每个设监控网络的隧道都有一套通信接口设备,特别是监控中心通信接口设备及与通信专业的接口很多,同时这些接口设备还要提供专用电源。根据通信专业提供的有关移动基站的设备配备情况,在移动基站除了提供 G.703 的接口外,还提供光和电的网络接口,这种通道可多个通道汇聚成一个接口提供给监控中心,而现在的监控中心和现场通信接口除了可采用控制专用接口外,均可提供网络接口,因此采用网络接口便于组网，设备配备简单，中间环节接口少，通信更加可靠。

监控网络主要监控照明回路和 EPS，对于隧道照明因其特别性，灯具使用较少，平时运营管理人员也很少去检查，灯具是否正常不得而知，参考照明公共安全行业标准对消防泵长期处于非运行状态的设备应设有巡检功能的要求。可对灯具设巡检功能，以便加强管理，确保应急照明设备的可靠。通过多套方案的比对，改进其控制方式，达到照明系统更智能、更节能。

5.3 故障诊断新方法

故障树分析法（fault tree analysis，FTA）将系统故障形成原因按树枝状逐级细化。把最容易发生的故障状态作为故障树的顶事件，寻找引起顶事件的直接原因，并将其逻辑关系用特定的逻辑符号表示出来，自上而下逐级分解，直到不能分解的底事件，形成故障树。找出系统的薄弱环节，以便采取相应的改进措施。故障树分析是故障诊断系统的基础，也是现有故障诊断技术最有效、最基本的手段。作为一种传统的诊断方法，故障树诊断法在水电机组振动故障诊断中的应用取得了一些成果。洪治等将模糊技术和故障树分析法结合起来，提出一种模糊故障树诊断方法，并将其应用于隧道照明控制系统的故障诊断新方法，实验研究表明这一方法可行、有效。有学者在传统支持向量机（C-SVM）的基础上，通过集成模糊聚类技术和支持向量机算法，构造了一种适合于故障诊断的多级二叉树分类器，并首次应用于列车隧道系统故障诊断，取得了良好效果。故障树诊断方法直观、形象，能够实现快速诊断；识库很容易动态地修改，并能保持一致性；概率推理可在一定程度上用于选择规则的搜寻通道提高诊断效率；诊断技术与领域无关，只要相应的故障树给定，就可以实现诊断，缺点是不能诊断不可预知的故障，诊断结果严重依赖于故障树信息的正确性和完整性。

5.3.1 人工智能诊断方法

1. 专家系统诊断法

专家系统是一个具有大量的专门知识与经验的程序系统，它应用人工智能技术和计算机技术，根据某领域一个或多个专家提供的知识和经验，进行推理和判断，模拟人类专家的决策过程，以便解决需要人类专家处理的复杂问题。从 20 世纪 80 年代开始，国内许多学者就开展了专家系统诊断法在水电机组振动诊断方面的应用研究，并取得了一定的研究成果。有学者以列车振动为研究对象，对故障诊断专家系统知识库的建立在理论上和方法上进行了研究，建立了基于 C＋＋的产生式知识库系，该方法已在上海地铁故障诊断专家系统知识库中获得应用，取得了良好的效果；有学者针对列车故障原因与征兆之间的复杂关系，建立了列车故障诊断模糊专家系统，实例结果表明该系统推理效率高，可信度好。专家系统故障诊断方法汇集众多专家知识，能对随机发生的故障进行诊断。但是知识获取困难，知识库更新能力差，多个领域专家知识之间的矛盾难以处理，现有的逻辑理论的表达能力和处理能力有很大的局限性。

2. 神经网络诊断法

利用神经网络进行故障诊断的基本思想是：以故障特征信号作为神经网络输入，诊断结果作为神经网络输出。首先利用已有的故障征兆和诊断结果对神经网络进行离线训练,使神经网络通过权值记忆故障征兆与诊断结果之间存在的对应关系,然后将得到的故障征兆加到神经网络的输入端,就可以利用训练后的神经网络进行故障诊断,并得到相应的诊断结果。目前,神经网络诊断法已越来越广泛的应用到列车振动故障诊断系统中。将神经网络方法引入故障诊断中,通过对发电机设备故障诊断的具体应用,证明此方法是有效可行的;针对现有水电机组状态监测系统功能不完善、不够智能化的特点,开发了基于神经网络的水电机组智能故障诊断系统,实验结果表明此系统的诊断结果准确可靠,具有良好的实用价值。

3. 模糊诊断法

模糊诊断方法是利用集合论中的隶属函数和模糊关系矩阵的概念来解决故障与征兆之间的不确定关系。在模糊故障诊断中,构造隶属函数是实现模糊故障诊断的前提。模糊故障诊断方法主要有基于模糊模式识别的诊断方法、基于模糊推理的诊断方法、基于模糊模型的诊断方法等。模糊逻辑的引入主要是为了克服由于过程本身的不确定性、不精确性以及噪声等所带来的困难,因而在处理复杂系统的大时滞、时变及非线性方面显示出它的优越性。模糊故障诊断方法的不足之处是对复杂的诊断系统,要建立正确的模糊规则和隶属函数,不仅非常困难,而且还需要花费很长的时间。

4. 小波分析

小波分析和小波变换是当前数学中一个迅速发展的新领域,它能够解决许多傅里叶变换难以解决的问题,在时域和频域都有良好的局域化能力,能聚焦到信号的任意细节,对信号的突变有很强的识别能力,能有效地去噪和提取有用信号。小波分析故障诊断方法先对信号进行多级小波分解,得到各子带数据,通过对小波变换系数模极大值的检测来实现对信号奇异性的检测,从而确定故障发生的时间。小波分析非常适合非平稳信号,对于平稳信号也有效,分析信号的奇异性位置和奇异性的大小同样也比较有效。因此小波分析为列车故障诊断提供了新的分析方法。有学者提出应用频谱法和小波神经网络对动车组的振动故障进行诊断,诊断结果表明:用频谱分析与这种小波神经网络相结合的方法进行故障诊断简单有效,并具有诊断速度快和泛化能力强等优点;有文章报道利用小波分析能有效地提取列车在隧道内振动信号中的有用成分,采用小波分解方法提取特殊频段上的能量特征值作为神经网络输入向量,运用于工程实例,取得良好效果。

5. 其他诊断方法

鉴于故障树诊断方法、人工智能诊断方法、小波分析等方法的优缺点,目前,一些学者正致力于研究将其他的技术手段引入动车组的振动故障诊断中来,形成一种基于这些方法的综合智能故障诊断方法。有学者尝试建立了基于信息融合技术的神经网络证据融合故障诊断系统,诊断实例表明,经过多故障特征信息融合,诊断结论的可信度明显提高,可以有效提高确诊率;将粗糙集理论和遗传算法引入水轮发电机组故障诊断中,提高故障诊断效率;针对目前动车组故障诊断中存在的建模复杂、样本需求量大及诊断学习缺乏自主连续性等问题,提出了基于免疫原理的故障诊断方法;将支持向量机引入水电机组故障诊断研究,提出一种结合小波频带分解与最小二乘支持向量机的动车组故障诊断模型。

5.3.2 故障树诊断方法

故障树分析法运用在民兵导弹的控制系统设计上，为预测导弹发射的随机失效概率做出了贡献。目前，故障树分析法已广泛应用于宇航、核能、电力、矿业、交通和土木建筑领域。

故障树分析法是分析系统可靠性和安全性的一种重要方法。它是目前国际上公认的一种简单、有效的可靠性分析和故障诊断方法，是指导系统优化设计、薄弱环节分析和运行维修的有力工具。它是研究引起系统发生故障的各种直接或间接的原因(如硬件、软件、环境、人为等因素)，在这些原因间建立逻辑关系，用逻辑模型(即故障树)表示的一种方法。故障树以图形化的方式表示在系统内故障或其他事件之间的交互关系。逻辑门的输入事件称为底事件，即位于故障树最底层的事件。位于故障树顶端的是顶事件，即系统最不希望发生的事件。除顶事件和底事件外的事件称为中间事件。描述事件之间因果关系的逻辑符号称为逻辑门，如与门、或门等，常见故障树符号见表 5-5。此外常用的逻辑门还有与非门、或非门、异或门、同或门、表决门等，这些门可以转化为与、或、非门组合。故考虑一个由 r 个部件组成的系统 s，称“系统故障”为故障树的顶事件，记作 T，称各部件故障为底事件。在此只研究两状态故障树，即系统和部件只能取正常或故障两种状态，可用 0、1 变量 x_i 来描述底事件的状态，于是有

$$x_i=\begin{cases}1 & \text{当底事件 } i \text{ 发生时}\\ 0 & \text{当底事件 } i \text{ 不发生时}\end{cases}$$

表 5-5 常用的故障树符号

类别	符号	名称	意义
逻辑门符号	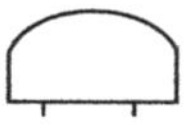	与门	仅当输入事件都发生时，门的输出事件才发生
		或门	当输入事件至少有一个事件发生时，门的输出事件才发生
事件符号	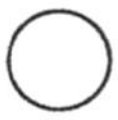	圆形事件	有足够资料的基本事件或底事件
		矩形事件	顶事件或中间事件
	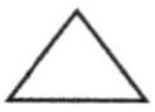	三角事件	转移事件

由于顶事件的状态是底事件状态的函数，如用 $\Phi(X)=\Phi(x_1,x_2,\cdots,x_r)$ 描述顶事件的状态，则有

$$\Phi(X)=\begin{cases}1 & \text{当顶事件 T 发生时}\\ 0 & \text{当顶事件 T 不发生时}\end{cases}$$

$\Phi(X)$ 称为故障树的结构函数或称为系统的故障结构函数。事件发生对应着故障状态，事件不发生对应着正常状态。

顶事件故障概率不仅与各底事件的概率有关，而且与系统本身的逻辑结构有密切的

关系。系统故障树分析法的基本步骤如图 5-19 所示。

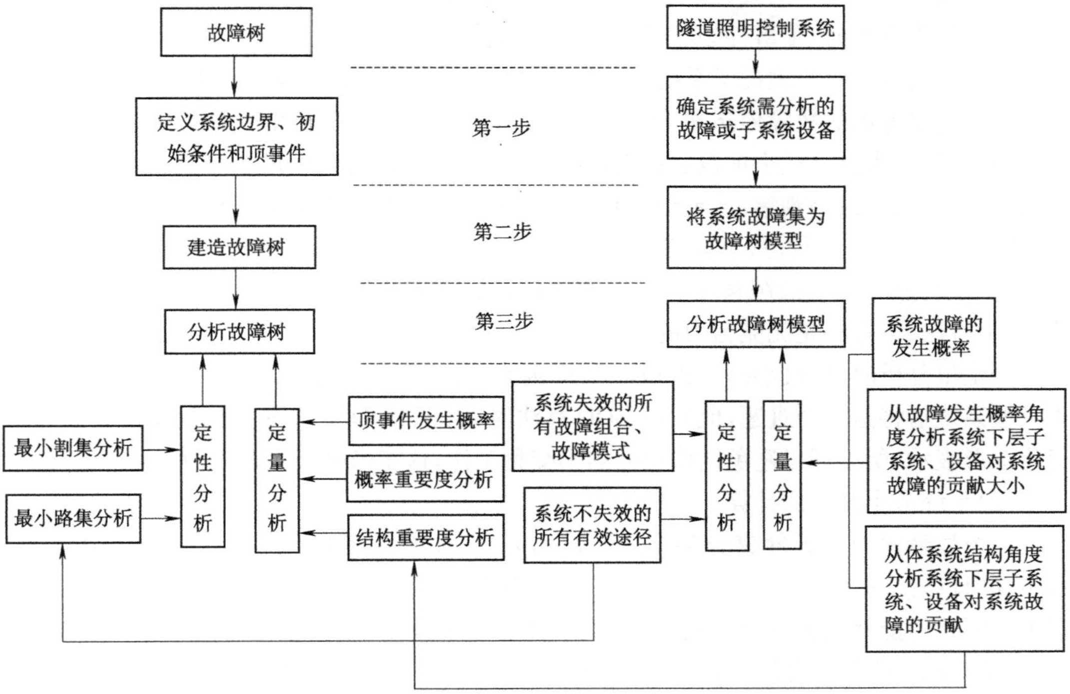

图 5-19 故障树分析法步骤

1. 可靠性定性分析诊断方法

进行可靠性定性分析的主要目的是找出导致系统某一失效(故障)发生时其所有可能的故障模式,也即弄清楚系统这种失效(故障)发生有多少种可能性;同时也需找出保证系统正常运营的基本要求,也即弄清楚哪些子系统/设备正常工作才能保证系统的正常运营。

故障树的若干个底事件中,倘若有这样一个割集,如任意去掉其中一个底事件后,就不再是割集,则这个割集被称之为最小割集。由于最小割集发生时,顶事件必然发生,因此,一棵故障树的全部最小割集的完整集合代表了顶事件发生的所有可能性,即给定系统的全部故障模式。因此,最小割集的意义就在于它描绘了处于故障状态的系统所必须要修理的基本故障,指出了系统中最薄弱的环节。

同样,如果故障树存在这样一个路集,任意去掉其中一个底事件后,就不再是路集,则这个路集称之为最小路集,也就是说全部最小路集代表了顶事件工作正常的所有可能途径,即给定了系统全部工作途径。

在对照明系统集成进行故障树建模后,对系统的定性分析也就是求出相应的故障树模型的最小集与最小路集。

(1)系统最小割集的计算

一故障树的底事件集合为$\{x_1,x_2,\cdots,x_n\}$。如有一子集$\{x_{i1},x_{i2},\cdots,x_{il}\}$,其中 $i=1,2,\cdots,k$,且$\{x_{i1},x_{i2},\cdots,x_{il}\}\subset\{x_1,x_2,\cdots,x_n\}$,当满足条件 $x_{i1}=\cdots=x_{il}=1$ 时,$\Phi(X)=1$,即该子集所含的全部底事件均发生时,顶事件必然发生,则该子集就是割集,割集数为 k,

与该子集所对应的状态向量 $\boldsymbol{x}$ 称为割集向量。

对于故障树的各个割集，必须找出其中若干个基本底事件组成的集合，如果表征这些基本底事件均发生时，顶事件必然发生，这样的割集是最小割集。

故障树的最小割集表征了系统失效的必要和充分条件，求得最小割集，就可以确定系统中所有需要考虑的故障停运组合，完成预想事故选择。对于简单故障树的结构函数展开，布尔化简成为具有最小项数的积之和表达式，每一项即为一个最小割集。一般常用上行法、下行法求取最小割集：选定最小割集的算法为二元决策图法(BDD)。

BDD 算法对于上行法、下行法的优点有：

①定性分析时，当故障树中含有非逻辑门，采用 BDD 算法可以求得故障树的质蕴含集，而上行法、下行法是无能为力的。

②定量分析时，由最小割集组成的结构函数，也需要进行布尔函数的不交化工作，对于大型系统这将是一个难题，但使用 BDD 算法时，由于 BDD 算法本身就是布尔函数的不交化图形表示，所以可以避免结构函数的不交化工作，这将带来极大的方便。

(2)系统最小路集的计算

一个故障树的底事件集合为$\{x_1,x_2,\cdots,x_n\}$。如有一子集$\{x_{i1},\cdots,x_{il}\}$，其中 $i=1,2,\cdots,m$ 且$\{x_{i1},\cdots,x_{il}\}\subset\{x_1,x_2,\cdots,x_n\}$，当满足条件 $x_{i1}=\cdots=x_{il}=0$ 时，$\Phi(X)=0$，也即该子集所含的全部底事件均不发生时，顶事件必然不发生，则该子集就是路集，割集数为 m，与该子集所对应的状态向量 $\boldsymbol{x}$ 称为路向量。

所谓最小路集，是用于描述在一个图中连接所有顶点所需的最短路径集合，若将某路集所含的底事件任意去掉一个即不称其为路集了，该路集就是一个最小路集。

直接由故障树求最小路集很困难，一般是借助于故障树的对偶树来求解。

(3)故障树的对偶树

故障树的对偶树 T^{D}(dual fault tree)简称对偶树，它表示故障树的每一个事件都变成其对立事件，将全部或门变成与门，将全部与门变成或门。

对偶树具有下列性质：

①对偶树的全部最小割集是故障树的全部最小路集，而且是一一对应的，其逆亦成立。

②设对偶树的结构函数为 $\Phi^{\mathrm{D}}(X)$，即故障树的结构函数为 $\Phi^{\mathrm{D}}(X)$，则 $\Phi^{\mathrm{D}}(X)=1-\Phi(1-x)$成立，其中 $1-x=1-x_1,1-x_2,\cdots,1-x_n$。

(4)求故障树的最小路集

由于对偶树的最小割集是故障的最小路集，因此可以借助于求对偶树的最小割集来求故障的最小路集。

①获取原故障树的对偶；

②求对偶树的最小割集，求对偶树最小割集方法与求故障树最小割集的方法是一样的；

③获取原故障树的最小路集。

2. 故障树的定量分析

设底事件 x_i 对应的失效概率为 $q_i(i=1,2,\cdots,n)$，其中 n 为底事件个数，则最小割集

的失效概率为

$$P(\mathrm{MCS}) = P(x_1 \cap x_2 \cdots \cap x_m) = \prod_{i=1}^{m} q_i$$

式中，m 为最小割集个数。

(1)当 $y_1, y_2, \cdots, y_k$(k 为最小割集个数)为独立事件时。

$$P(\mathrm{TOP}) = 1 - \prod_{i=1}^{m}(1 - P_i)$$

式中，P_i 为最小割集 y_i 的失效概率。

(2)当 $y_1, y_2, \cdots, y_k$ 为相斥事件时。

$$P(\mathrm{TOP}) = 1 - \prod_{i=1}^{k} P_i$$

(3)当 $y_1, y_2, \cdots, y_k$ 为相容事件时。

$$P(\mathrm{TOP}) = \sum_{i=1}^{k} p(y_i) - \sum_{1 \leqslant i \leqslant j \leqslant k} p(y_i y_j) + \cdots + (-1)^{k-1} p\left(\prod_{i=1}^{k} y_i\right) - \prod_{i=1}^{k} p_i$$

5.4　故障树可靠性分析

故障树可靠性分析主要建立在故障信息采集处理功能上的分析方法，除正常负荷状态下的电压、电流、有功功率、无功功率、视在功率、功率因数、有功电度、无功电度、频率外，还要能够测量零序、负序电压及电流这些反映系统不平衡程度的电气量。还能够采集标准的直流模拟量信号 0～5 V 或 4～20 mA。

采集的故障信息一般要包括故障电流、电压值。实际应用中，可像故障录波器一样，记录下故障电压、电流的波形；为了简化装置的构成及减少数据传输量，亦可以只记录几个关键的故障电流、电压幅值，如故障发生及故障切除前、后的值，故障发生时间及故障历史时间需要测量故障电流方向，供确定故障位置使用。应该能够检测小电流接地系统单相接地产生的零序电流，以供线路自动化系统确定接地故障的位置。监控装置可以同时记录各种故障条件下两路电源的各相电压、电流波形供上级系统查询，作为事故分析的依据。故障波形能够反映系统故障前稳态、故障暂态、故障后稳态各阶段各相电压和电流的变化特性。故障发生前后各录 5 个周波数据(每周波 16 个点)。装置中可存储 24 次故障录波数据，供当地/远方查询。区间故障监控如图 5-20 所示，区间内信号中继站、无线通信基站、光纤直放站、隧道应急照明和防灾通风等一级负荷都需要双电源供电，区间一级负荷用电点大量增加，沿铁路线每隔 1.5～3 km 就有一个一级负荷用电点，这些用电点变配电设备(包括环网柜、箱式变压器和低压开关)要纳入 SCADA 系统监控。另外，供电点附近通信、信号等专业的动力电源、环控设备、安防设备等也要纳入统一的监控。

5.4.1　应急通信指挥中心的故障树可靠性分析

以应急通信指挥中心为例进行故障树可靠性分析。

(1)隧道应急通信指挥中心的组成：

应急通信指挥中心结构主要由局域监控网、系统服务器、历史服务器、时间服务器、磁盘阵列、RTLCS-2008 总主任室、RTLCS-2008 经理办公室、交通协调主任室、设备协调主任室、沟通助理站、TIS/SIS 信息编辑工作站等组成。

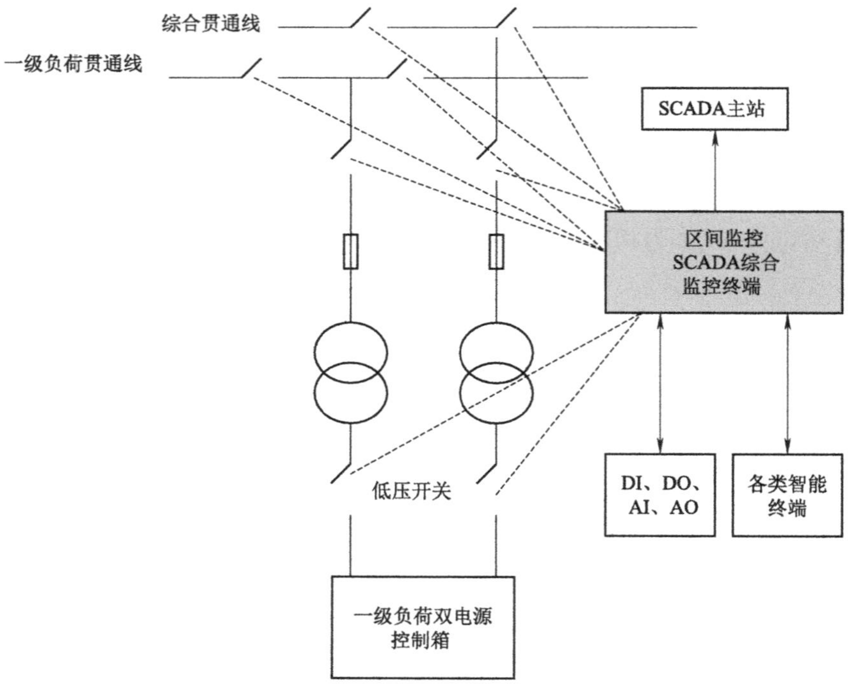

图 5-20 区间故障监控

(2)隧道应急通信指挥中心故障树建模:

对应急通信指挥中心进行故障树建模,应急救援指挥中心模型顶事件是导致系统无法实现安全要求的故障,即应急救援指挥中心处于无法工作状态、瘫痪状态的故障事件是“应急救援指挥中心不可用”。

导致系统处于无法工作瘫痪状态的原因可分为以下几类:

①应急通信指挥中心不能通过工作站进行操作;

②应急通信指挥中心的服务器系统出现严重故障,无法工作;

③应急通信指挥中心的前置处理机停止工作,上传来的信号不能得到有效的预处理;

④应急通信指挥中心的外围设备网络系统出现故障,各设备间无法通信。

(3)当指挥中心某台工作站不能操作时,本站操作员可以去其他工作站登录完成同样操作,因此,仅当所有工作室操作机都故障时,才会导致指挥中心不能通过工作站进行操作事件的发生,包括以下因素,且各因素为与逻辑:

①RTLCS-2008 总经理不能使用,即室内的两台操作机都故障;

②RTLCS-2008 经理办公室不能使用,即经理办公室操作机故障;

③交通协调主任室不能使用,即室内的两台操作机都故障;

④系统设备协调主任室不能使用,即室内的两台操作机都故障;

⑤沟通助理站不使用,即沟通助理站操作机故障。

(4)应急通信指挥中心服务器系统出现严重故障,无法工作的原因可能是:

①RTLCS-2008 系统服务器不能正常工作，RTLCS-2008 设主备用两台系统服务器，且为热备用，故两台系统服务器为与逻辑；

②RTLCS-2008 历史服务器不能正常工作，RTLCS-2008 设主备用两台历史服务器，且为热备用，故两台历史服务器为与逻辑；

③RTLCS-2008 时间服务器故障；

④服务器从磁盘阵列读取数据失败，导致读取数据失败的原因有两种情况，磁盘阵列系统故障和服务器与磁盘阵列系列之间的光纤交换机不工作，同时有 RTLCS-2008 冗余设置两台光纤交换机，故仅当两台交换机都故障时，可导致服务器从磁盘阵列读取数据失败。

(5)应急通信指挥中心冗余设置两台前置处理机 FEP 对子系统上传信息进行预处理，故仅两台前置处理机都故障时，系统失去上传信息预处理功能，即应急通信指挥中心的前置处理机停止工作事件发生。

(6)应急通信指挥中心外围设备网络系统故障是导致系统不可用的最常见因素之一。

①应急通信指挥中心与外部 RTLCS-2008 骨干网通信中断；

②应急通信指挥中心区域网内部出现严重故障，导致系统内部通信瘫痪；

③应急通信指挥中心主干交换机无法工作，指挥中心冗余设置主干交换机于区域网与核心交换机之间运行，仅当两主干交换机都故障时，系统核心交换机与区域网之间通信中断；

④应急通信指挥中心局域网中断，系统局域网采用冗余以太网。

利用下行法对此故障树进行最小割集分析，此故障共有最小割集 11 个，见表 5-6。

表 5-6　故障树割集表

序号	底事件编号	事 件 全 称
1	{d1～d8}	各个操作机故障
2	{d9、d10}	系统服务器 1 故障、系统服务器 2 故障
3	{d11}	时间服务器故障
4	{d12、d13}	历史服务器 1 故障、历史服务器 2 故障
5	{d14、d15}	光纤交换 1 故障、光纤交换 2 故障
6	{d16}	磁盘阵列系统故障
7	{d17、d18}	FEP1 故障、FEP2 故障
8	{d19、d20}	主干交换机 1 故障、主干交换机 2 故障
9	{d21、d22}	支干交换机 1 故障、支干交换机 2 故障
10	{d23、d24}	核心交换机 1 故障、核心交换机 2 故障
11	{d25、d26}	局域网 1 故障、局域网 2 故障

故障树最小路集见表 5-7，此故障树的所有 9 个最小割集代表了系统故障的所有可能性，即给定了全部系统故障模式，同时也是调度中心中最薄弱的环节，应当着重加以监控的对象。它还可以在系统故障时，通过对比检查各故障模式的设备，用于快速定位故障并给予解决。

表 5-7　故障树最小路集

序号	事件编号
1	{d1、d9、d11、d12、d14、d16、d17、d19、d21、d23、d25}
2	{d2、d9、d11、d12、d14、d16、d17、d19、d21、d23、d25}
3	{d3、d9、d11、d12、d14、d16、d17、d19、d21、d23、d25}
4	{d4、d9、d11、d12、d14、d16、d17、d19、d21、d23、d25}
5	{d5、d9、d11、d12、d14、d16、d17、d19、d21、d23、d25}
6	{d6、d9、d11、d12、d14、d16、d17、d19、d21、d23、d25}
7	{d7、d9、d11、d12、d14、d16、d17、d19、d21、d23、d25}
8	{d8、d9、d11、d12、d14、d16、d17、d19、d21、d23、d25}
9	{d1、d10、d11、d12、d14、d16、d17、d19、d21、d23、d25}
10	{d2、d10、d11、d12、d14、d16、d17、d19、d21、d23、d25}
11	{d3、d10、d11、d12、d14、d16、d17、d19、d21、d23、d25}
12	{d4、d10、d11、d12、d14、d16、d17、d19、d21、d23、d25}
13	{d5、d10、d11、d12、d14、d16、d17、d19、d21、d23、d25}
14	{d6、d10、d11、d12、d14、d16、d17、d19、d21、d23、d25}
15	{d7、d10、d11、d12、d14、d16、d17、d19、d21、d23、d25}
16	{d8、d10、d11、d12、d14、d16、d17、d19、d21、d23、d25}
17	{d1、d9、d11、d13、d14、d16、d17、d19、d21、d23、d25}
18	{d2、d9、d11、d13、d14、d16、d17、d19、d21、d23、d25}
19	{d3、d9、d11、d13、d14、d16、d17、d19、d21、d23、d25}
20	{d4、d9、d11、d13、d14、d16、d17、d19、d21、d23、d25}
21	{d5、d9、d11、d13、d14、d16、d17、d19、d21、d23、d25}
22	{d6、d9、d11、d13、d14、d16、d17、d19、d21、d23、d25}
23	{d7、d9、d11、d13、d14、d16、d17、d19、d21、d23、d25}
24	{d8、d9、d11、d13、d14、d16、d17、d19、d21、d23、d25}
25	{d1、d9、d11、d12、d15、d16、d17、d19、d21、d23、d25}
26	{d2、d9、d11、d12、d15、d16、d17、d19、d21、d23、d25}
27	{d3、d9、d11、d12、d15、d16、d17、d19、d21、d23、d25}
28	{d4、d9、d11、d12、d15、d16、d17、d19、d21、d23、d25}
29	{d5、d9、d11、d12、d15、d16、d17、d19、d21、d23、d25}
30	{d6、d9、d11、d12、d15、d16、d17、d19、d21、d23、d25}
31	{d7、d9、d11、d12、d15、d16、d17、d19、d21、d23、d25}
32	{d8、d9、d11、d12、d15、d16、d17、d19、d21、d23、d25}
33	{d1、d9、d11、d12、d15、d16、d17、d20、d21、d23、d25}

续上表

序号	事件编号
34	{d2、d9、d11、d12、d15、d16、d17、d20、d21、d23、d25}
35	{d3、d9、d11、d12、d15、d16、d17、d20、d21、d23、d25}
36	{d4、d9、d11、d12、d15、d16、d17、d20、d21、d23、d25}
37	{d5、d9、d11、d12、d15、d16、d17、d20、d21、d23、d25}
38	{d6、d9、d11、d12、d15、d16、d17、d20、d21、d23、d25}
39	{d7、d9、d11、d12、d15、d16、d17、d20、d21、d23、d25}
40	{d8、d9、d11、d12、d15、d16、d17、d20、d21、d23、d25}
41	{d1、d9、d11、d12、d15、d16、d17、d19、d22、d23、d25}
42	{d2、d9、d11、d12、d15、d16、d17、d19、d22、d23、d25}
43	{d3、d9、d11、d12、d15、d16、d17、d19、d22、d23、d25}
44	{d4、d9、d11、d12、d15、d16、d17、d19、d22、d23、d25}
45	{d5、d9、d11、d12、d15、d16、d17、d19、d22、d23、d25}
46	{d6、d9、d11、d12、d15、d16、d17、d19、d22、d23、d25}
47	{d7、d9、d11、d12、d15、d16、d17、d19、d22、d23、d25}
48	{d8、d9、d11、d12、d15、d16、d17、d19、d22、d23、d25}
49	{d1、d9、d11、d12、d15、d16、d17、d19、d21、d24、d25}
50	{d2、d9、d11、d12、d15、d16、d17、d19、d21、d24、d25}
51	{d3、d9、d11、d12、d15、d16、d17、d19、d21、d24、d25}
52	{d4、d9、d11、d12、d15、d16、d17、d19、d21、d24、d25}
53	{d5、d9、d11、d12、d15、d16、d17、d19、d21、d24、d25}
54	{d6、d9、d11、d12、d15、d16、d17、d19、d21、d24、d25}
55	{d7、d9、d11、d12、d15、d16、d17、d19、d21、d24、d25}
56	{d8、d9、d11、d12、d15、d16、d17、d19、d21、d24、d25}
57	{d1、d9、d11、d12、d15、d16、d17、d19、d21、d23、d26}
58	{d2、d9、d11、d12、d15、d16、d17、d19、d21、d23、d26}
59	{d3、d9、d11、d12、d15、d16、d17、d19、d21、d23、d26}
60	{d4、d9、d11、d12、d15、d16、d17、d19、d21、d23、d26}
61	{d5、d9、d11、d12、d15、d16、d17、d19、d21、d23、d26}
62	{d6、d9、d11、d12、d15、d16、d17、d19、d21、d23、d26}
63	{d7、d9、d11、d12、d15、d16、d17、d19、d21、d23、d26}
64	{d8、d9、d11、d12、d15、d16、d17、d19、d21、d23、d26}

基本设备失效率数据见表 5-8，故障树的最小路集代表了保证应急通信指挥系统能够工作的部分途径，只要任何一最小路集的设备能够正常工作，那么系统就能保证工作正

常，可见提高任何一个最小路集的可靠性可以极大地提高系统能够正常工作的概率。而有时对于某些系统，如果在没有足够的人力物力来维持所有或大部分设备高可靠性的情况下，能够保证其中的一条或少量最小路集设备可靠工作，这个系统也不失为一个高可靠性系统。

表 5-8 基本设备失效率数据

名　称	MTBF	平均停机时间/h			失效率
		MTTR	响应时间	合计	
各办公室、工作站操作机	3 年	3	1	4	1.52×10^{-4}
FED	30 年	3	1	4	1.52×10^{-5}
核心交换机	2 年	3	1	4	2.28×10^{-4}
主干交换机	2 年	3	1	4	2.28×10^{-4}
光纤交换机	2 年	3	1	4	2.28×10^{-4}
局域网交换式高速以太网	2.5 年	3	1	4	1.83×10^{-4}
骨干网以太网	5 年	3	1	4	0.91×10^{-5}
每台系统服务器	3 年	3	1	4	1.52×10^{-5}
每台历史服务器	3 年	3	1	4	1.52×10^{-5}
时间服务器	3 年	3	1	4	1.52×10^{-5}
磁盘阵列	6 年	3	1	4	0.76×10^{-5}

由以上事件的失效资料，可以通过分析计算应急通信指挥中心不可用的发生概率及各事件重要度，计算结果见表 5-9。由表 5-9 可知，应急通信指挥中心系统不可用率为 2.28×10^{-4}，即其可用率达到 99.8%。

表 5-9 事件效率

事　件	失效率	事　件	失效率
应急通信指挥中心不可用	2.28×10^{-4}	应急通信指挥中心不能进行工作站操作	≈0
服务器系统故障	2.27×10^{-4}	前置机 FEP 失效	2.31×10^{-8}
外围设备网络失效	1.46×10^{-7}	RTLCS-2008 总经理不能使用	2.31×10^{-8}
交通协调主任室不能使用	2.31×10^{-8}	系统设备协调主任室不能使用	2.31×10^{-8}
系统服务器失效	2.31×10^{-8}	历史服务器失效	2.31×10^{-8}
服务器不能从磁盘阵列读取数据	7.60×10^{-5}	应急通信指挥中心与外部 RTLCS-2008 骨干网中断	1.12×10^{-7}
应急通信指挥中心区域网内部故障	8.54×10^{-5}	服务器与磁盘阵列之间光纤交换机失效	5.2×10^{-8}
主干交换机失效	5.2×10^{-8}	RTLCS-2008 骨干网中断	8.28×10^{-8}
核心交换机失效	5.2×10^{-8}	局域网中断	3.34×10^{-8}

事件结构重要度见表 5-10。表 5-10 所得数据为只从结构上分析时各事件的结构重要度，可见，时间服务器和磁盘阵列系统的故障对应急通信指挥中心不可用的贡献最高，达到 $4.99\times10^{-2}\times2=9.98\%$，这是由于这两个设备没有采用冗余设计，其故障又直接影响系统安全；各个操作员工作站的工作失效对系统不可用的贡献最小，只有 0.019%，这是由于当一台操作员工作站工作失效时，本站操作员可以去交通协调主任室、系统设备协调主任室五类八台操作机都无法工作的概率是极小的。

表 5-10　事件结构重要度

事　　件	结构重要度	事　　件	结构重要度
RTLCS-2008 经理办公室操作机障	1.96×10^{-4}	沟通助理站操作机故障	1.96×10^{-4}
时间服务器故障	4.99×10^{-2}	前置机 FEP1 故障	1.66×10^{-2}
前置机 FEP2 故障	1.66×10^{-2}	RTLCS-2008 总经理操作机 1 障	1.96×10^{-4}
RTLCS-2008 总经理操作机 2 故障	1.96×10^{-4}	交通协调主任室操作机 1 故障	1.96×10^{-4}
交通协调主任室操作机 2 故障	1.96×10^{-4}	系统设备协调主任室操作机 1 故障	1.96×10^{-4}
系统设备协调主任室操作机 2 故障	1.96×10^{-4}	系统服务器 1 故障	1.66×10^{-2}
系统服务器 2 故障	1.66×10^{-2}	历史服务器 1 故障	1.66×10^{-2}
历史服务器 2 故障	1.66×10^{-2}	磁盘阵列系统故障	4.99×10^{-2}
光纤交换机 1 故障	1.66×10^{-2}	光纤交换机 2 故障	1.66×10^{-2}
主干交换机 1 故障	1.66×10^{-2}	主干交换机 2 故障	1.66×10^{-2}
RTLCS-2008 骨干网 1 中断	1.66×10^{-2}	RTLCS-2008 骨干网 2 中断	1.66×10^{-2}
核心交换机 1 故障	1.66×10^{-2}	核心交换机 2 故障	1.66×10^{-2}
局域网 1 故障	1.66×10^{-2}	局域网 2 故障	1.66×10^{-2}

事件概率重要度见表 5-11。由表 5-11 可知，在考虑事件故障发生概率的情况下时间服务器和磁盘阵列对应急通信指挥系统故障的贡献仍最高，近似等于 1，这说明这两个设备的故障将直接导致系统瘫痪，所以时间服务器和磁盘阵列是系统设计中的最薄弱环节，应该重点对其监视或对其再采取可靠性提高措施，如再加一层冗余配置等。总之，如能有效提高时间服务器和磁盘阵列的寿命，相对于其他设备的而言，系统的故障率可以得到相对更快速有效的改善。

表 5-11　事件概率重要度

事　　件	结构重要度	事　　件	结构重要度
RTLCS-2008 经理办公室操作机故障	—	沟通助理站操作机故障	—
时间服务器故障	0.999	前置机 FEP1 故障	1.52×10^{-4}
前置机 FEP2 故障	1.52×10^{-4}	RTLCS-2008 总经理操作机 1 故障	—
RTLCS-2008 总经理操作机 2 故障	—	交通协调主任室操作机 1 故障	—
交通协调主任室操作机 2 故障	—	系统设备协调主任室操作机 1 故障	—

续上表

事　　件	结构重要度	事　　件	结构重要度
系统设备协调主任室操作机 2 故障	—	系统服务器 1 故障	1.52×10^{-4}
系统服务器 2 故障	1.52×10^{-4}	历史服务器 1 故障	1.52×10^{-4}
历史服务器 2 故障	1.52×10^{-4}	磁盘阵列系统故障	0.999
光纤交换机 1 故障	2.28×10^{-4}	光纤交换机 2 故障	2.28×10^{-4}
主干交换机 1 故障	2.28×10^{-4}	主干交换机 2 故障	2.28×10^{-4}
RTLCS-2008 骨干网 1 中断	0.91×10^{-4}	RTLCS-2008 骨干网 2 中断	0.91×10^{-4}
核心交换机 1 故障	2.28×10^{-4}	核心交换机 2 故障	2.28×10^{-4}
局域网 1 故障	1.83×10^{-4}	局域网 2 故障	1.83×10^{-4}

隧道照明系统集成在其生命周期内分为总工作时间和非工作时间。总工作时间包含了能工作时间和不能工作时间两部分。能工作时间由实际使用时间和虽能使用但未加使用的待命时间组成；不能工作时间由总维修时间和用在行政管理和后勤供应工作等方面的非计划维修时间组成。总维修时间中包含了在进行非计划维修时所用的非维修时间 C 和 P。隧道照明系统集成生命周期如图 5-21 所示。

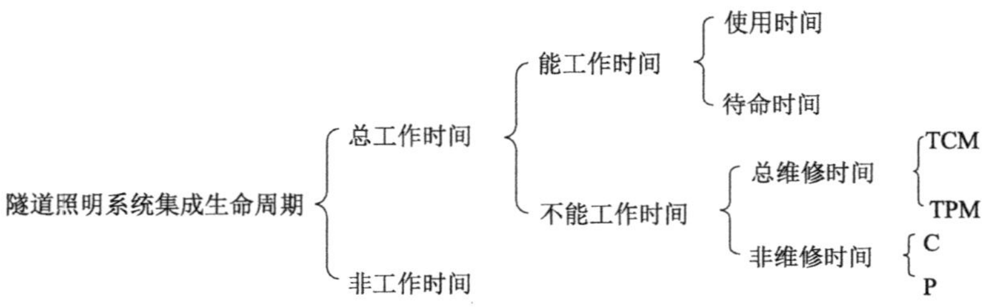

图 5-21　隧道照明系统集成生命周期

隧道照明系统集成可用度：

$$\text{可用度 } A=\frac{\text{能工作时间}}{\text{总工作时间}}=\frac{\text{能工作时间}}{\text{能工作时间}+\text{不能工作时间}}=1-\frac{\text{不能工作时间}}{\text{总工作时间}}$$

式中，$\frac{\text{不能工作时间}}{\text{总工作时间}}$项表示不可用性。

照明系统集成的可用度根据所选用的工作时间不同而分为三种类型：

(1)固有可用度 A_i

如果能工作时间仅仅是照明系统的运营时间，不能工作时间仅仅是进行修复性维修所需要的时间，则所得到可用度称为固有可用度 A_i，即

$$A_i=\frac{OT}{OT+TCM}=\frac{MTBF}{MTBF+MTTR}$$

式中　MTBF——平均故障间隔时间；

　　MTTR——平均修复时间。

照明系统的固有可用度 A_i 反映设计中所赋予照明内在的可用度，它是由设计、制造支配的，是设计中应该考虑的一项指标。

(2)达到可用度 A_a

如果能工作时间也只是照明系统的运营时间,则

$$A_a=\frac{OT}{OT+TCM+TPM}=\frac{MTBF}{MTBF+MTTR+MTPM}$$

式中　MTPM——平均预防性维修时间。

照明系统的使用可用度 A_a 更多地考虑了照明系统硬件方面的可用度,即从制造商角度考虑的照明设备在运营和维修综合技术方面的可用度,因此也被称为技术可用度。

(3)使用可用度 A_u

照明系统的使用度 A_u 是照明电能工作的总时间 TT,包括使用时间 OT 和待命时间 ST 与总时间(其中除了能工作总时间 TPM 以外,还包括修复性维修时间 ALDT、预防性维修时间 TCM 和后勤管理等方面的时间)之比,即

$$A_u=\frac{OT+ST}{TT}=\frac{OT+ST}{OT+ST+TCM+TPM+ALDT}=\frac{MUT}{MUT+MDT}$$

式中　MUT——平均能工作时间;

MDT——平均不能工作时间。

照明系统使用可用度 A_u 与固有可用度 A_i 和达到可用度 A_a 不同,它包含了照明系统总工作时间内的所有区段,提供了照明系统所处实际环境下真实的可用性度量,因此它是关于照明系统效能的一个重要度量参数,它对于评估现场使用的结果,估算生命周期费用等都是非常重要的。

5.4.2　列车运行隧道内故障等级划分与报警规则

通过隧道和行车安装调试,结合列车运行过程中发现隧道关键装备出现故障以及列车工作人员的情况,对列车隧道关键装备出现的故障需要分等级进行报警,能将那些影响行车安全的故障及时发现与处理,避免隧道内发生安全事故。

1. 隧道内故障等级划分

在定义列车隧道内监控系统的故障等级时,需要考虑以下两个原则:第一,考虑使用方便性,需要直观易懂地报告故障类型及发生位置;第二,要尽量减少对列车正常运行的影响,只有关系到行车安全的严重故障才需要停车或上报给上级部门。

根据上述原则以及故障的危害,系统把故障分为正常、轻微、一般严重和严重四种等级。正常表示列车系统没有故障;轻微故障表示参数偏离正常值很小,需要引起司乘人员的注意,起到预警作用;一般严重故障指暂时不影响行车安全,但需要告知列车长或司机的故障;严重故障是影响到行车安全,需要立即停车处理的故障。同时上位机界面使用四种不同的颜色和声音表示这四种等级的故障,红色和长时间报警声音表示严重故障,紫红色和短时间报警表示一般严重故障,黄色和无声音表示轻微故障,绿色和无声音表示正常。这种采用故障分级利用颜色和声音区分故障的报警方式,工作人员可直观地判断故障等级,进行不同的处理。

根据故障等级划分方式,隧道内各监测设备常见的故障及故障等级分类如下:

(1)隧道照明系统

隧道内应急照明异常、疏散指示灯及标志灯异常、照明灯具电流回路异常、收发通信

子系统故障，其他故障为一般轻微故障。

(2)隧道内减振系统

垂向振动异常、横向振动异常、横向失稳、一系悬挂失效、二系悬挂失效、一系横向止挡贴靠、二系横向止挡贴靠、踏面剥离为严重故障，其他故障为一般严重故障。

(3)制动系统

意外紧急、缓解不良、自然缓解、自然制动、折角塞门误关闭、多车制动不良、多个制动缸不制动、多个制动缸不缓解为严重故障，支管塞门误关闭、单车制动不良、单个制动缸不制动、单个制动缸不缓解为一般严重故障。

(4)电源系统

缺相故障为严重故障，三相电流不平衡为轻微故障。

(5)漏电系统

漏电报警、漏电传感器短路、断路为轻微故障。

(6)电力连接器

温度传感器报警为严重故障，漏电报警、漏电传感器路、断路为轻微故障。

(7)绝缘系统

正极报警、负极报警，正负极报警为一般严重故障。

(8)轴温检测

温度报警、温度传感器短路、温度传感器断路为严重故障。

(9)塞拉门监测系统

关门故障、开门故障为严重故障，防挤压失效为一般严重故障。

(10)气压检测系统

隧道内气压超出阈值范围故障，压力传感器故障，斜井通风故障，其他故障为一般严重故障。

(11)供电系统故障

隧道内供电系统分为两部分，列车动力供电系统故障为一般严重故障，一般隧道内设备供电系统故障为一般轻微故障。

2. 故障报警规则

针对试验中出现的故障以及出现故障的频率，在上位机建立一个故障频数记录数组，每一单元对应一个车辆监测设备，该单元保存最近 10 次检测中出现该设备故障的累计频数，下位机有故障上传时，上位机将故障频数 f_i 加 1，i 为第 i 节车辆号。上位机根据以下规则报警：

(1)仅有 1～2 个车辆设备的故障频数记录 $f_i>N_{min}$，则上位机显示第 i 节车辆的故障及其故障类型。N_{min} 为故障报警阈值。

(2)若同时有基本连续的 n 节车辆故障频数记录 $f_i>N_{min}$，则上位机显示线路异常。n 可以取 10～15，不连续的判断可以用报警车辆总数除以前后车辆号之差的和求得，若该值大于 0.8，则定义连续，否则认为不连续。

(3)若同时出现基本不连续的大于 3 节车辆的故障频数记录 $f_i>N_{min}$，则上位机以图示形式显示报警车辆所在的位置，提示司机注意观察故障车辆的持续性。

通过多次装车试验，系统成功检测出试验车的几个故障，如制动系统中的自然缓解、走行部中的油压减振缺油以及 48 V 绝缘值偏低等，这些故障通过地面的检修得到了解决，确保了试验车的安全运行，这也证明了系统在各个方面的功能是正确的，对列车安全运行具有监测预警功能。

6 铁路隧道裂缝智能检测

6.1 深度学习相关理论与关键技术

近些年来，随着数字图像处理和深度学习的不断进步和发展，深度学习理论已经应用到越来越多的实际场景中。其中，卷积神经网络在裂缝检测方面取得了很大的进步，不仅使得裂缝检测的效率与精度都有了很明显的提高，同时也促进了铁路健康结构监测的智能化发展。

本章首先对深度学习和卷积神经网络的相关理论方法进行阐述，在深度学习方面主要介绍了深度学习训练的方法，包括梯度下降法、正则化技术以及损失函数的优化等方法，在卷积神经网络方面主要介绍了卷积的计算操作、最大池化和平均池化的工作原理以及全连接层的相关知识；然后对目前主流的裂缝图像分类方法进行了介绍，主要包括VGGNet 网络、GoogLeNet 网络以及 ResNet 网络架构；裂缝图像的像素级检测是基于全卷积神经网络的裂缝分割方法来实现的，所以，本章节最后对 FCN 网络、U-Net 网络以及SegNet 网络的裂缝分割方法展开了介绍。

6.1.1 深度学习相关理论

1. 深度学习的训练

在过去的几十年中，深度学习被广泛应用于许多领域，可以解决许多复杂的任务，同时又能提供令人满意的结果，目前常用的框架包括 TensorFlow、Keras 和 PyTorch 等，PyTorch 具有自定义数据上传功能和简化图像预处理功能，与 TensorFlow 和 Keras 相比，极大地简化了数据集的处理，非常适合学术研究和项目研发等科研工作，本书使用PyTorch 框架编写相关代码来完成铁路隧道裂缝检测的实验，其算法流程如图 6-1 所示。

(1)梯度下降法

梯度下降法使用线性导数来优化目标函数的损失值并找到目标函数的局部极小值。当应用大型数据集时，一次迭代可能需要很长时间才能完成，并且大型数据集超出内存或显存的存储容量时可能会加长计算期间获取数据的时间，可采用梯度下降法来解决这些问题，梯度下降法的计算过程见式(6-1)。

$$\theta_{n+1}=\theta_n-\alpha_n \nabla J(\theta_n) \tag{6-1}$$

式中，θ_{n+1}为更新参数；θ_n 为原参数；$J(\theta_n)$为目标函数；α_n 为学习率，取值范围为[0,1]；$-\nabla J(\theta_n)$表示梯度下降最快的函数。

(2)正则化技术

在深度学习的训练中，采用正则化(Regularization)技术旨在减少模型的过拟合并保持

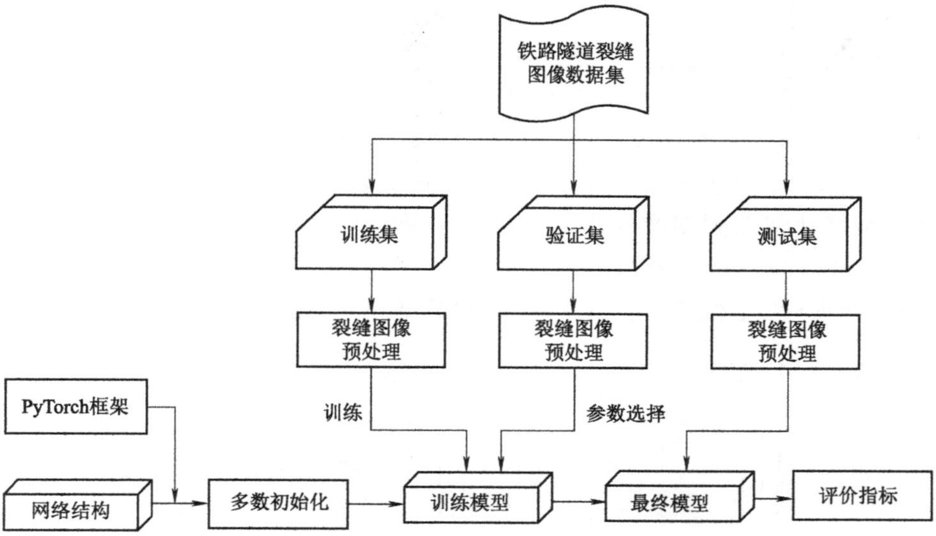

图 6-1 深度学习算法流程

理论表达力，最常见的正则化技术是 L_1 和 L_2 正则项，它将网络中参数的 L_1 或 L_2 范数添加到卷积神经网络的目标函数中，假设现在有一个神经网络，L_1 和 L_2 正则化损失函数计算见式(6-2)。

$$\begin{cases} L(\theta)=\lambda_1 \cdot \|\theta\|_1 & L_1 \text{ 正则化} \\ L(\theta)=\dfrac{\lambda_2}{2} \cdot \|\theta\|_2 & L_2 \text{ 正则化} \end{cases} \tag{6-2}$$

式中，$L(\theta)$ 为损失函数；θ 为参数；λ_1，λ_2 为超参数。

L_2 正则化鼓励网络稍微使用所有输入，而不是大量使用某些输入，而 L_1 正则化鼓励网络学习稀疏权向量(可用于特征选择任务)。正则化在深度学习框架中易于使用，比如，在 PyTorch 框架中，L_2 正则化通过传递非零参数来添加正则化 λ_2。常用的正则化方法有 Dropout 和批规范化(batch normalization，BN)，Dropout 是一种非常强大且简单的神经网络正则化方法，在诸如 PyTorch 和 TensorFlow 之类的框架中，Dropout 被实现为一层，可以很容易地将其添加到模型中。BN 的原理和 Dropout 类似，但是其参数调整过程要相对简单得多，并且初始化要求也不高，可以使用较大的学习率。

(3)损失函数的优化

在模型的训练中，研究人员提出很多关于学习率更新的算法来对损失函数进行优化，主要包括 Momentum、NAG(nesterov accelerated gradient)、AdaGrad、Adam(adaptive moment estimation)和 RMSProp(root mean square prop)等。其中，优化算法流程如图 6-2 所示。

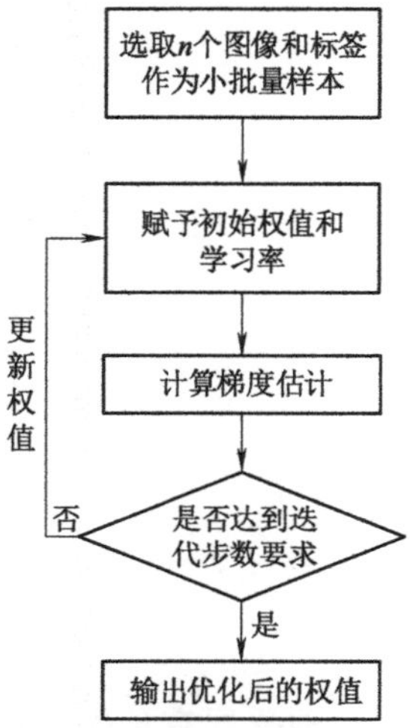

图 6-2 优化算法流程

针对基于梯度下降法优化算法各自的优缺点，本书采用 Adam 优化算法作为裂缝检测网络的优化算法，在对模型训练时逐层更新模型中的参数，当 Loss 值达到一定阈值后，训练停止，并且在每次迭代过程中都有一定范围的参数变化。

2. 卷积神经网络

卷积神经网络已被广泛应用于计算机视觉中的各项任务，具有强大的特征提取能力，在网络的不同阶段，能够提取到表达层次不同的特征：在网络的低级阶段，提取到的特征主要捕获包括纹理和颜色等细节信息；在网络的高级阶段，网络提取到的特征更具有抽象意义，能够很好地捕获到图像的语义信息。与深度人工神经网络相比，卷积神经网络（convolutional neural networks，CNN）具有更少的参数和更快训练速度的优势，在裂缝图像的检测方面具有显著优势。卷积神经网络结构如图 6-3 所示。

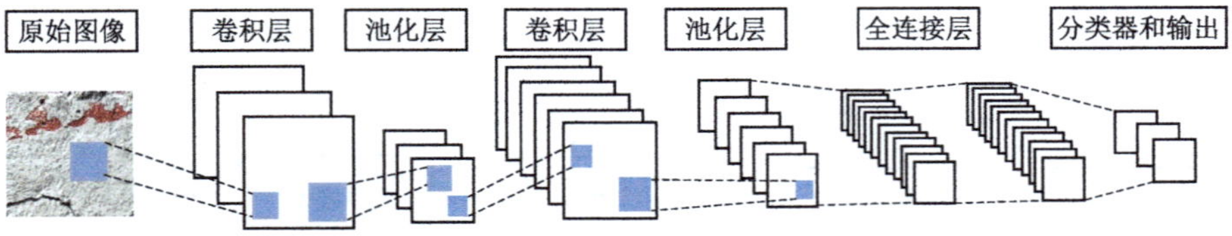

图 6-3 卷积神经网络结构

CNN 中的卷积层使用一组滤波器或内核对前面各层的输出进行卷积运算，提取对分类有重要意义的特征，卷积操作如图 6-4 所示，卷积核或滤波器按像素对图像进行滑动，计算元素乘法，并将像素加在一起得到输出，输出矩阵称为特征映射。不同权重的卷积核会对同一输入图像产生不同的特征映射，这意味着不同的卷积核会提取不同的特征。下卷积层主要从图像中提取结构细节和位置信息，而上卷积层的特征映射包含更多的语义信息和更少的位置信息。

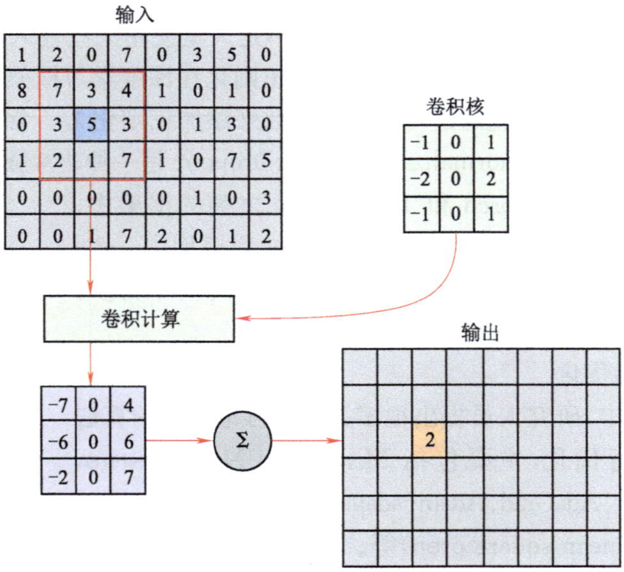

图 6-4 卷积操作

池化层有预先设定的池化函数，池化层一般有最大池化和平均池化两种类别。例如，在 4×4 的特征图中使用最常用的 2×2 的池化滤波器大小。当平移步长 Stride 为 2 时，最大池化计算过程如图 6-5 所示，平均池化计算过程如图 6-6 所示。

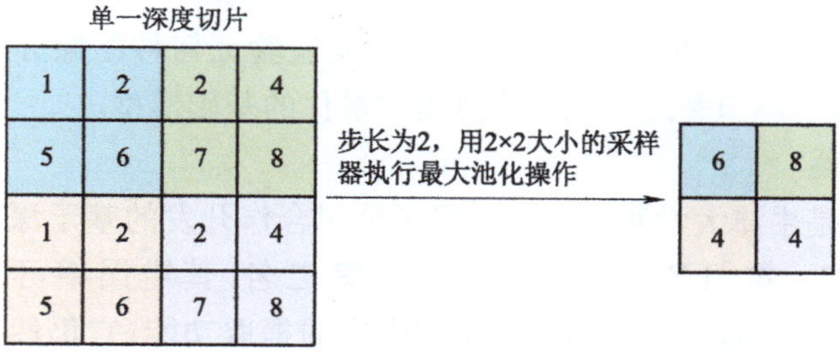

图 6-5 最大池化计算过程

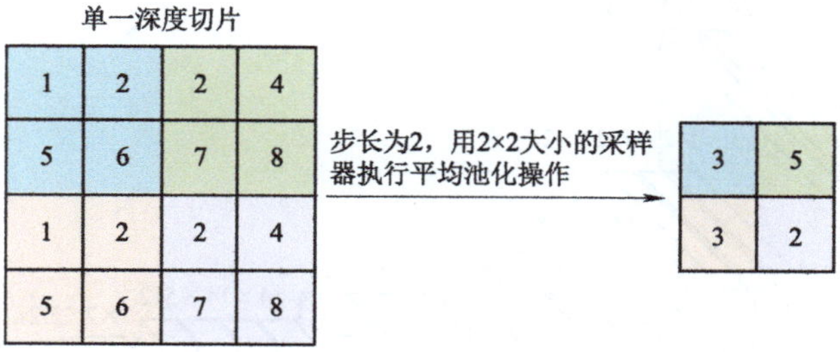

图 6-6 平均池化计算过程

作为卷积神经网络的一部分，还有一个全连接层，全连接部分将通过其自身的反向传播过程来确定最准确的权重，每个神经元接收的权重将优先选择最合适的标签，它的目的是获取卷积/合并过程的结果，并使用它们将图像分类为标签，在对图像特征提取之后，将提取的特征发送到最后一层的全连接层以进行裂缝图像的分类。

6.1.2 基于卷积神经网络的裂缝分类方法

由于隧道状况复杂多样，裂缝像素附近的对比度较差，给裂缝的检测带来了极大挑战，因此，在这样复杂的情况下，人工设计单个或多个特征难以检测出图像的裂缝，可通过基于卷积神经网络的裂缝分类方法自动检测图像中是否存在裂缝，基于卷积神经网络的裂缝分类流程如图 6-7 所示。

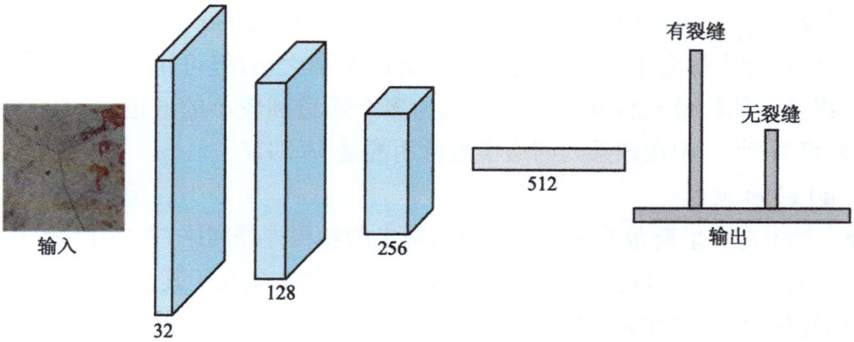

图 6-7 基于卷积神经网络的裂缝分类流程(单位:mm)

目前已有很多研究人员将主流的一些图像分类网络应用到裂缝图像分类中，并且发挥了很好的优势，如 VGGNet 网络、GoogLeNet 网络和 ResNet 网络。本书主要介绍这三种卷积神经网络的图像分类模型，并在后续通过实验验证何种图像分类网络更适合于裂缝分类的任务，为铁路隧道裂缝图像的检测提供最优的基础模型。

1. VGGNet 网络

VGGNet 网络是牛津大学和谷歌深度思考公司合作开发的基于深度学习的综合网络平台，该模型在 2014 年 ILSVRC 竞赛中获得第二名，其错误率可以达到 7.5%。与 AlexNet 相比，VGGNet 具有更深的网络层和强大的提取功能，它仍然被广泛用作神经网络深层结构的基础模型，可以用于不同的任务，VGGNet 网络模型结构如图 6-8 所示。

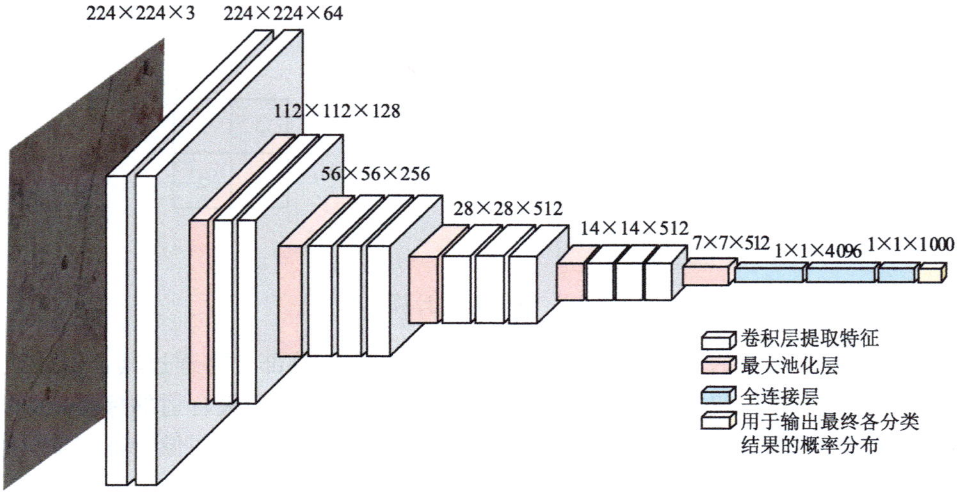

图 6-8 VGGNet 网络模型结构(单位：mm)

VGGNet 的输入图像大小设计为 224 mm×224 mm×3 mm，通过叠加卷积层和池化层，转换卷积核的数量增加了一倍。实际上，两个 3×3 分辨率卷积核的位置与 5×5 内核相同，并且 3×3 卷积核的位置与 7×7 卷积核相同，但是卷积核位置参数为 3×3，它的体积比高分辨率卷积核小得多，并且 3×3 分辨率卷积核具有许多特殊的功能，这极大地有助于提高在线学习能力。VGGNet 的创新之一是全部使用 3×3 卷积核，一方面可以通过增强网络层及其组合来提高性能范围的连接层。此外，VGGNet 使用 1×1 转换层来最大化网络体系结构的直接变化。1×1 卷积不会更改图像大小，但可用于调整多个功能的大小，扩展网络通道的数量或将网络格式转换为多个通道和较小的通道。VGGNet 包括不同级别的网络类型，其中在该系列网络中最常用的是 VGG16。

2. GoogLeNet 网络

GoogLeNet 是克里斯蒂安·塞格迪等人提出的卷积神经网络，在 2014 年 ILSVRC 竞赛的 TOP-5 测试准确率达到了 93.3%。GoogLeNet 的本质在于其复杂性，它由几个新引入的基本构建块组成，被称为初始模块(Inception)，并且在接下来的几年中已经提出了几个版本，主要分为初始模块 V1、初始模块 V2、初始模块 V3、初始模块 V4 以及初始模块 ResNet 等。这种新方法证明与常规序列方法(例如 VGGNet)相比，可以以更多方式堆叠卷积层。这些早期模块由池化层、大尺寸卷积层和小尺寸卷积层组成,计算方法相同。同时,使用 1×1 卷积操作来减少数据的维度,并大大减少了变量的数量,基本的初始模块结构如图 6-9 所示。

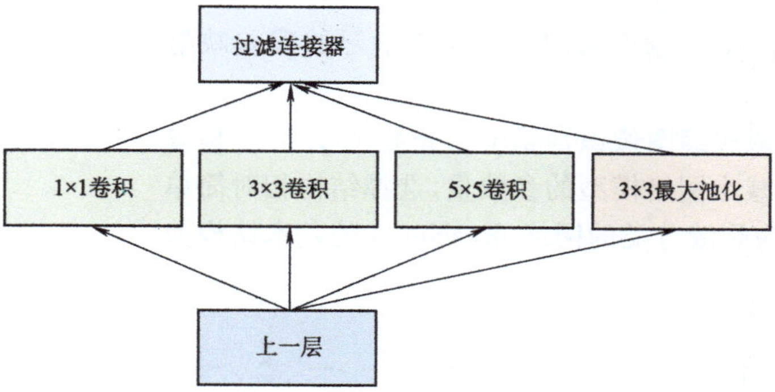

图 6-9 基本的初始模块结构

初始模块结构采取了几个类似的步骤,在同一层的网络可以识别不同大小的图像局部区域,并可以融合不同尺度的特征。此外,池化层在许多网络中都起着重要作用,因此该操作也内置在初始模块中。最后,随着神经网络提取的特征深度的增加,每个特征都包含一个较大的接收区域,因此应逐渐增加网络深处大卷积核的比例。5×5 卷积内核仍然需要进行大量计算,因此,考虑到这一点,初始模块添加了 1×1 卷积内核以减小尺寸,如图 6-10 所示。1×1 卷积内核可以合并由不同卷积内核提取的特征图,从而增加网络非线性,还可以通过控制特征图的通道大小以减少网络的计算量。

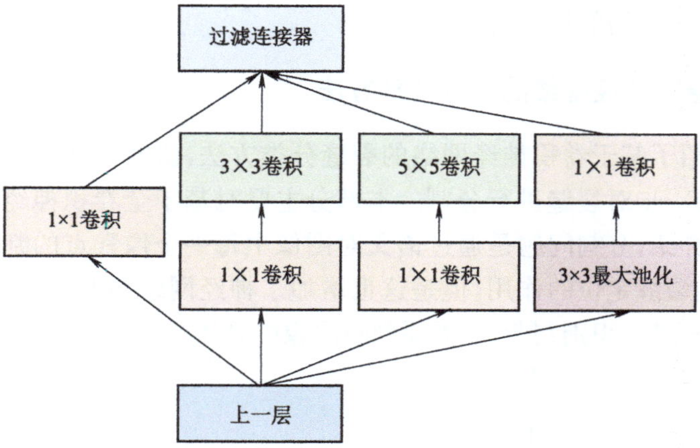

图 6-10 加入 1×1 卷积核的初始模块结构

3. ResNet 网络

残差网络(residual network,ResNet)是一种深度神经网络模型,由微软的何凯明等人提出,以高达 96.4%的准确率赢得了 2015 年 ILSVRC 的竞赛。加深神经网络将导致网络性能下降,但是 ResNet 网络中引人的残差模块的跳跃连接(skip connection)部分能有效地解决这些问题,使得在设计神经网络模型时可以达到数十层甚至数百层的深度,近年来由于其卓越的性能，该网络模型已在许多领域中得到了广泛应用，其引入的残差模块如图 6-11 所示。

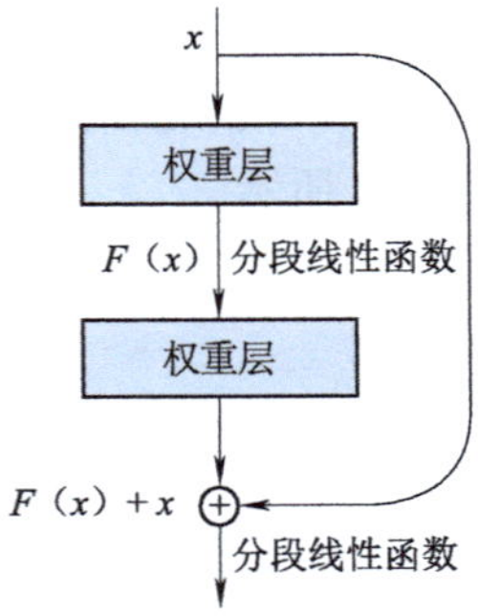

图 6-11　残差模块

其中，残差模块具体的计算见式(6-3)。

$$y=F(x)+x \tag{6-3}$$

式中，x 为输入层；y 为输出层；$F(x)$为待学习的残差映射函数。

由于铁路隧道裂缝图像识别属于二分类，所以为了提取微小的特征以及减小网络模型的参数量，选择结构相对简单的 ResNet18 作为裂缝分类的网络，ResNet18 的基本结构如图 6-12 所示。

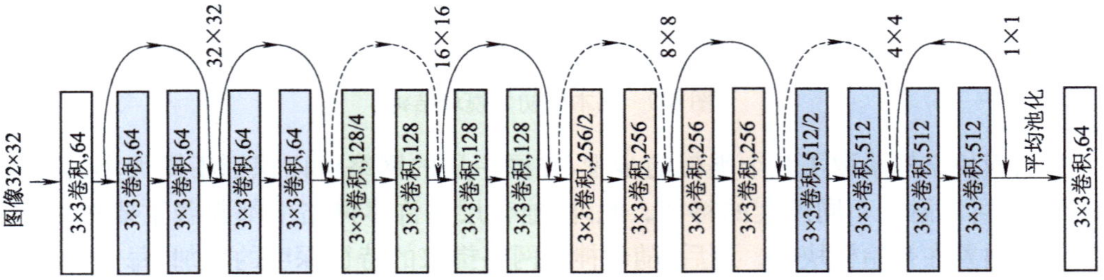

图 6-12　ResNet18 的基本结构(单位：mm)

另外，ResNet 网络使用恒等跳跃连接将权重层输入复制到下一层以实现体系结构，并且提供了上一层的输出和不变的输入。与其他体系结构模型相比，ResNet 模型的优势在于：即使体系结构越来越深入，该模型的性能也不会降低。此外，该方法在提升模型性能的前提下，还减轻了网络的计算量。

6.1.3　基于全卷积神经网络的裂缝分割方法

前文主要介绍了基于卷积神经网络的裂缝分类方法，研究裂缝的分类问题实现了裂缝的识别，还需进一步对裂缝进行分割。本部分主要对基于全卷积神经网络的裂缝分割方法进行阐述和介绍，分割问题是通过语义对图像中每一个像素点的判断来实现裂缝的像素级检测，达到裂缝定位的作用，但是这也增加了神经网络判断图像的难度，不仅需要对图像中位置信息进行识别判断，还需要判断图像中具体的语义信息，基于全卷积神经网络的裂缝分割流程如图 6-13 所示。

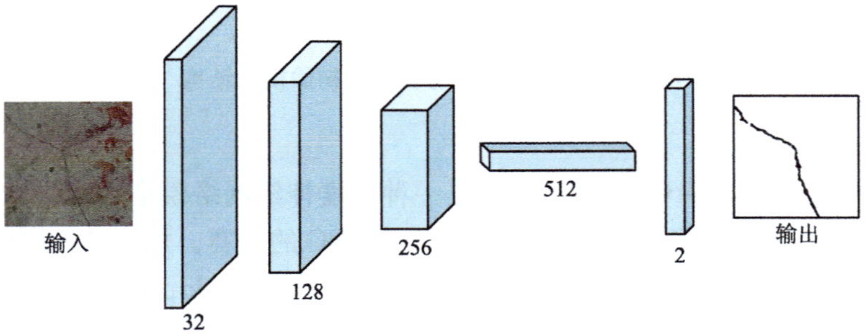

图 6-13　基于全卷积神经网络的裂缝分割流程(单位：mm)

目前裂缝分割算法大多都以编解码器结构的全卷积神经网络为基本模型，利用SegNet网络作为裂缝检测的基础网络，并根据裂缝图像特点对网络进行改进，可以有效地消除噪声干扰并提取更清晰的裂缝边缘；利用改进的FCN网络对裂缝进行像素级检测，并且得到了很好的效果；利用U-Net作为裂缝分割的基础网络，并针对数据集的特点设计了不同的改进网络，对裂缝进行了很好地分割。本部分主要介绍这三种全卷积神经网络的图像分割模型，包括FCN网络、SegNet网络以及U-Net网络的相关理论，并在下文通过实验验证何种图像分割网络更适合于裂缝分割的任务，为铁路隧道裂缝图像的像素级检测提供最优的基础模型。

1. FCN 网络

FCN网络是端到端的全卷积神经网络结构，输入是任何大小的图像，并且可以实现每个像素的分类，成为大多数研究学者进一步研究使用卷积神经网络技术解决图像分割问题所用的基本网络框架。FCN网络使用反卷积来对功能图进行上采样和还原，并根据集成网络的不同方式构建不同的网络结构，主要包括FCN-32s、FCN-16s和FCN-8s三种，相比之下，FCN-8s网络的分割效果最佳。FCN-8s网络结构如图6-14所示。

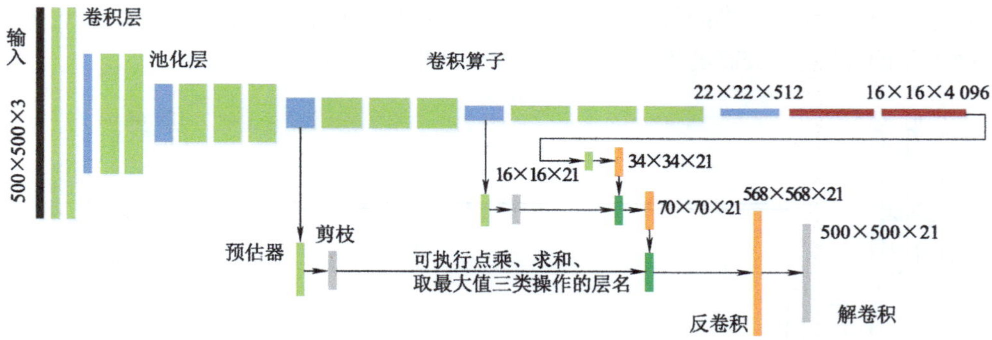

图 6-14 FCN-8s 网络结构(单位:mm)

尽管FCN-8s融合了部分底层特征，卷积层在不同阶段提取的特征具有不同的含义，网络较浅的层主要用于学习详细信息，网络较深的层主要用于学习抽象语义信息，并且仅靠从顶层提取的特征进行上采样无法获得准确的分割结果，而是使用跳跃结构将底层细节与高层语义信息相结合，这样完成了特征图之间的多尺度融合，并允许得到较为准确的分割结果。但它没有考虑像素之间的空间相关性，并且上采样功能仍然相对模糊，导致图像分割的结果还不够详细，需进一步提升。

2. SegNet 网络

SegNet网络是一种端到端的全卷积神经网络结构，与FCN网络相比，SegNet网络通过引入编码器并存储最大池索引，在对每个卷积层进行批量标准化和激活操作同时，在解码层中释放SegNet网络，以此存储特征信息。本书利用SegNet网络同时识别隧道衬砌的裂缝，网络的输入为原始图像，输出为与图像对应的预测像素标记。SegNet的网络结构如图6-15所示。

SegNet包含编码器网络和对应的解码器网络，网络的编码器由VGG16网络中的前13个卷积层组成，由于每个编码层都有对应的解码器层，所以解码器网络和前面的解码器网络的层数一样，也有 13 层，最终的解码器输出输入到 Softmax 层，以独立计算每个像素的分类概率，以实现图像逐像素的分割。

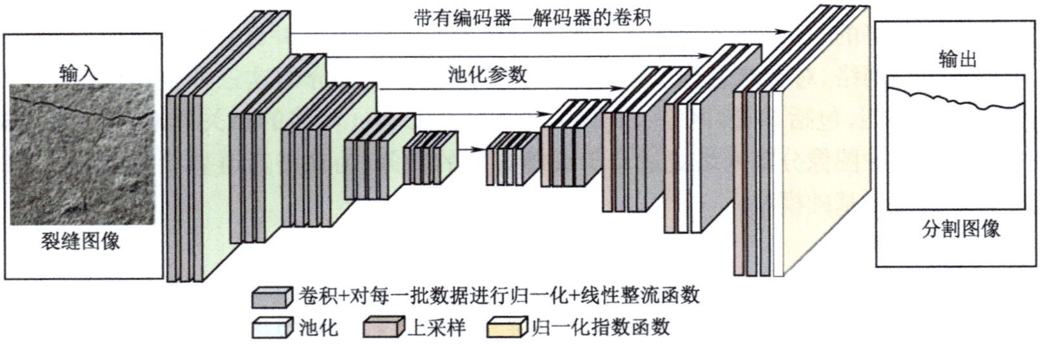

图 6-15 SegNet 网络结构

3. U-Net 网络

U-Net 网络是在 FCN 网络的基础上，采用对称的编码器和解码器结构设计，并添加了跳跃连接，将低维与高维的特征进行融合，通过这种方式可以对于每一个像素点进行更加准确地预测，达到了较高的提取精度。U-Net 网络结构如图 6-16 所示。

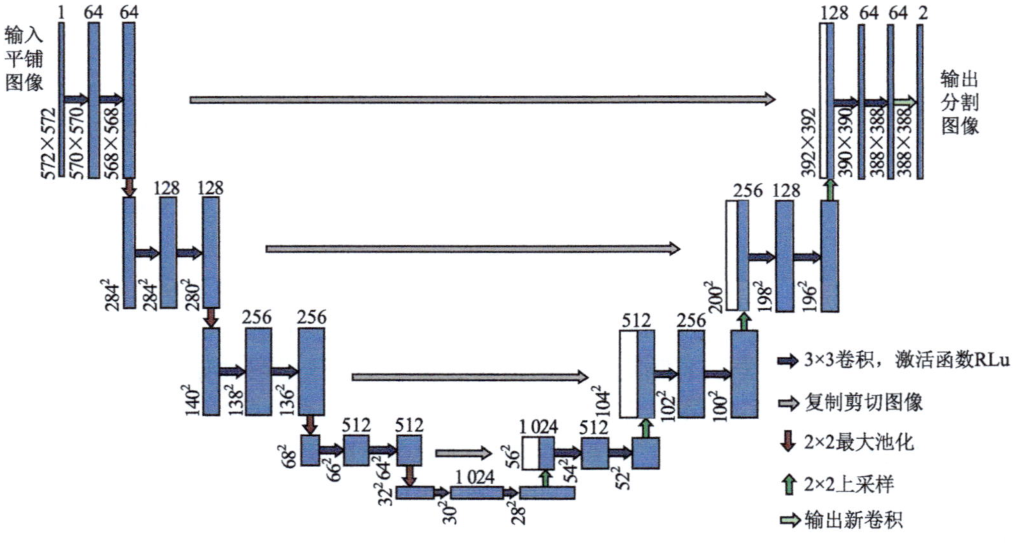

图 6-16 U-Net 网络结构(单位:mm)

U-Net 与 FCN 和 SegNet 类似，该网络的编码器遵循典型的卷积网络结构，用于从图像中提取空间特征。一个卷积块包含两个 3×3 的卷积操作序列，然后是一个最大池操作，池大小为 2×2，步长为 2，这个区块重复四次，并且在每次下采样后，卷积中的滤波器数量增加了一倍，最后是两个 3×3 卷积运算的级数连接编码器和解码器，解码器根据编码器的特征构造分割图。该网络的解码器使用一个 2×2 转置的卷积运算，然后再次执行两个 3×3 的卷积运算序列。作为编码器，这一系列的上采样和两个卷积操作重复四次，减少滤波器的数量为一半在每个阶段，最后进行 1×1 的卷积运算，生成最终的分割图。

6.2 铁路隧道裂缝图像处理的方法

铁路隧道裂缝图像是从隧道壁或隧道顶端使用数字图像采集设备采集得到的，在采集过程中存在众多干扰因素，铁路隧道光源照明偏暗，应急照明的分布相对分散，这使得照明非常不均匀，容易受图像传输和周围环境的影响，从而导致图像中裂缝像素的亮度不均匀。

首先，这些干扰因素导致所收集图像含有很多的噪声，使得图像中的一些有用信息变得很模糊，从而影响后续裂缝的识别和检测；其次，诸如油漆和水渍之类的污染使得难以区分图像背景中的破裂像素和背景像素，而且隧道中的裂缝是线性的且不连续的，有些裂缝很细小，并且很多掺杂着噪声，神经网络很难去分辨它们；最后，因隧道图像中裂缝的像素占整张图像像素的数量非常少，导致裂缝像素正负样本极度不平衡，通过对隧道裂缝图像的特征进行分析，可以得知从背景复杂的隧道裂缝图像中提取裂缝的特征信息很不容易。

本节针对铁路隧道图像的特点，通过数字图像处理技术对裂缝图像数据集进行预处理操作，并对裂缝检测领域的公共数据集和自制数据集进行介绍，包括自制数据集的裂缝图像数据标签的生成方法和软件标注的流程。

6.2.1 铁路隧道裂缝图像预处理

有效的图像预处理方法对于后续的裂缝识别和分析至关重要，本部分主要采用图像增强、图像滤波、数据扩增和图像归一化等方法对铁路隧道裂缝图像进行预处理。

1. 图像增强

目前图像增强处理的方法有很多，本书主要利用 Retinex 算法在增强处理上的特点，利用该算法对铁路隧道裂缝图像进行增强，包括单尺度 Retinex 算法（single-scale retinex, SSR）和多尺度 Retinex 算法（multi-scale retinex, MSR），其中，SSR 算法是基于 Retinex 算法实现的，它的主要思想是使用低通滤波函数的功能来预先估计图像的照亮部分，并从原始图像中删除该部分，仅保留图像的反射部分以达到数据增强的效果。MSR 算法是将多个单尺度 Retinex 算法进行相应的加权处理，并进行计算。裂缝图像增强结果如图 6-17 所示。

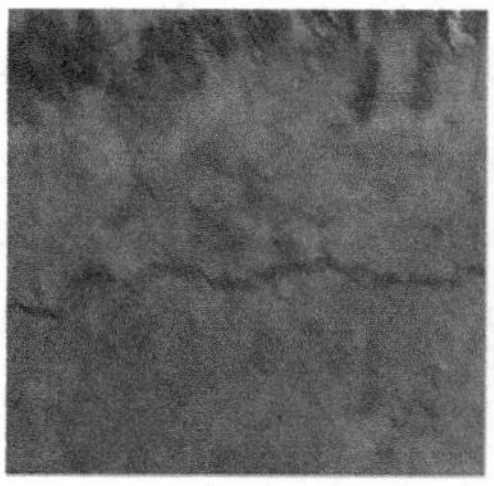
（a）原始图像

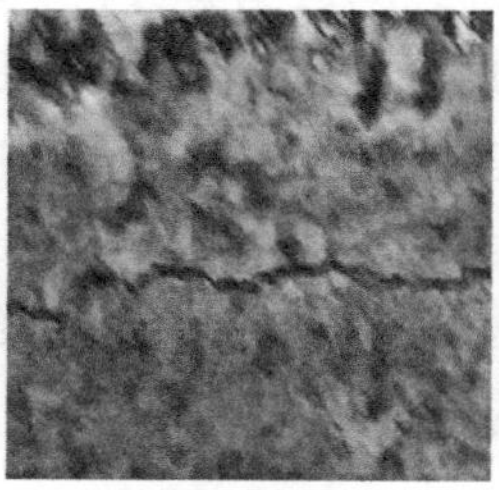
（b）SSR算法

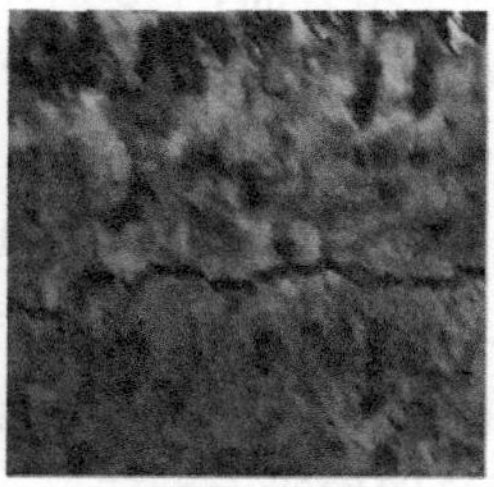
（c）MSR算法

图 6-17 裂缝图像增强结果

在采集图片时因隧道环境和拍摄的一些隧道图像比较模糊，从图 6-17 中的原始图像中可以看出，采用 SSR 算法和 MSR 算法都能达到图像增强的效果，但与 SSR 算法相比，MSR 算法的性能可以达到更符合人类视觉观察的效果。本书将图像增强之后所得到的结果都作为模型的训练数据集，在对图像增强的基础上也对铁路隧道裂缝的原始数据集进行扩充。

2. 图像滤波

由于隧道较黑暗，为采集到清晰的图像，在利用特定的 CCD 相机之外，必须外加光源，这就使得在采集图像时产生高斯噪声，高斯滤波器可以很好地抑制高斯噪声，使用高斯滤波对图像进行处理，主要作用是对图像进行去噪，平滑图像。因此本书采用高斯滤波器对隧道裂缝图像进行滤波。一个二维的高斯函数的计算见式(6-4)。

$$N(x,y)=\frac{1}{\sqrt{2\pi\sigma^2}}e^{-\frac{x^2+y^2}{2\sigma^2}} \tag{6-4}$$

式中，(x,y)为点坐标；σ 为标准差。

高斯滤波器的二维分布在离均值 3 个标准差处非常接近于 0，99％的分布在 3 个标准差范围内，这意味着通常可以将内核大小限制为仅包含均值三个标准差以内的值。在铁路隧道的复杂环境下，图像采集设备由于光照和光线不均匀而产生的噪声大多服从正态分布，高斯滤波器可以很好地保留裂缝图像边缘的详细信息。图 6-18 为隧道裂缝图像高斯滤波的结果。

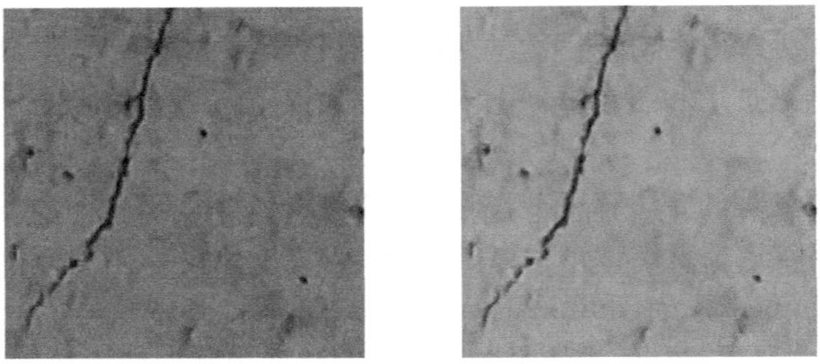

滤波前　　滤波后

图 6-18　高斯滤波结果

3. 数据扩增

在数据扩增方面，主要对用于训练的数据集进行某种变换操作，因此在有限的数据集上可以获得良好的结果。深度学习需要比传统机器学习大得多的样本数据。本书裂缝图像检测中使用的深度学习算法也是如此。在实际工作中，不可能收集这么大的样本数据集。因此，通过数据扩增的方式来大规模地增加样本数据，使得训练出的模型具有更好的泛化能力。为了解决深度学习方法在裂缝识别中数据缺乏的问题，本书研究利用一系列数据扩增的方法来扩展裂缝训练的样本集。

(1)裂缝图像镜面翻转

裂缝图像镜面翻转通常是指利用左右和上下翻转方式进行数据扩增，裂缝图像属于不对称的图像，可以利用这种方式进行数据扩增，对裂缝图像左右翻转和上下翻转之后都会得到两条新的数据。裂缝图像镜面翻转结果如图 6-19 所示。

图 6-19 裂缝图像镜面翻转结果

(2)裂缝图像随机旋转

裂缝图像随机旋转是很常见的一种图像扩增方法,将输入的图像按一定的旋转角度围绕其旋转的点进行转动,旋转之后所得裂缝图像的大小不会发生改变。裂缝图像随机旋转结果如图 6-20 所示。

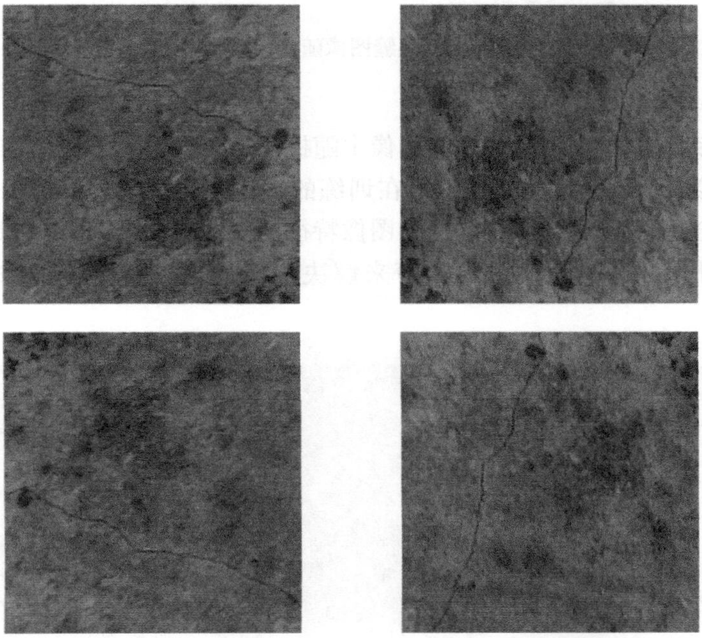

图 6-20 裂缝图像随机旋转结果

(3)裂缝图像随机裁剪

裂缝图像随机裁剪是将原始的裂缝图像随机采样裁剪截取图像的一部分作为新的数据,然后将该部分的大小调整为原始图像的大小。在深度学习领域,图像的随机裁剪已成为一种非常普遍的数据扩增方法,比如,一张 512 mm×512 mm 的图像可以被随机裁剪出多张不同分辨率的局部图像,这样就会得到很多不同的数据,但是为了防止裁剪的时候发生重叠的现象,一般从图像的四个边上开始进行裁剪。裂缝图像随机裁剪结果如图 6-21 所示。

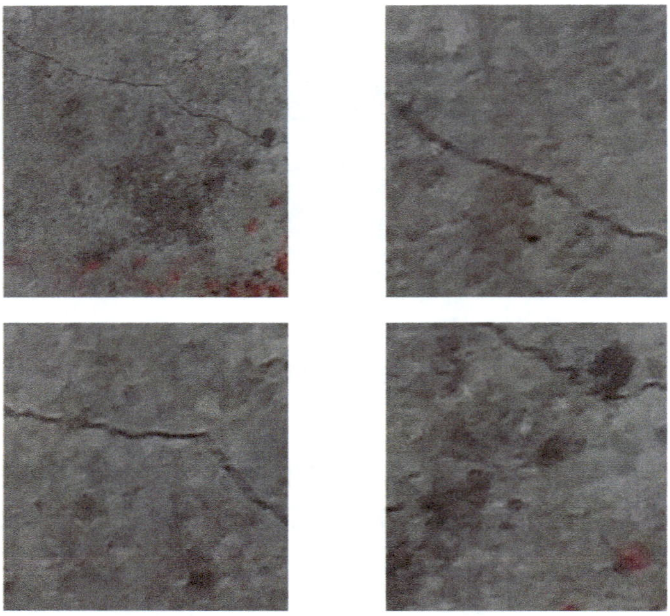

图 6-21 裂缝图像随机裁剪结果

(4)裂缝图像添加噪声

图像中有多种多样的噪声，通过向图像中随机添加少量噪声可以增加样本的数量，并且具有防止过拟合的效果。当神经网络在训练的过程中尝试去学习图像的高频特征时，就会使得过拟合现象极易发生，这会影响图像特征的提取与拟合，同时对低频特征也会产生一些影响，因此可通过随机添加噪声来解决上述问题。裂缝图像添加噪声结果如图 6-22所示。

图 6-22 裂缝图像添加噪声结果

4. 图像归一化

在数字图像采集工具中获得的图像是彩色图像，而彩色图像比灰色图像占用更多的内存。对于本书的隧道裂缝检测来说，只需要裂缝的灰度值和每个像素之间的位置信息就可以达到裂缝检测的效果，因此，将彩色图像灰度化处理以达到图像的归一化，从而简化图像处理的复杂性并使用较少的存储空间。本书通过对每个像素的 RGB 分量值进行加权平均，从而获得所期望的灰度图像。其中，裂缝图像灰度归一化结果如图 6-23 所示。

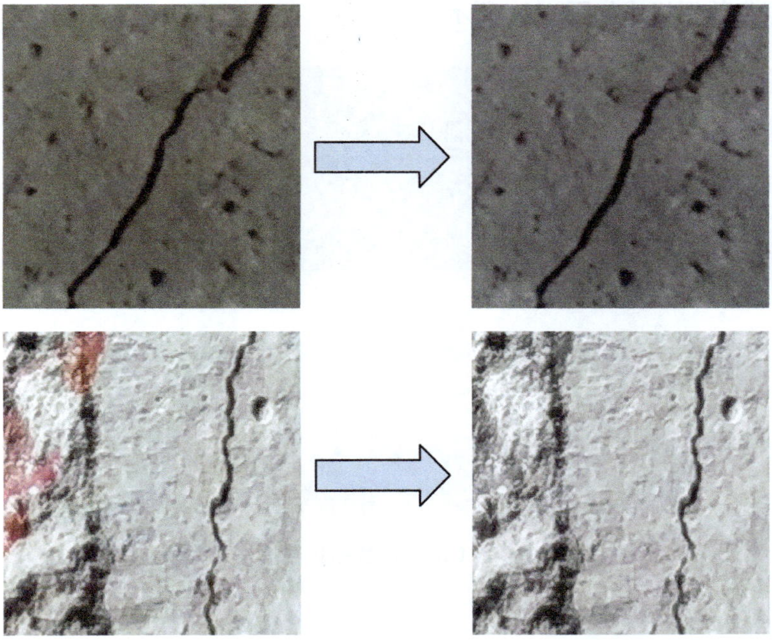

图 6-23 裂缝图像灰度归一化结果

6.2.2 裂缝图像数据集

1. 裂缝图像分类数据集

(1)SDNET2018 数据集

SDNET2018 是带注释的图像数据集，用于训练、验证和测试基于人工智能的混凝土裂缝检测算法，该数据集包含超过 56 000 张有裂缝和无裂缝的路面、墙壁和桥梁的图像，里面包含的裂痕窄至 0.06 mm，宽至 25 mm，并且数据集还包括带有各种障碍物的图像，包括阴影、表面粗糙度、缩放、边缘、孔洞和背景碎片。SDNET2018 数据集的信息见表 6-1。

表 6-1 SDNET2018 数据集

位置	有裂缝	无裂缝	训练集	测试集
路面	2 608	21 726	21 900	2 434
墙壁	3 851	14 287	16 324	1 814
桥梁	2 025	11 595	12 259	1 361

(2)CRACK 数据集

SDNET2018 数据集包含路面、墙壁和桥梁裂缝，本书的研究对象是铁路隧道裂缝图像目标，为了获得足够多的铁路隧道裂缝图像来训练模型，我们在一些文献和资料中搜集了部分铁路隧道裂缝图像样本数据，并且通过项目合作方获得了部分数据来补充铁路隧道裂缝图像数据集，构建铁路隧道裂缝图像数据集(CRACK 数据集)，数据集分为两类：有裂缝(1 000 例)和无裂缝(1 000 例)，图像大多数背景较为复杂，并且裂缝种类多样。

CRACK 数据集数据格式如图 6-24 所示。

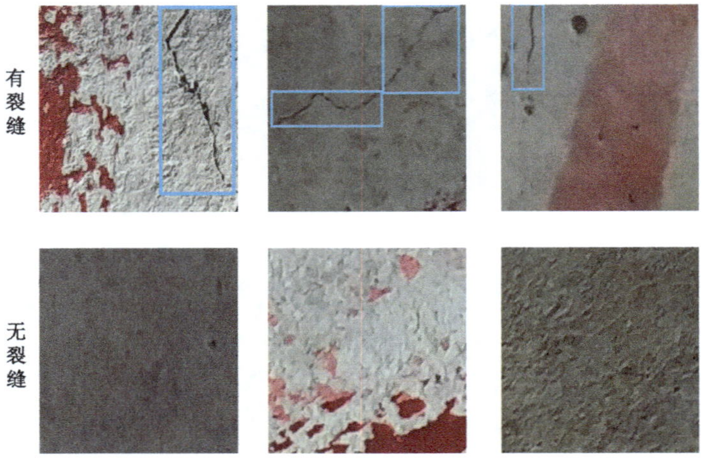

图 6-24　CRACK 数据集数据格式

2. 裂缝图像分割数据集

(1)CrackSegNet 数据集

CrackSegNet 是带注释的隧道裂缝图像数据集，共有 919 张裂缝图像及其对应的基准真实值(ground truth)，采用数码单镜头反光相机在某隧道内不同光照条件下拍摄了 409 张图像，分辨率为 4 032 mm×3 016 mm 像素。图像以 jpg 格式存储，平均文件大小约为 5 MB。这些裂缝图像是用软件包 Photoshop 手工注释的。裂缝图像标记是按裂缝像素标记为 0，背景像素标记为 1，允许以二进制格式存储图像信息，图像都被裁剪成 512 mm×512 mm 的大小，以便于多批同时进行网络输入的训练。CrackSegNet 数据集数据格式如图 6-25 所示。

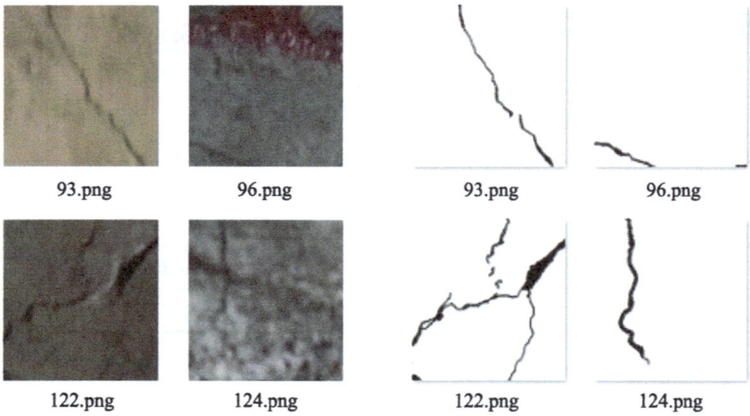

图 6-25　CrackSegNet 数据集数据格式

(2)Tunnel Crack 数据集

Tunnel Crack 数据集是 CRACK 数据集的子集，是将有裂缝的图像进行像素级的标注，本书采用专业的语义分割标注软件 Labelme 进行裂缝图像标注，建立 Tunnel Crack 数据集，共有 1 000 张图片。语义分割任务的数据集标注和目标检测的标注有很大的区别，在目标检测的标注中，仅仅需要绘制出目标的矩形框和相应的类别，而语义分割中的标注相对而言更为复杂，尤其是裂缝这种细长的目标，需要沿着裂缝的边缘逐个点进行标注直至绘制出所有的轮廓，形成一个封闭空间。图 6-26 为 Labelme 标注裂缝图像的界面，图 6-27为使用 Labelme 标注裂缝图像流程。

图 6-26　Labelme 标注裂缝图像的界面

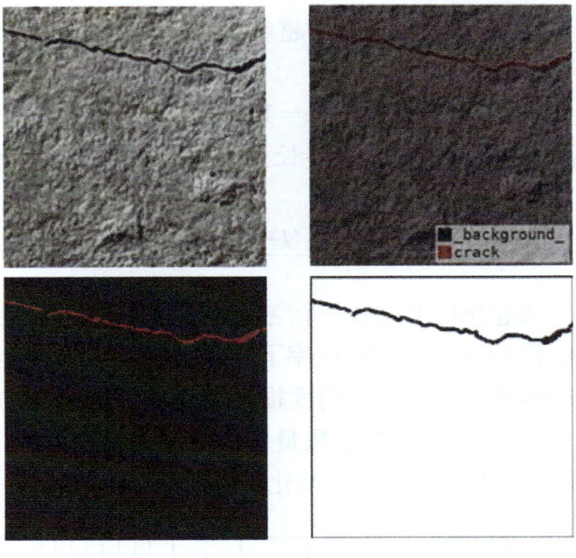

图 6-27　Labelme 标注裂缝图像流程

6.3　基于改进残差网络的铁路隧道裂缝检测

裂缝图像是基于纹理特征进行区分的，而且细小裂缝和含有其他噪声的无裂缝之间的纹理特征非常的相似，仅在微小特征上存在差别。针对铁路隧道裂缝的识别问题，提出一种融合空洞金字塔池化模块改进 ResNet 的裂缝分类模型，并采用改进损失函数的方法来提高模型的检测性能。

本节首先将 6.1 节介绍的 VGGNet、GoogLeNet 和 ResNet 在公共裂缝数据集上进行实验对比，验证分析 ResNet 网络对隧道裂缝识别的优势，并在此基础上进行改进；其次将具有不同扩张率的空洞卷积块与传统的卷积块组合形成金字塔空洞卷积模块；再将该模块放在 ResNet 的底部以增强其局部感受野，实现多尺度裂缝信息的提取；然后利用基于度量学习的组合损失函数来解决相似类别之间出现的裂缝漏检和误检的问题，进一步提升铁路隧道裂缝检测的效果；最后将改进的算法在 SDNET2018 数据集和 CRACK 数据集上与文献中方法和 ResNet 等其他 3 种方法进行实验验证。结果表明改进的方法与原始残差网络等方法相比检测结果有明显提升。

6.3.1 改进 ResNet 的裂缝分类模型

1. 空洞卷积

传统卷积神经网络的池化层在减小图像尺寸和增大图像特征图的步长方面具有一定的优势，但会出现裂缝图像细节信息容易丢失的问题。从而导致复杂背景下裂缝误检和漏检等问题。空洞卷积(dilated convolutions，DC)是一种特殊的卷积方式，在卷积内核的像素之间插入零值以提高中间特征图的图像分辨率，从而在具有扩大的卷积内核字段的卷积神经网络中启用密集特征提取，可用于多尺度特征图像的提取。通过引入多个扩张率(dilation rate)参数，以扩展卷积核的接收场，从而以较弱的辨别力改善目标区域。若原来的卷积核大小为 k，空洞卷积的一个新的超参数为 d，那么加入$(d-1)$个空格后的卷积核大小 n 的计算如下：

$$n=k+(k-1)(d-1) \tag{6-5}$$

进而，假定输入空洞卷积的大小为 i，步长为 s，填充的像素数为 p，空洞卷积后特征图大小 o 的计算如下：

$$o=\frac{i+2p-k-(k-1)(d-1)}{s}+1 \tag{6-6}$$

空洞卷积包括在普通卷积核中增加一个空格来扩展感受野，需要手动设置扩张率，假设一个 3×3 的卷积核，图 6-28 为不同扩张率下的感受野。针对裂缝分类时出现的特征图卷积或池化容易降低分辨率进而产生的精度损失的问题，可采用添加空洞卷积的方法将散布的卷积增加感受野，同时确保在参数数量保持不变的情况下输出的特征图的大小保持不变，保留裂缝的细节信息，提升算法的泛化能力。

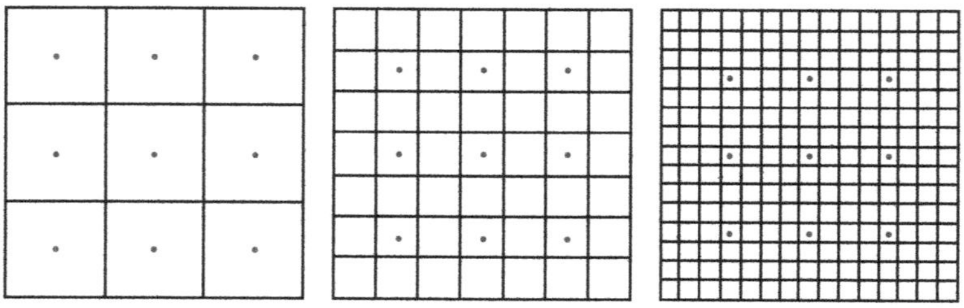

(a) 扩张率为1　(b) 扩张率为2　(c) 扩张率为3

图 6-28　不同扩张率下的感受野

2. 金字塔空洞卷积模块

由于隧道内环境的问题，除了图片采光较差，还极易与背景环境（如水渍、油漆、噪声等）存在低对比度现象，且可能具有相似强度的阴影，通过聚集小的区域来区分图像中类别是很困难的，在空间金字塔池化下进行空洞卷积，构建金字塔空洞卷积（pyramid dilated convolution，PDC）模块，如图 6-29 所示。它能充分发挥空间金字塔池化模块和空洞卷积模块的优点，通过该操作，扩张的卷积在保持参数数目不变且不合并的情况下增加了感受野，这确保了输出的特征地图的大小保持不变，而卷积输出包含多尺度信息，并且具有不同扩张率的 PDC 模块，可以使得隧道裂缝图像的细节信息得到有效地提取，提高尺度不变性并且降低过拟合现象。

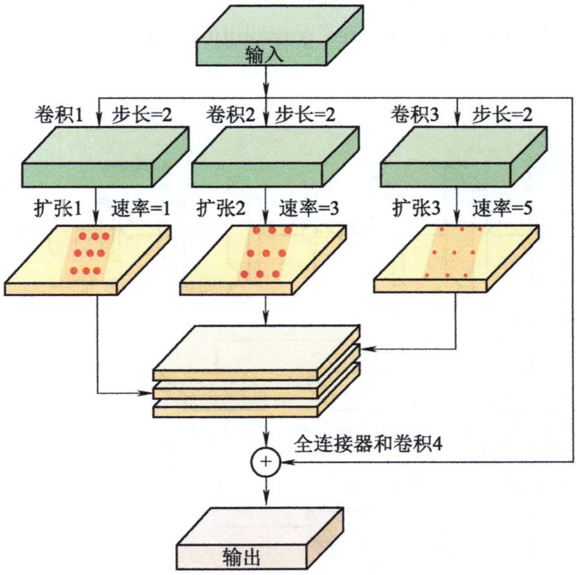

图 6-29　金字塔空洞卷积模块

在该模型中，假设输入为 X，输出为 Y，Dilate1-Dilate3 用来表示扩张的卷积核；Conv1-Conv4 用来表示普通的卷积核；F_1、F_2、F_3 表示以不同的速率进行卷积后产生的输出；$\otimes$表示卷积；{}表示级联算法，则 Y 可用式(6-7)表示。

$$\begin{aligned}F_1&=X\otimes \text{Conv1}\otimes \text{Dilate1}\\F_2&=X\otimes \text{Conv2}\otimes \text{Dilate2}\\F_3&=X\otimes \text{Conv3}\otimes \text{Dilate3}\\Y&=\{F_1,F_2,F_3\}\otimes \text{Conv4}+X\end{aligned}\tag{6-7}$$

金字塔空洞卷积模块并行使用了具有不同扩张率的空洞卷积层，实现以多个比例获得裂缝像素特征和隧道裂缝图像的上下文语义信息，通过并联的空洞卷积对图像中的裂缝进行特征提取，然后将提取的特征进行不同尺度的融合，同时使用空洞卷积可以有效地扩展卷积层的感知范围。这个扩张之后的金字塔空洞卷积模块模拟了人眼的操作，当人眼观察对象的特征时，它会以不同的比例连接特征。金字塔空洞卷积模块将来自不同空洞卷积块的输出以不同的扩张速率进行级联，从而在一定程度上模拟人眼的操作，空洞卷积具有与输入大小相比恒定的输出大小的特性，并且这种改善感受野的方式非常适合 ResNet 的底层。

3. 基于金字塔空洞卷积的 ResNet 网络

基于卷积神经网络的模型中存在一些不足，例如，网络无法训练为增强感受野而添加的池化层的参数，导致有关小物体的信息无法重建。这些对于常见的卷积神经网络中的 ResNet 也是不可避免的。ResNet 网络中使用的残差算法使图像分类更加准确，因为残差算法大大提高了神经网络提取特征的能力。ResNet 在改善感受野方面不是很有效，因此导致无法正确提取图像的某些特征。为了改善 ResNet 网络底层感受野的接收范围并提高 ResNet 在隧道裂缝图像分类中的准确性，通过在 ResNet 的底部添加空洞卷积来修改网络结构。将具有不同扩张率的空洞卷积块与传统的卷积块相结合，以形成金字塔空洞卷积模块。然后，我们将该模块放置在 ResNet 网络的底部，以增强其接收范围，设计出一种改进残差网络 PDC-ResNet(pyramid dilated convolution residual network，PDC-ResNet)模型，其结构如图 6-30 所示。

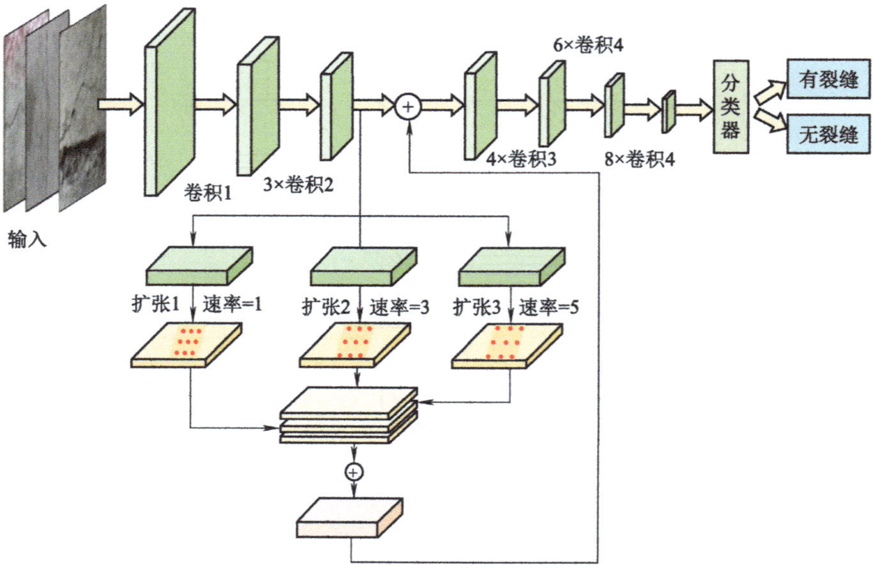

图 6-30　基于金字塔空洞卷积的 ResNet 网络结构

由图 6-30 可以看出，金字塔空洞卷积模块被集成到 ResNet 的底部，在扩张的金字塔卷积结构中，具有不同扩张速率的空洞卷积可以在没有合并的情况下增加感受野。此外，金字塔结构可以连接来自不同接收域的信息，从而提高了网络性能。在修改 ResNet 时，由于隧道裂缝图像识别属于二分类，而原始的 ResNet 基本结构适合进行多分类。因此，我们将每个卷积块的卷积内核数量减少了一半，并且进行了一些实验来选择模块的扩张率。最后针对数据集选择 1、3 和 5 作为扩张率，并以不同的扩张率将不同的扩张卷积的输出串联起来。

4. Softmax 分类

在图像分类中，CNN 通常使用 Softmax 分类器作为分类层，该方法能降低神经网络训练的难度，加快训练的速度，并且计算量较小，网络收敛速度也相对较快。所以本书中铁路隧道裂缝检测网络输出层采用 Softmax 分类器，预测函数的公式如下：

$$f_\theta(x^{(i)}) = \begin{vmatrix} P(y^{(i)} = 1 | x^{(i)}, \theta) \\ P(y^{(i)} = 2 | x^{(i)}, \theta) \\ \vdots \\ P(y^{(i)} = k | x^{(i)}, \theta) \end{vmatrix} = \frac{1}{\sum_{j=1}^{k} e^{\theta_j^T x^{(i)}}} \begin{vmatrix} e^{\theta_1^T x^{(i)}} \\ e^{\theta_2^T x^{(i)}} \\ \vdots \\ e^{\theta_k^T x^{(i)}} \end{vmatrix} \tag{6-8}$$

式中，$f_\theta(x^{(i)})$为最终预测的样本属于某个类别的概率；θ为模型的参数；P为估计x的每一种分类结果出现的概率；$y^{(i)}$为预测的标签；$x^{(i)}$为给定的测试值；j为真实的标签；k为样本的类别数，$\frac{1}{\sum_{j=1}^{k} e^{\theta_j^T x^{(i)}}}$为对所有概率值进行归一化操作。因铁路隧道裂缝检测算法是二分类问题，故式中k的值为2。

6.3.2 实验设置

1. 实验环境

本书在Ubuntu16.04操作系统使用Python编程语言上进行相关实验，实验基于PyTorch的深度学习框架，硬件平台为Intel I7-9750H、Nvidia GTX1660Ti、16GB内存。

2. 基于度量学习的组合损失函数

实际采集的铁路隧道裂缝数据集两类之间的差异并不是很明显，例如有裂缝的图片和有水渍等复杂背景的图片，细小裂缝图片和无裂缝的图片。有些图片背景存在一定相似性，如果仅从图像的局部信息上很难判断是否存在裂缝，所以要提升分类的精度还要更好地解决正确判断区别两个相似类别之间差异的问题。考虑到实际工程应用的需求，应避免增加太多的网络参数，导致网络复杂度增加，影响训练的速度。因此，本书从损失函数角度进一步提高裂缝识别的性能，设计基于度量学习(metric learning)的损失函数衡量图像特征之间的差异性，其计算公式如下：

$$Loss_r = \max\{\|f(A)-f(P)\|^2 - \|f(A)-f(N)\|^2 + C, 0\} \tag{6-9}$$

式中，$Loss_r$为度量学习的损失函数；A为目标图像的特征；P为提取的图像特征；N为与A不同类别的特征；C为大于0的数。$\max\{x,0\}$为以下关系：当输入值x比0小的时候，$\max\{x,0\}$的输出值等于0；当输入值x比0大的时候，$\max\{x,0\}$的输出值等于x。所以，在度量学习的损失函数中，当x比0小的时候，表示相同类别之间的距离已经特别小，并且小于不同类别特征之间的距离。

由于裂缝识别任务是一个分类问题，因此，最终对裂缝的预测结果采用交叉熵(binary cross entropy，BCE)损失函数，其计算公式如下：

$$Loss_c = -[y\ln y' + (1-y)\ln(1-y')] \tag{6-10}$$

式中，$Loss_c$为交叉熵损失函数；y'为预测的图像标签概率值；y为实际的图像标签。

总的损失函数为

$$Loss_{总} = \alpha Loss_r + \beta Loss_c \tag{6-11}$$

式中，α为度量学习损失函数的权重；β为交叉熵损失函数的权重，两者均为大于0的数，在裂缝检测实验中，将参数α、β都设置为1。

3. 评价指标

为了更好地评估分类网络的性能，使用精准率(Precision)、召回率(Recall)、F1得分(F1-

Score)三个指标来评价铁路隧道裂缝分类模型的优劣。三种指标的计算方式分别如下：

(1)精准率突出显示误检的比例

$$\text{Precision}=\frac{TP}{TP+FP} \tag{6-12}$$

式中，TP(true positive)为真阳性，FP(false positive)为假阳性。精准率表示预测为真的数据里预测正确的数据个数的比例，该值越接近1代表性能越好。

(2)召回率突出显示漏检的比例

$$\text{Recall}=\frac{TP}{TP+FN} \tag{6-13}$$

式中，FN(false negative)为假阴性。召回率表示实际为真的数据里预测正确的数据个数的比例，该值越接近1代表性能越好。

(3)F1-Score得分综合考虑了精准率与召回率

$$\text{F1-Score}=\frac{2\times\text{Precision}\times\text{Recall}}{\text{Precision}+\text{Recall}} \tag{6-14}$$

同样，该值越大代表模型性能越好。

4. 实验细节

利用6.2.2节介绍的公共裂缝图像数据集(SDNET2018数据集)和实际收集的裂缝图像数据集(CRACK数据集)分别进行实验验证，并将裂缝图像和非裂缝图像分别标记为正样本和负样本。SDNET2018数据集总共有56 000张图片，但是在原始的数据格式中，有裂缝和无裂缝的标签数量很不平衡，无裂缝的图像数量远远大于有裂缝的图像数量，所以为了保持标签数量的平衡，将有裂缝的图片进行数据扩增，最后使得两者比例为1∶1。CRACK数据集中有裂缝和无裂缝的图片分别有1 000张，通过数据扩增的方式分别将两类数据标签扩增到10 000张图片，最后两个数据集的训练集和测试集都按照4∶1的比例进行划分。

实验过程中通过控制单一变量，在同一运行环境下分别使用不同的算法进行模型训练，然后对模型训练和测试结果进行对比分析。本书的实验图片统一输入尺寸为512 mm×512 mm，模型使用Adam优化器，初始学习率设定为0.001，批量大小设定为32，迭代次数为100次。

6.3.3 实验结果与分析

1. SDNET2018数据集实验

首先利用VGGNet网络、GoogLeNet网络和ResNet网络在SDNET2018数据集上进行实验比较，验证何种网络更加适合于裂缝图像分类。其中，GoogLeNet网络采用Inception V4版本的网络进行实验，表6-2为该数据集在三种分类网络的准确率对比。

表6-2 三种分类网络的准确率对比

位置	VGGNet	GoogLeNet	ResNet
路面	94.28%	95.97%	96.32%
墙壁	89.65%	88.74%	89.54%
桥梁	88.34%	90.47%	92.31%

由表 6-2 可以看出，ResNet 在路面数据集上的准确率比 VGGNet 和 GoogLeNet 分别高 2.04%和 0.35%，ResNet 在墙壁数据集上的准确率比 VGGNet 的准确率相对差一些，相差 0.11 个百分点，但是比 GoogLeNet 的检测效果要好，VGGNet 在路面和桥梁数据集上检测的效果比 GoogLeNet 和 ResNet 都要差很多，这说明 VGGNet 比较适合背景相对简单的墙壁裂缝的识别。总的来说，ResNet 模型在裂缝图像分类方面比其他模型表现更好，这表明 ResNet 能够很好地提取图像特征。本书以 ResNet 作为隧道裂缝分类模型基础网络，并在基础上进行改进，以更好地检测隧道内的裂缝病害。

为验证改进方法的性能，利用已有文献、ResNet、PDC-ResNet、ResNet-改进 Loss 以及改进 ResNet 的方法（PDC-ResNet 与改进 Loss 相结合），对 SDNET2018 数据集进行裂缝识别，不同模型在裂缝检测上的准确率见表 6-3。

表 6-3　不同模型在裂缝检测上的准确率

位置	已有文献	ResNet	PDC-ResNet	ResNet-改进 Loss	改进 ResNet
路面	95.52%	96.32%	96.48%	96.36%	97.32%
墙壁	89.31%	89.54%	90.52%	90.71%	91.73%
桥梁	91.92%	92.31%	92.35%	92.54%	92.84%

为更清楚地显示不同模型在裂缝检测上的性能，图 6-31 为不同模型在裂缝检测上的准确率对比。

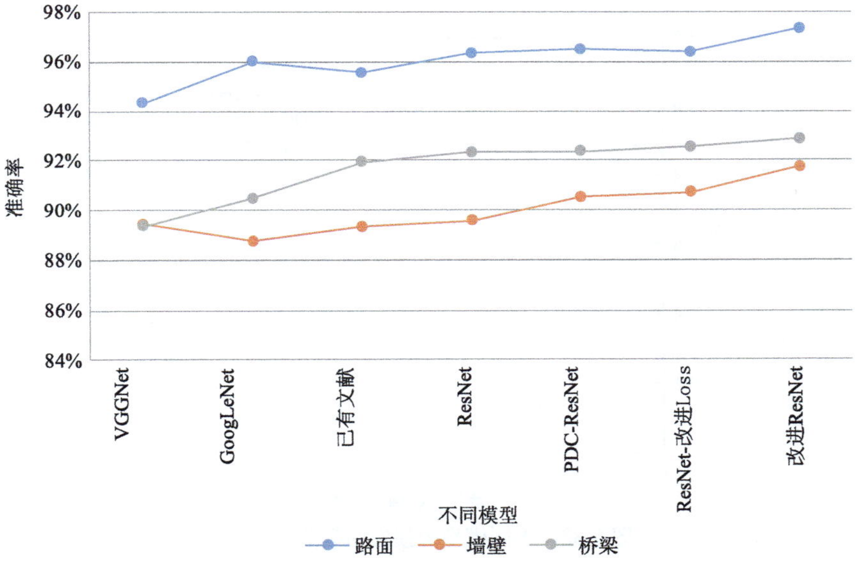

图 6-31　不同模型在裂缝检测上的准确率对比

通过表 6-3 和图 6-31 中不同实验在裂缝检测上的准确率对比可以看出，改进 ResNet 方法在路面、墙壁和桥梁这三种数据集上的准确率分别达到了 97.32%、91.73%、92.84%，与已有文献的方法相比模型性能都有较大提升，相比基础的 ResNet 网络来说具有一定的先进性，并且添加金字塔空洞卷积模块和基于度量学习的组合损失函数都能有效提升裂缝分类的准确率，上述结果也证明了使用改进的 ResNet 网络对裂缝图像进行分类的优势，这为铁路隧道裂缝检测提供了新的思路。

2. CRACK 数据集实验

针对自制训练集图像格式不一致且样本量小的问题，对图像进行预处理来防止网络过度拟合并提高网络的泛化能力。为体现模型及算法先进性，设立 4 组消融试验对比改进模型的性能。其中，不同模型的准确率曲线对比和损失函数曲线对比如图 6-32 和图 6-33 所示。

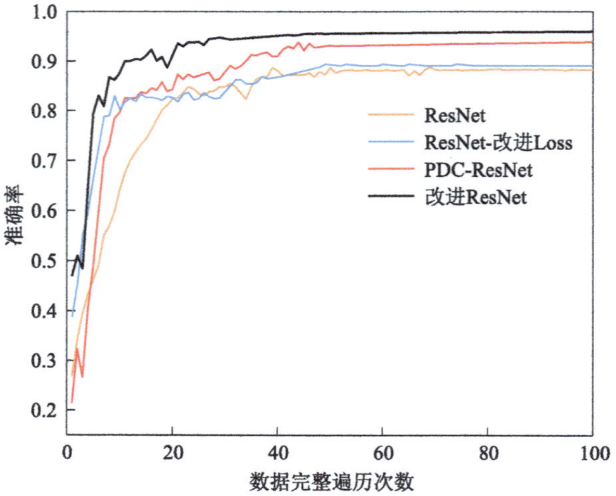

图 6-32 不同模型的准确率曲线对比

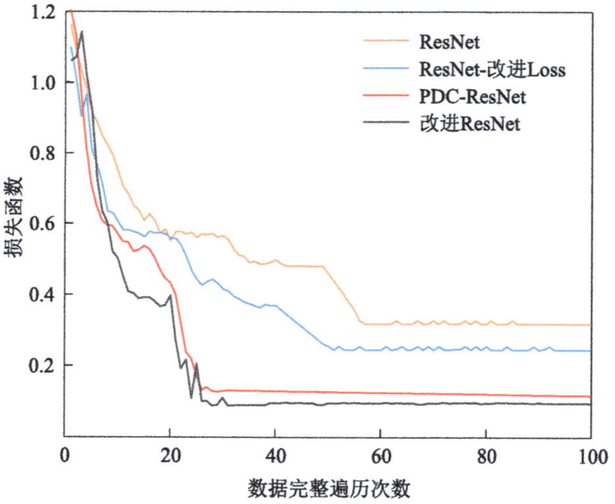

图 6-33 不同模型的损失函数曲线对比

由图 6-32 和图 6-33 可知，改进 ResNet 的方法精度增长稳定，且增长速度快于其他网络、PDC-ResNet 网络和改进的 Loss 函数的收敛速度和识别准确率也都高于基础的 ResNet 网络，并且随着网络训练迭代次数的增加，训练模型的误差慢慢减小，并且逐渐趋于稳定状态，网络也没有出现梯度消失的问题。在 CRACK 数据集上，为进一步验证网络的性能，利用精准率、召回率和 F1 得分来对模型进行评估，不同模型在铁路隧道裂缝检测上的性能对比见表 6-4。

表 6-4 不同模型在铁路隧道裂缝检测上的性能对比

模 型	精准率	召回率	F1 得分
ResNet	86.59%	84.32%	85.44%
ResNet-改进 Loss	87.42%	85.67%	86.54%
PDC-ResNet	89.21%	86.52%	87.84%
改进 ResNet	91.32%	92.14%	91.73%

表 6-4 列出了 4 种不同模型在铁路隧道裂缝检测上性能对比，为更清楚地展示改进模型在裂缝识别上的效果，利用柱状图的形式将各个模型的检测性能进行了对比，对比结果如图 6-34 所示。

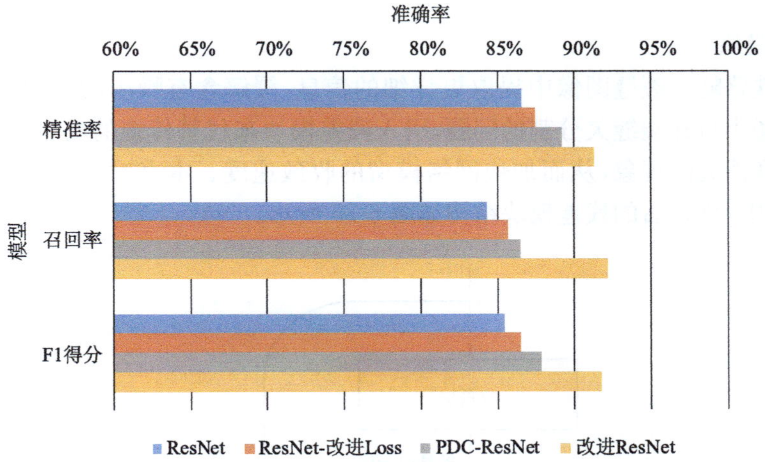

图 6-34 不同模型在铁路隧道裂缝检测上的性能对比

由表 6-4 和图 6-34 可知，PDC-ResNet 网络的精准率相比未改进的基础网络提高了 2.62%，召回率和 F1 得分也得到了很大的提升，分别达到了 86.52%和 87.84%，说明在 ResNet 底部添加金字塔空洞卷积模块之后可以获取到对图像的上下文信息和空间层级信息，使得隧道裂缝图像的细节信息得到有效提取，捕捉隧道数据的多尺度特征，提高分类的性能。采用改进损失函数的 ResNet 与 ResNet 两模型的精准率相比提高了 1.17%，召回率提高了 1.35%，改进损失函数的 F1 得分也有所提升，并且改进 ResNet 方法的精准率提高了 4.73%，召回率提高了 7.82%，F1 得分提高了 6.29%，说明加入度量学习的组合损失函数区分隧道图像的差异后，将相同类别的图像特征之间的距离拉近，将不同类别特征之间的距离拉远，可以在模型参数不变的情况下对分类精度有明显地提升，结果证明了改进的 ResNet 模型在区分不同类之间相似差异上的有效性。

6.4 基于改进 U-Net 网络的铁路隧道裂缝像素级检测

针对裂缝图像分割中的 U-Net 网络存在的问题和隧道裂缝图像的特征，本节提出一种融合优化的残差模块和注意机制模块改进 U-Net 的裂缝分割模型，并设计组合损失函数来更好地实现复杂背景下隧道裂缝的精准分割。

本节首先将 FCN、SegNet 和 U-Net 在公共裂缝数据集上进实验对比，验证分析 U-Net网络对隧道裂缝像素级检测的优势，并在基础上对网络进行改进；其次将 U-Net 模型的编码器和解码器与残差模块相结合，避免出现深层网络梯度消失的问题；然后在此结构基础上引入挤压和激励(squeeze and excitation，SE)模块来提升重要特征，抑制无用的特征，加强对裂缝边缘和形状等特征的权重分配；最后采用交叉熵损失和 Dice 损失相结合的组合损失函数来处理裂缝像素类别不平衡的问题，进一步获得更加精细的分割结果，并在公共隧道裂缝数据集和自制数据集上设计对比实验来验证改进模型的性能。结果表明该算法对裂缝的分割精度均优于其他方法，并且运行速度也有明显的提升。

6.4.1 改进 U-Net 的裂缝分割模型

1. 残差模块

为了从铁路隧道裂缝图像中提取更详细的信息，缓解含有噪声的图像环境下低对比度区域和暗场小目标裂缝欠分割的问题，引入残差模块来代替传统的卷积层，防止网络的加深产生梯度消失的现象，从而加快网络模型的收敛速度。本书对传统的残差模块进行改进优化，其中，优化后的残差模块结构如图 6-35 所示。

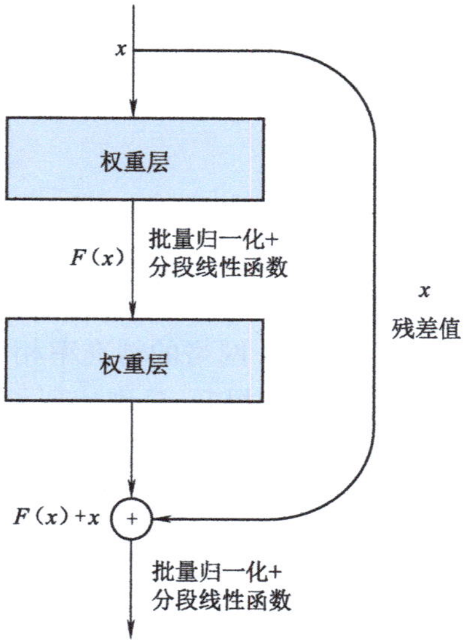

图 6-35 优化后的残差模块

2. SE 模块

虽然优化后残差模块的添加增强了特征的传播性能，并有效地提取了更详细的裂缝信息，但是在复杂背景的光照、亮度不均匀和对比度低的情况下，缺少用于低级特征的语义信息，这对隧道裂缝的像素级检测造成了干扰。通过引入通道注意力机制 SE(squeeze and excitation)模块来提取图像中高级语义信息，根据特征图像的值对每个特征通道进行加权，从而增加了重要特征的权重，并且减少了非重要特征的权重，这将提高特征提取的效率并改善了分割模型性能。SE 结构示意如图 6-36 所示。

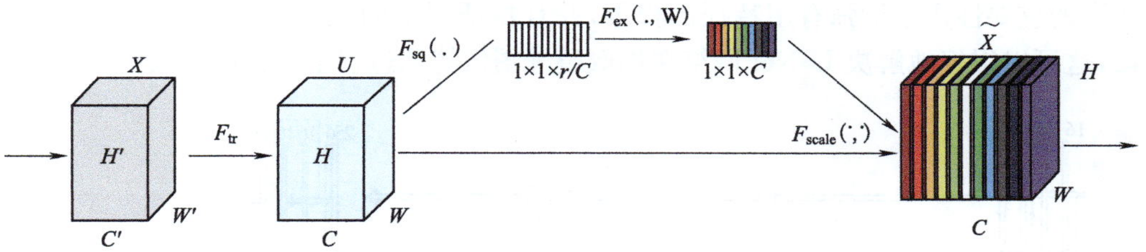

F_{tr}—特征映射，即一次普通的卷积操作；
F_{sq}—Squeeze 操作，采用全局平均池化，将每个通道上对应的空间信息($H \times W$)压缩到对应通道中变为 1 个数值；
F_{ex}—Excitation 操作，Excitation 就是两个全连接层；
F_{scale}—Scale 操作，将权重施加到 U 上面的每一个通道上。

图 6-36 SE 结构示意

在图 6-36 中，挤压(Squeeze)操作通过在空间维度($H \times W$)上聚合特征图来生成通道描述符合，允许网络各个层能够使用来自全局感知范围的信息。聚合后的激励(Excitation)操作采用自选通机制的形式，利用该种形式使用嵌入的方法作为输入，并将这些权重应用于特征图 U 以形成 SE 模块的输出，从而为每个通道设置调制权重，并将其直接馈送到网络的后续层中，与其他注意机制相比，通道注意力机制 SE 模块更易于实现和集成。

通过引入 SE 模块来增强裂缝图像分割的性能，期望通过对卷积特征的信道依赖进行建模来增强表示能力，这些模块最初被设想用于图像分类，使用自适应特征重新校准来增强信息特征，并以最小的计算负担抑制弱特征。由于 SE 模块是通用的，所以可以在任何架构的任何深度上利用它们，SE 模块在编码路径中比在解码路径中更强大，在解码路径中比在分类器后更强大，因为它们影响 U-Net 体系结构中的低层特征，从而显著提高整体性能。隧道裂缝图像的背景很复杂，使用此模块可以为输入特征图中的每个特征通道分配权重，增加与任务相关的像素权重，减少背景和噪声的影响，并获得更准确的语义信息，通过添加很少的参数就可以显著提高模型的性能，也不会大大影响模型计算的复杂度。

3. 改进的 U-Net 模型

为更好地利用 U-Net 网络实现隧道裂缝的精准分割，达到裂缝像素级检测的目的，鉴于残差模块和通道注意力机制 SE 模块的优势，设计出一种改进的铁路隧道裂缝分割网络 SE-RU-Net(squeeze and excitation residual network U-Net)模型，网络结构如图 6-37 所示。该网络编码器的每个网络层由两个残差模块组成，每个网络层通过最大池卷积方法连接，总共有 8 个残差模块，步长为 2，卷积内核为 2×2，其余每个模块由两个 3×3 卷积层和快捷方式连接组成，以通过下采样从语义上下文信息中提取高像素特征。解码器的每个网络层都包含 1 个残差模块，每个网络层之间通过 3×3 转置卷积相连，其中，步长也为 2。该部分一共有 4 个残差模块，每个模块由两个 3×3 卷积层组成，并返回到像素分类，编码和解码部分使用残差模块将模型与较浅的特征融合在一起。SE-RU-Net 模型从图像数据中对局部信息进行特征提取，并且模型获取的特征会更加全面和丰富，同时网络不易退化。为获得更轻量化的网络模型，本书中的分割算法在每一层使用的卷积内核少于 U-Net 网络，并且通过在每个卷积层之后添加 BN 层和 ReLU 激活函数来解决过拟合的问题。为了满足分割任务中多层次图像特征学习的需求，在 U-Net 网络结构的跳跃连接部分添加了 SE 模块，以学习编码器的多尺度特征和相应的每个功能通道的重要性，按照所获取特征通道的重要性用于增强有用特征的权重，并且特征提取的权重分布在收缩路径的所有阶段，这可以很好地解决 U-Net 网络在提取裂缝图像特征过程中依赖固定权重的问题。

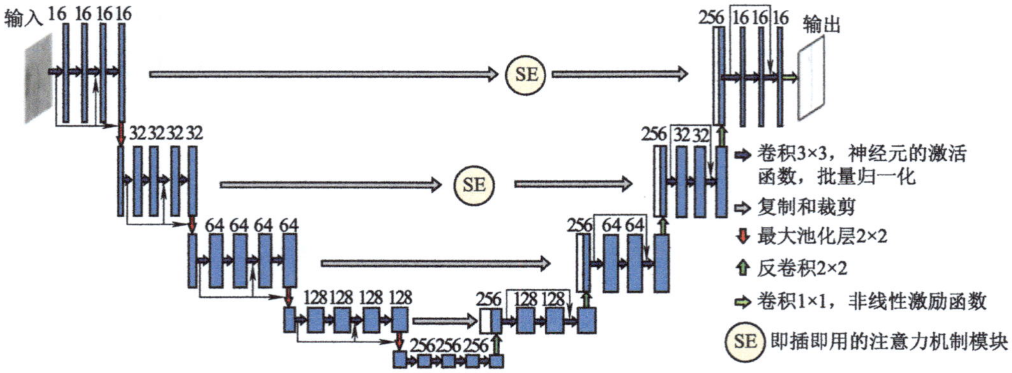

图 6-37 SE-RU-Net 网络结构(单位：mm)

6.4.2 实验内容

1. 实验环境

本节的裂缝分割实验是使用 Python 编程语言在 Ubuntu 16.04 操作系统上进行的，实验基于 PyTorch 的深度学习框架，硬件平台为 Intel I7-9750H、Nvidia GTX1660Ti、16 GB内存。

2. 损失函数

铁路隧道裂缝图像的分割可采用二分类的交叉熵(binary cross entropy，Bce)损失函数，定义见式(6-15)。

$$L_{\mathrm{Bce}}=-\frac{1}{N}\sum_{i=1}^{N}\left[y_i\lg p_i+(1-y_i)\lg(1-p_i)\right] \tag{6-15}$$

式中，L_{Bce}为二分类交叉熵损失；N 为图像像素数目；y_i 为第 i 个像素点的标签值；p_i 为第 i 个像素点的预测概率值。

对于裂缝图像，裂缝像素占整个图像的一小部分，当在像素级别上对裂缝和非裂缝进行分类时，负样本的比例非常大，利用 Bce 损失函数会造成网络裂缝类别的学习和识别被抑制，网络更倾向预测为背景。相比于 Bce 损失来说，Dice 损失可以很好地解决这种正负样本不均衡的问题，计算公式见式(6-16)。

$$L_{\mathrm{Dice}}=1-\frac{\sum_{i=1}^{N}p_iy_i+\varepsilon}{\sum_{i=1}^{N}(p_i+y_i)+\varepsilon}-\frac{\sum_{i=1}^{N}(1-p_i)(1-y_i)+\varepsilon}{\sum_{i=1}^{N}(2-p_i-y_i)+\varepsilon} \tag{6-16}$$

式中，L_{Dice}为 Dice 损失；ε 根据实验设置，是为了减少过拟合，更快收敛。当 y_i 和 p_i 过小时，会导致梯度发生很大变化，使得训练出现大的波动，造成训练相对困难。

将 Bce 损失函数和 Dice 损失函数进行结合可以很好地适应于裂缝分割模型，并且发挥很好的效果，两者组成的组合损失函数在关注像素级别的同时也能关注图像级别的显著性，使得模型训练稳定且能有效处理裂缝像素正负样本不平衡的问题，总的损失函数计算公式见式(6-17)。

$$L_{总}=\lambda L_{Bce}+L_{Dice} \tag{6-17}$$

式中，$L_{总}$为总损失；λ 为平衡 Bce 损失函数和 Dice 损失函数之间重要性的权重系数，实验中 λ 取 0.2。

3. 评价指标

为了定量评估隧道裂缝分割的性能，采用以下几个指标进行准确性评估，包括像素准确性(PA)、交并比(IOU)、精准率(Precision)、召回率(Recall)和 F1 得分(F1-score)。比较分割结果时，考虑以下四个像素评价类别，像素评价类别见表 6-5。

表 6-5 像素评价类别

项目	实际为裂缝像素	实际为非裂缝像
测试为裂缝像素	TP	FP
测试为非裂缝像素	FN	TN

注：TN(true negative)为真阴性。

(1)像素准确性：

$$PA=\frac{TP+TN}{TP+FP+FN+TN} \tag{6-18}$$

(2)交并比：

$$IOU=\frac{TP}{TP+FP+FN} \tag{6-19}$$

4. 实验细节

为了更好地验证改进分割模型的优越性，分别利用 6.2 节介绍的两个数据集 CrackSegNet 数据集和 Tunnel Crack 数据集进行模型的训练与测试，将训练集和测试集按照 4∶1 的比例进行划分，在不同的分割算法与改进模块的方案进行实验结果对比，模型的训练中采用 Adam 优化器来对损失函数进行优化，初始学习率设定为 0.001，批量大小设定为 16，迭代次数 200 次。

6.4.3 CrackSegNet 数据集实验

1. 三种分割网络的实验结果对比分析

采用 CrackSegNet 数据集进行裂缝分割的实验，首先利用 FCN 网络、SegNet 网络和 U-Net 网络在 CrackSegNet 数据集上进行实验比较，验证何种网络更加适合于隧道裂缝图像的分割，表 6-6 为该数据集在三种分割网络的实验结果对比，图 6-38 为三种分割网络的性能对比。

表 6-6 三种分割网络的实验结果对比

算法	像素准确性	交并比	精准率	召回率	F1 得分	运行时间
FCN	97.53%	42.42%	60.63%	58.51%	59.55%	58 ms
SegNet	97.13%	41.69%	65.32%	53.51%	58.84%	66 ms
U-Net	98.88%	47.64%	66.49%	60.02%	63.09%	55 ms

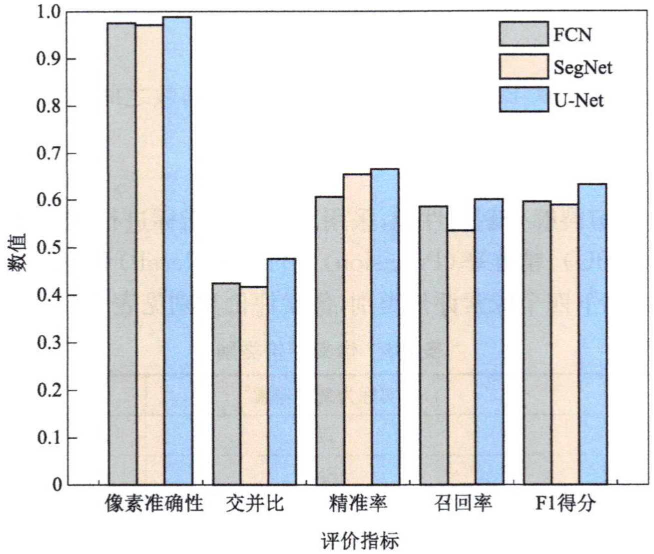

图 6-38　三种分割网络的性能对比

由表 6-6 和图 6-38 中可知，U-Net 网络比 FCN 和 SegNet 在裂缝分割的效果要好，像素准确性达到了 98.88%，查准率和查全率也相对来说要高很多，分别达到了 66.49% 和 60.02%，进而使得 F1 得分达到了 63.09%，比 FCN 网络分割的结果高 3.54%，比 SegNet 网络分割的结果高 4.25%，这也是因为 U-Net 在医学分割领域应用广泛，并取得了良好效果，而裂缝图像分割属于二值分割，与医学图像分割相似，U-Net 网络更适合于裂缝的分割，SegNet 网络适合于道路场景的分割，属于多类型分割，并不是很适合于裂缝图像的分割。在测试的运行时间上，每测试一张图片，SegNet 网络花费的时间相对多一些，FCN 与 U-Net 的运行速度相差不是很大，FCN 相对慢一些。综合分析，U-Net 网络在隧道裂缝数据集的分割效果具有更多的优势，为隧道裂缝的分割提供了新思路，所以本书以 U-Net 作为隧道裂缝分割模型基础网络，并在此基础上进行改进以更好地对裂缝进行像素级检测。

2. 不同网络模型的实验结果对比分析

文献中采用 CrackSegNet 网络对该数据集的裂缝图像进行分割，该网络既保留了 U-Net、FCN 和 PSPNet 的优点，又根据隧道裂缝数据集的特点进行了改进，可用于高效的多尺度特征提取，使其鲁棒性更强。本节利用 U-Net、CrackSegNet 和改进的方法对 CrackSegNet 数据集进行裂缝识别。其中，表 6-7为不同模型在隧道裂缝分割上的结果对比，图 6-39 为不同模型在隧道裂缝分割上的性能对比。

表 6-7　不同模型在隧道裂缝分割上的结果对比

算法	像素准确性	交并比	精准率	召回率	F1 得分	运行时间
U-Net	98.88%	47.64%	66.49%	60.02%	63.09%	55 ms
CrackSegNet	99.01%	59.06%	66.07%	85.54%	74.55%	90 ms
改进 U-Net	99.13%	61.76%	67.25%	88.32%	76.36%	52 ms

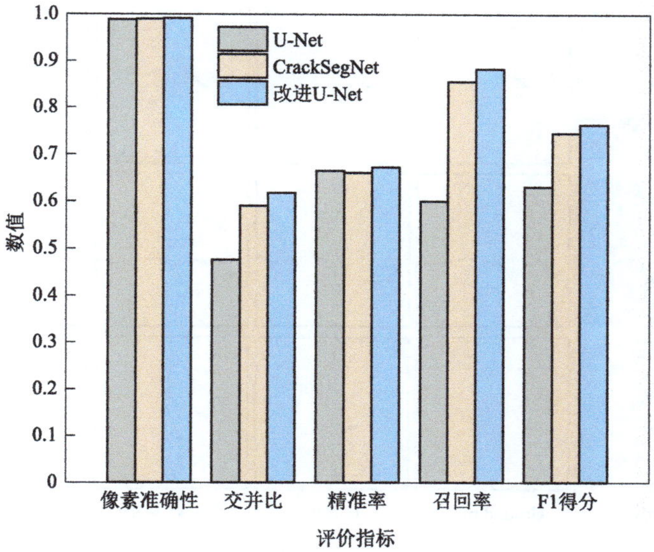

图 6-39 不同模型在隧道裂缝分割的性能对比

从表 6-7 和图 6-39 中不同模型在隧道裂缝分割的实验分析可知，改进 U-Net 的裂缝分割方法效果最好，在像素准确性、交并比、精准率、召回率和 F1 得分这些评价指标上都明显更高，精准率和召回率分别达到了 67.25%和 88.32%，比基础的 U-Net 网络分别提升 0.76%和 28.30%，虽然精准率(也就是查准率)只有很小的提升，但召回率有很大的提升，这也就减少图像漏检的现象，从工程安全的角度来看，查全率至关重要，召回率的提高也使 F1 得分得到了很大的提升，F1 得分和交并比分别达到了 76.36%和 61.76%，比基础的 U-Net 网络分别提高了 13.27%和 14.12%，并且在一定程度上加快了运行的效率。与已有文献中的 CrackSegNet 方法相比，改进的方法不仅提高了分割的查准率和查全率，同时也提高了模型运行的速度。为了更直观地说明改进算法的准确性，利用上述三种网络模型在 CrackSegNet 数据集上进行测试，并且随机选取了六个样本在不同模型上的分割结果进行定性比较，结果如图 6-40 所示。

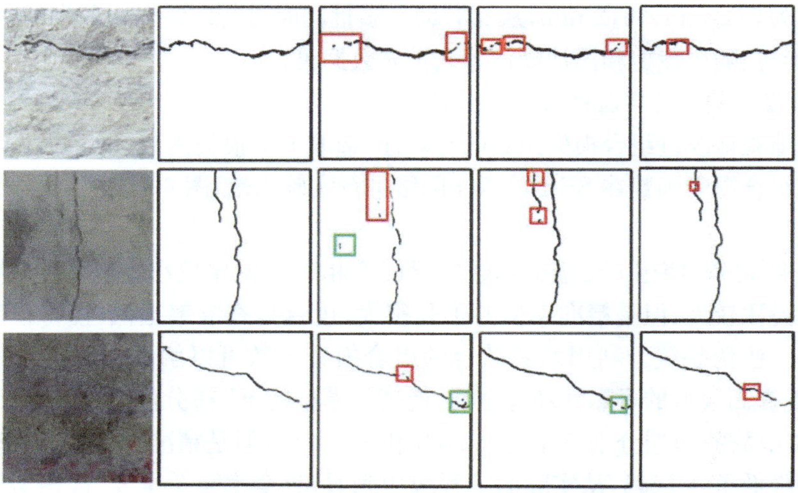

图 6-40 CrackSegNet 数据集定性比较结果

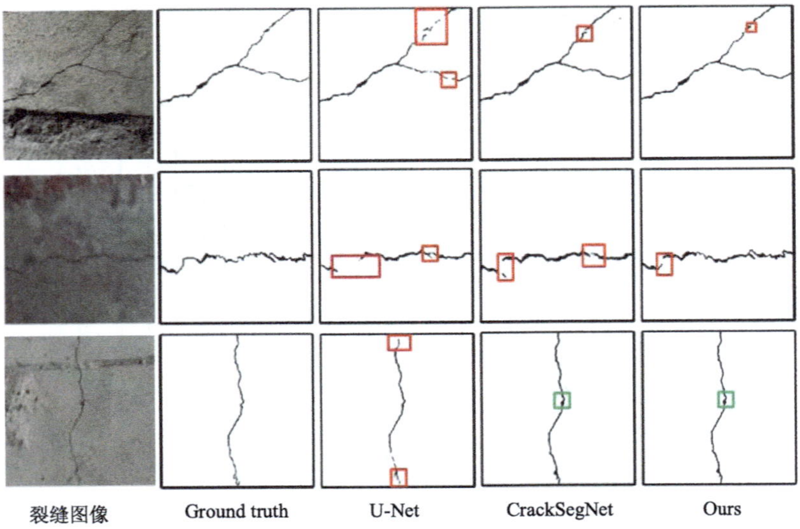

图 6-40　CrackSegNet 数据集定性比较结果(续)

在图 6-40 中,红色矩形框代表裂缝像素漏检的情况,绿色矩形框代表裂缝像素误检的情况,从定性比较结果来看,U-Net 网络的分割效果较差,分割的结果有较多的孤立散点,出现了细小的裂缝漏检和伪裂缝误检的情况。CrackSegNet 的分割效果相对来说较好,但也存在裂缝像素级的漏检和误检的现象,分割的边界轮廓细节还需要进一步加强。和上述两种方法相比较,改进 U-Net 方法分割的裂缝效果较好,可以得到与基准真实值相近的分割结果,并且该方法可以对裂缝图像中的暗场小目标进行很好地分割,提高了召回率,减少了裂缝漏检的现象,这为铁路隧道裂缝图像的分割提供了新思路。

6.4.4　Tunnel Crack 数据集实验

本节采用 6.2 节中介绍的 Tunnel Crack 数据集进行对比实验,该数据集的裂缝像素标记为 0,背景像素标记为 1,允许以二进制格式存储不同环境条件下的图像信息,图片统一输入尺寸为 512 mm×512 mm,从而有助于多批同时进行网络输入的训练,并加入镜面旋转、随机旋转、随机裁剪和添加噪声等来扩充数据集。

1. 不同损失函数的实验结果对比分析

为更好地验证改进组合损失函数的有效性,选取 Bce 损失函数、Dice 损失函数以及由两者结合的组合损失函数在 SE-RU-Net 网络进行实验比较,图 6-41 为不同损失函数的结果对比。

由图 6-41 可知,使用 Bce 损失函数的召回率相对来说比较小,使用 Dice 损失的召回率值相对来说比较大,但是精准率值并不是很大,也就是查准率很低,使得模型可能检测到图像中的一些伪裂缝。利用两者结合的组合损失函数可以解决像素类别不均衡的问题,并且还能提高模型的可靠性和稳定性,提高了模型的 F1 得分值,比利用 Bce 损失函数和 Dice 损失函数的模型分别高出约 9.25%和 13.03%,但是精准率值比利用交叉熵损失函数的模型降低了 0.66%,从实际的工程应用来看,查全率至关重要,即模型需要能最大程度有效地检测出图像中所有的裂缝像素。因此,在隧道检测过程中,提高裂缝分割的召回率就显得尤为重要，甚至要牺牲检测的精度。

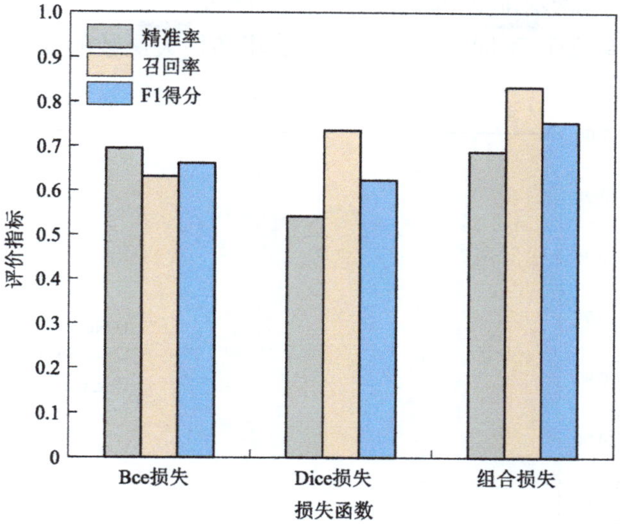

图 6-41　不同损失函数的结果对比

2. 消融实验

为了说明多种改进策略可以有效提高裂缝的分割性能，通过消融实验来验证添加改进模块的先进性，其中下列实验中的网络模型都采用组合损失函数来进行优化，RU-Net 表示在基准的 U-Net 网络中添加残差模块，SE-U-Net 表示在基准的 U-Net 网络中添加 SE 模块，不同改进模块的分割算法对比见表 6-8。

表 6-8　不同改进模块的分割算法对比

网络模型	像素准确性	交并比	精准率	召回率	F1 得分	运行时间
U-Net	96.32%	48.37%	60.56%	70.62%	65.20%	85 ms
RU-Net	98.56%	56.18%	65.65%	79.56%	71.94%	65 ms
SE-U-Net	96.89%	54.48%	64.07%	78.44%	70.53%	80 ms
SE-RU-Net	98.81%	60.59%	68.86%	83.46%	75.46%	65 ms

从表 6-8 可以看出，RU-Net 网络分割效果比 U-Net 网络的更具有优势，精准率值比未改进的基本 U-Net 网络升高了 5.09%，交并比和 F1 得分也得到了很大程度地提高，测试运行的时间大约为 65 ms，说明加入残差模块的 U-Net 网络可以很好地避免深层网络消失的问题，并提高了模型的计算效率。SE-U-Net 网络加强了对裂缝边缘、图案和形状等特征的权重分配，网络性能也得到了改善，召回率为 78.44%，交并比为 54.48%，F1 得分为 70.53%，比基础的 U-Net 网络效果要好，但是比 RU-Net 网络效果要差一些。SE-RU-Net 网络在各个指标上都很大程度地超过了 U-Net，并且比单独添加残差网络和 SE 模块的性能要好，F1 得分达到了 75.46%，比 U-Net、RU-Net、SE-U-Net 分别提高了 10.26%、3.52%和 4.93%，并且每张测试图片的运行速率也有很大的提升，网络的泛化能力也相对较好。

3. 不同网络模型的实验结果对比分析

为体现模型及算法的先进性和优越性，在 Tunnel Crack 数据集上将 U-Net 网络和已有文献中的 CrackSegNet 网络进行复现，将复现的结果与改进的方法进行对比，实验使用相同的实验参数分别训练不同的网络，确保对比结果的一致性，并采用定性和定量的方法来验证改进模型的有效性，不同方法的像素准确率和损失函数的变化曲线对比如图 6-42 和图 6-43 所示。

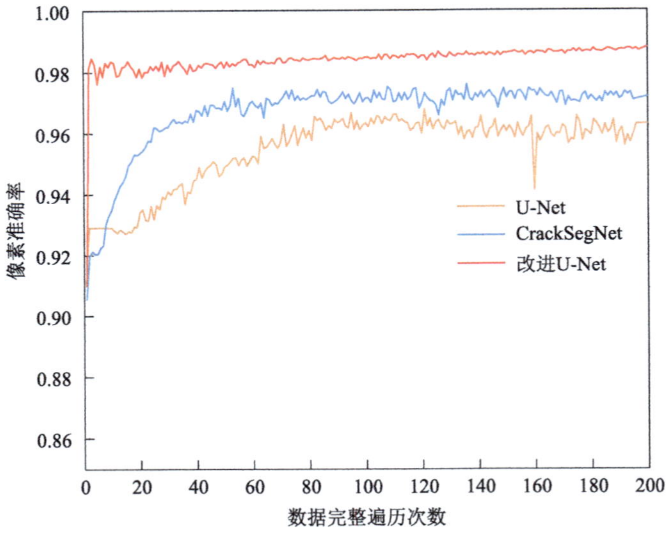

图 6-42　像素准确率曲线对比

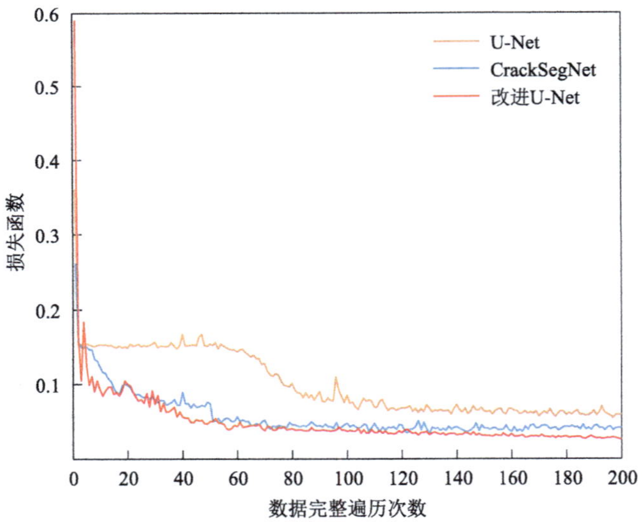

图 6-43　损失函数曲线对比

由图 6-42 和图 6-43 可知，从模型训练的初始阶段开始，三种方法的像素准确率就达到了很高的状态，超过了 90%，这是由于裂缝图像中裂缝所占的像素比很小，即使模型将整张测试的图片都判定为背景时，像素准确率仍会比较高，三个模型在第 70 个数据完整遍历时均获得较高的增长，并且增长趋势也都差不多。本书所提方法的收敛情况优于 U-Net 和 CrackSegNet，并且像素准确率也较高，相较于其他方法，该网络性能得到了较大的改善，加入残差模块和 SE 模块的 U-Net 提高了模型的收敛速度，同样利用像素准确性、交并比、精准率、召回率、F1 得分和运行时间等指标来进一步验证模型的性能，其中，不同模型在铁路隧道裂缝分割的性能对比见表 6-9。

表 6-9　不同模型在铁路隧道裂缝分割的性能对比

算法	像素准确性	交并比	精准率	召回率	F1 得分	运行时间
U-Net	96.32%	48.37%	60.56%	70.62%	65.20%	85 ms
CrackSegNet	97.20%	58.74%	71.48%	76.72%	74.01%	132 ms
改进 U-Net	98.81%	60.59%	68.86%	83.46%	75.46%	65 ms

由表 6-9 结果可以看出，改进 U-Net 的方法在像素准确性、交并比、精准率、召回率、F1 得分的评估结果分别达到 98.81%、60.59%、68.86%、83.46%、75.46%，运行时间约为 65 ms，相比 U-Net 和 CrackSegNet 来说，检测效果更好，这说明改进的分割模型有利于隧道裂缝图像的像素级检测。为了更直观地说明改进模型准确性，随机选取了六个样本在不同模型上的分割结果进行了定性的比较，结果如图 6-44 所示。

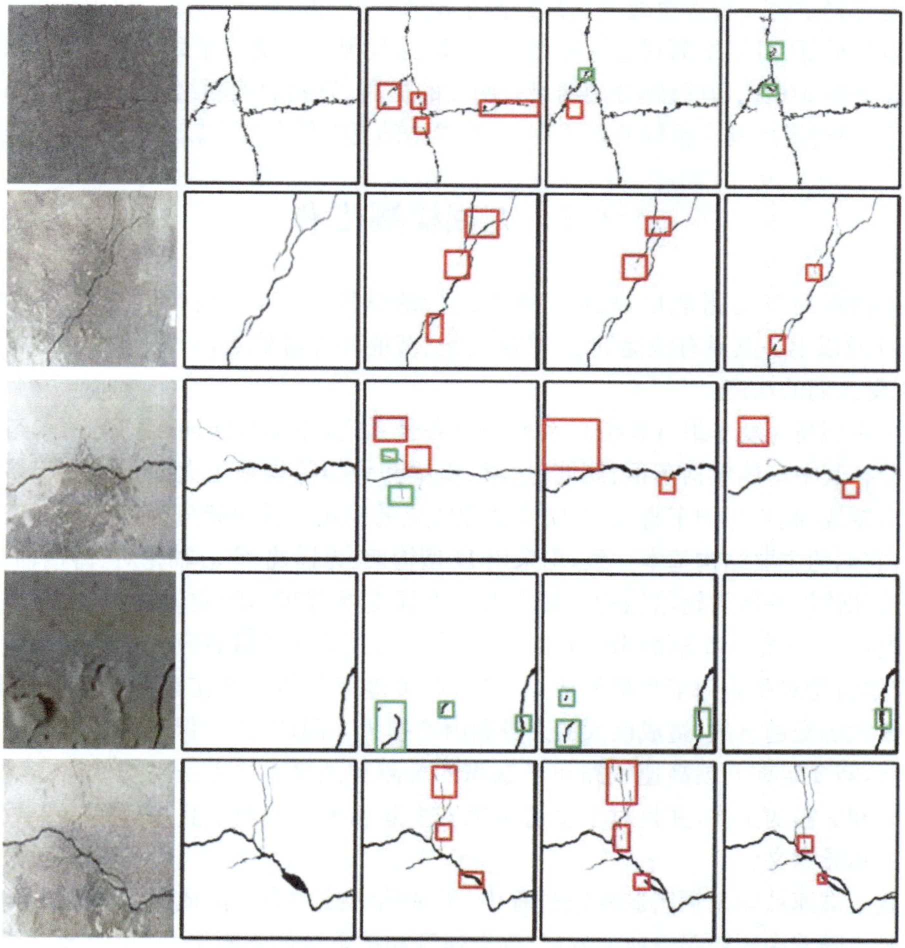

图 6-44　Tunnel Crack 数据集定性比较结果

图 6-44 Tunnel Crack 数据集定性比较结果(续)

在图 6-44 中,第一列为原始的裂缝图像,第二列为裂缝的标签图,后面为 U-Net、CrackSegNet 以及改进的方法相对应的裂缝分割结果图,红色矩形框表示裂缝像素漏检的情况,绿色矩形框表示裂缝像素误检的情况。从主观上看,基于 U-Net 的隧道裂缝检测方法基本上可以分割出图像中的裂缝,但是在检测结果图中也可以看到会出现图像中的一些暗场小目标没有被分割出来以及一些被噪声干扰的伪裂缝被分割出来的情况,这样也很难准确统计出裂缝的相关信息。CrackSegNet 可以很好地把一些细小的裂缝进行分割,但是裂缝背景中的一些伪裂缝也仍被分割了出来,基于改进 U-Net 网络的隧道裂缝检测方法的效果最好,可以检测到边缘更细的裂缝,并且很好地消除了划痕和水渍等的干扰,与 CrackSegNet 相比,其裂缝分割结果有明显的提高,裂缝的检测结果图与 Ground truth 更为相近,同时模型具有很好的鲁棒性,对背景中的复杂情况具有较好的抗干扰能力。

6.5 无损检测技术

高速铁路列车是指能以高速度持续运行的铁路列车,最高行驶速度一般要达到 200 km/h及以上。其具有快捷舒适、平稳安全、节能环保等优点,可满足日益增长的出行需求,深受人们的欢迎。

我国主型高速动车组有和谐号系列和复兴号系列,车体和转向架均是动车组的重要组成部分。其中车体包括车顶、侧墙、边梁、横梁和骨架等均采用大面积铝合金挤压型材经加工后制成,起着保护车身强度,防腐蚀和防火的作用。转向架分为动车转向架和拖车转向架,它们的主要结构基本一致,均采用 H 型构架、无摇枕、空心轴轮对、铸钢轴箱体、铝合金前盖和铸铝整体齿轮箱结构。转向架一方面支撑着车体的质量,另一方面也连接着车轮和电机,负责整个车辆的牵引和制动,且在运行过程中承载着巨大的振动和应力。同时,转向架由轮对和转向架骨架构成,一旦这些关键部位的零件在运行中出现破损,会立刻引起较大的交通事故,造成巨大的人身和财产损失。因此,为了保障高速铁路车辆能够安全运行,需要定期开展高速铁路车辆缺陷的检测和预警。这也是高速铁路车辆隐患整治的基础和必需的工作,并且对于轨道车辆安全隐患整治以及防止车辆运行事故等都具有重要的指导意义。

在我国高速铁路车辆制造检修过程中,无损检测技术为产品质量和使用安全做出了重要贡献。随着中国铁路事业的发展,列车速度和载重量的不断提高,相应地对货车质量和可靠性要求也越来越高,各种车型关键零部件的无损检测范围也逐步扩大。但是目前现行的无损检测方法众多,当前对于车体、转向架、轮对等高速铁路车辆关键部位对应的无损检测方法也缺少具体的分析和综述，因此全面对比和分析不同无损检测方法在高速铁路车辆缺陷检测领域的应用，对车辆关键部位缺陷的无损检测方法给出了具体建议。

6.5.1 常用无损检测方法的原理介绍

无损检测方法是缺陷检测技术的一个重要组成部分，是在不破坏受检对象的前提下，测定和评价物体内部或表层物理和机械性能及各类缺陷的综合性应用检测科学。无损检测技术是在不损伤被测物体的结构性能和使用性能的基础上，利用声、光、电、热、磁和射线等物理现象与检测物质相互作用的特点，对重要的机器零部件进行检测。检测内容包括对零件等进行表面缺陷检测和内部缺陷检测，并以此判断缺陷的位置、大小、形状和种类，对材料性能进行评价，从而保证零件的质量，提高产品的使用性能。无损检测的应用范围随科学和生产的发展日趋广泛，几乎涉及国民经济各部门。

无损检测主要分为六大类：超声波检测、射线检测、电磁涡流检测、磁粉检测、渗透检测和无损检测新技术。除此之外，还包括最简单的目视检测。下面具体介绍一下各无损检测方法的原理及优缺点。

1. 目视检测

目视检测就是通过肉眼直接观察零件的表面，判断零件是否存在缺陷。这种检测方法虽然简单、快速、经济，但是存在明显的缺点，即需要检测人员视力好且只能检测零件表面。目视检测常常用于目视检查大型零件的焊缝，在民航快速评估中应用较多。

2. 超声波检测

超声波检测利用超声波遇到缺陷形成反射或者衍射的原理来判断是否存在缺陷。它的优点就是方向性好，穿透力强，对操作人员无害；缺点是不适用于面积大，形状复杂和表面粗糙的零部件。超声波检测适合于应用在铝合金表面的缺陷探伤检测。

3. 射线检测

射线检测是利用各种射线对材料的渗透性能及不同材料对射线的吸收、衰减程度的不同，是底片感光成黑度不同的图像来进行检测的。它作为一种行之有效的材料内部缺陷检测手段在工业中有广泛的应用。其优点包括适用性广，对零件的形状及其表面的粗糙程度无严格要求，且能直观地显示缺陷的影像，便于对缺陷进行定位。其缺点是具有放射性，危害大，成本高，对平面缺陷的检测灵敏度较低。因此射线检测更适用于对零件气孔、夹渣等体积型缺陷进行检测，目前其主要应用于对铸件和焊件的检测。

4. 电磁涡流检测

电磁涡流检测是利用电磁感应原理，通过测定被检工件内感生涡流的变化来无损地判断导电材料及其零件的性能，或发现材料缺陷的无损检测方法。其优点包括灵敏度高，应用范围广，更容易实现自动化，特别是对管、棒等型材有着较好的检测效率；缺点是检测形状较复杂的零件时，涡流检测的效率相对较低。因此，电磁涡流检测在导电的管、棒型材及非磁性导电材料的缺陷检测领域有较好的应用。

5. 磁粉检测

磁粉检测是利用磁粉的聚集显示铁磁性材料及其工件表面与近表面缺陷的无损检测方法。其优点是可以直观地显示出缺陷的形状、位置与大小，灵敏度高，应用范围广，检测速度快且工艺简单;缺点是该方法仅适合于板材、型材、管材等原材料及半成品表面及近表面缺陷的检测。

6. 渗透检测

渗透检测是一种利用毛细作用将带有颜色的渗透液喷涂在材料焊缝表面,让渗透液渗入材料内,清洗后施加显像剂显示缺陷颜色的无损检测方法。它具有操作简单,缺陷显示直观,灵敏度高,检测费用低等优点,但它也具有不适合多孔材料缺陷检测的缺点。因此该方法适合于表面细腻,加工精巧的零部件。

7. 无损检测新技术

无损检测新技术包括磁记忆检测技术、激光全息技术、微波检测技术和红外检测技术等。这些新技术在高速铁路车辆缺陷检测领域的应用效果有待进一步分析和研究。

6.5.2 常用无损检测方法的应用与比较

1. 车体缺陷检测

对于高速铁路车辆的车体,以铝合金钢板的应用最为广泛。车体采用薄壁筒形的整体承载式轻量化结构,主要构成部分如车顶、侧墙、边梁、横梁和骨架等均采用大面积铝合金挤压型材经加工后制成,型材与型材间通过纵向焊缝形成相应的机械结构。由此可见,铝合金钢板车体在制造过程中存在大量焊缝,且在车辆运行过程中受自身张力和如雨水、冰雹、沙尘等外界环境的影响,极易对车身结构产生损伤。

对于车体缺陷的检测,常使用的无损检测方法为目视检测法和超声波检测法。目视检测法即通过目视或者借助强光手电筒进行整个车体目视检查,观察焊缝气孔等缺陷。目视检测操作简便,无需借助复杂的辅助器具,适用于较明显、可用肉眼直接观察到的车体焊接缺陷。但是车体铝合金焊缝连接处缺陷经过底漆、中涂、腻子、面漆等工序后容易被掩盖,大部分内部分层缺陷极难通过目视检测直接发现,这时需要使用超声波检测法对内部分层缺陷进行检测。超声波检测法需要使用超声波探伤仪,选择合适的探头,并将车体表面进行清洁,同时还需要注意的是,车体铝合金材质的晶粒较大,仪器不宜选择过高的发射频率。超声波检测法非常适合铝合金板材内部出现的分层缺陷的检测和诊断,具有效率高、速度快、检测准确的特点。

2. 转向架缺陷检测

车辆转向架一方面支撑着车体的质量,另一方面也连接着车轮和电机,负责整个车辆的牵引和制动,且在运行过程中承载着巨大的振动和应力,一旦这些关键部位的铁磁性构件在运行中出现破损,会立刻引起较大的交通事故,造成巨大的人身和财产损失。以中车青岛四方股份有限公司生产的时速 250 km 速度级动车组和谐号高速列车 CRH2A 车型为例,车辆转向架包括动车转向架和拖车转向架,其主要结构基本一致,主要由 H 型构架、无摇枕、空心轴轮对、铸钢轴箱体、铝合金前盖和铸铝整体齿轮箱结构构成,其中构架作为转向架的主体组成部分,其主要构成为钢板、铸钢和无缝钢管等材料的焊接结构,因此在转向架构架中存在铁磁性构件,如钢板,铸钢等。

对于车辆转向架构架的缺陷检测,可以采用超声波检测方法和磁粉检测方法,其中超声波检测方法与车体检测相似,而磁粉检测方法是使用便携式磁粉探伤仪对转向架刚性结构的表面缺陷进行有效定位和检测。值得注意的是，若转向架构架表面存在油漆层，需将油漆层剥离以避免干扰。同时新兴的磁记忆检测技术可以在不损害构件的前提下检测转向架构架的早期应力集中，从而起到缺陷定位和预警的效果。

3. 轮轴缺陷检测

高速铁路车辆的轮轴由车轮和车轴两部分组成，其中车轮作为车辆走行部的重要部件，极易产生各种类型的缺陷，包括车轮断裂、踏面擦伤、硌伤、滚动解除疲劳和剥离等。对于相对明显的车轮断裂等缺陷，直接进行目视检测。而对于其他类型的车轮缺陷，主要采用磁粉检测和超声波检测，其中磁粉检测可以有效检测车轮表面细小的缺陷，而超声波检测可以对车轮和制动盘等压装部位的内部进行缺陷检测。高速铁路车辆的车轴一般会喷涂防锈剂，虽然可以使用磁粉检测但并不方便，因此车轴的无损检测方法通常是目视检测和超声波检测。车轴目视检测需要先观察车轴外表面涂装没有破损（斑点、切口）。若为小的破损，没有外露金属，则可以利用超声波检测对内部进行缺陷检测。若车轴表面出现较宽范围的涂装破损或明显的腐蚀，必须马上更换轮对，且须进行必要的维修措施。

4. 车钩缺陷检测

车钩是连挂机车和车辆或车辆和车辆之间的关键零部件，其主要作用是传递牵引力及冲击力，并使车辆之间保持一定距离。磁粉检测、超声波检测和射线检测是车钩检修中常用的无损检测方法。其中磁粉检测可以对车钩缓冲器各零部件的表面及近表面缺陷进行诊断，无法对内部缺陷进行检测，有一定的局限性；采用射线检测可以直观显示车钩内部缺陷形貌，且灵敏度较高，且研究表明射线检测能检测出的最小缺陷尺寸要小于超声波检测，因此射线检测适合较小尺寸缺陷的检测；采用超声波检测可以得到缺陷的深度信息，它适合于车钩材质较厚位置的检测。

7 牵引供电设备缺陷智能检测

牵引网在整个高速铁路牵引供电系统中扮演着最重要的角色，牵引网状态的安全是整个牵引供电系统的安全核心，对保障高速铁路运营系统的稳定工作具有重大意义。列车在运行过程中要经过不少偏僻地区和山林地区，再加上牵引网常年暴露于外部，时常会出现由于各种自然灾害与其他外力引起的牵引网的破坏和牵引供电系统的故障，如雷电、飞鸟和其他异物等长期威胁铁路运行安全。因为自然灾害的不确定性和无规律性，当牵引网发生故障时，相关人员通过设备检测确定出发生故障的位置，再通知专业人员进行维护，整个过程耗时较长。当牵引网发生故障时，根据现场情况快速识别故障特征并制定有效方案，对降低维修耗损和保证高速铁路运行安全意义重大。

7.1 牵引供电系统缺陷分析

7.1.1 牵引供电系统设备通用项缺陷

通用项缺陷主要是螺栓与螺母等松动、缺失或未按标准安装，各种连接线绳的松脱、断股等不符合标准的状态，联结零部件损坏或出现异常位置状态，以及绝缘部件缺损等，其具体缺陷情况如下：

(1)接触网设备无多重防松设计处所出现螺栓与螺母、开口销松动或缺失，比如线岔处圆管型限制管 YG 型与定位线夹连接穿钉处开口销缺失、腕臂下底座连接穿钉开口销未掰开 120°等；采取多重防松设计处所接触网零部件的开口销和螺母、备螺母、螺栓缺失或未按标准安装，比如腕臂底座槽钢处、附加悬挂线夹、绝缘子连接处的穿钉抱箍等处所螺母松动或开口销缺失；其他联结部位使用的螺栓、螺母、开口销缺失。

(2)承力索、吊弦、电连接、斜拉线、直吊线、固定绳、补偿绳、附加导线断股、散股、互磨、松脱；承力索、接触线接头、附加导线接续点数量不符合《高速铁路接触网运行检修暂行规程》规定的标准状态。

(3)各部联结零部件松脱、断裂、弯曲变形、锈蚀、蜕皮等；铆接位置出现铆裂、铆钉松动，比如定位销钉套筒开裂等；联结零部件出现明显滑动、偏移，比如定位器偏移超过其长度的 1/3，定位管卡子滑动等。

(4)定位线夹、楔形线夹等受力面装反，各联结螺栓安装、穿向装反或螺栓过长，比如定位环凹槽方向安装错误、曲线处接触线吊弦线夹螺栓过长、穿向错误等。

(5)绝缘部件裂纹、破损、脏污、闪络烧痕、瓷质绝缘子瓷釉剥落面积大。

7.1.2　接触悬挂缺陷

接触悬挂由承力索、接触线、吊弦、中心锚结绳、电连接装置、补偿装置和下锚装置等组成，接触悬挂的缺陷也由其组成部件的缺陷显现，根据不同部件，其缺陷具体表现如下：

(1)承力索出现互磨，比如两交叉承力索、承力索与腕臂、定位管支撑或拉线、吊弦、弹性吊索互磨等；承力索座、悬挂滑轮处预绞式保护条缺少、散股、余量不足、开口方向错误；承力索座预绞式保护条缺少、散股、余量不足。

(2)接触线出现互磨，比如关节、线岔、非支落锚穿越处交叉互磨、转换柱处非工作支与定位管、吊弦，接触线与下部固定绳互磨等；工作支接触线扭面有硬弯、不平顺，比如接触线吊弦线夹、接触线电连接线夹不端正等；接触线烧蚀、局部磨耗严重，线径变细，比如器件式分段、分相接头或导线接头、补强处导线烧蚀、磨耗严重；各类线夹内接触线未入槽。

(3)工支吊弦线夹不端正，未垂直于承力索、导线；吊弦出现互磨比，如与承力索、接触线互磨、线岔处与其他吊弦互磨等；吊弦偏移超出限界值；吊弦不受力；吊弦导流环、鸡心环脱开；接触线吊弦线夹未入槽。

(4)中心锚结绳明显松弛，或过紧提升造成接触线高度过高；接触线中心锚结线夹未入槽；承、导中心锚结线夹螺栓、螺母松动、缺失；承力索中心锚结线夹安装形式、数量不符合设计要求。

(5)电连接弛度过大低于导线面、无弛度电连接线受力大；电连接线夹压接不实，U形销外露过大或未完全入槽，接触线电连接线夹未入槽；测温贴片变色，电连接线夹、电连接线有烧损、变色；电连接线散股。

(6)补偿装置 a、b 值、滑轮间距小，动定滑轮、棘轮内补偿绳脱槽及平衡轮偏斜角度过大；坠砣限制管固定螺栓松脱、缺失；补偿坠砣升降卡滞、补偿绳互磨(未断股)；补偿装置承、线锚角钢滑脱；棘轮框架、承锚、线锚底座螺栓缺失、松动。

7.1.3　支撑定位装置缺陷

支撑定位装置主要由软横跨、支持装置和定位装置等组成，其主要缺陷表现在固定绳和吊索等松弛不受力以及组成部件变形损坏上，其缺陷具体表现如下：

(1)软横跨上、下部固定绳明显松弛、不受力，出现正弛度；直、斜吊索不受力，散股，预留回头线索过长，有侵入受电弓动态包络线的零件或线索；各节点零部件损坏或缺失，如悬吊滑轮处开口销、预绞丝保护条缺失等；悬挂滑轮处滑轮、承力索脱槽。

(2)腕臂底座销钉方向装反；平斜腕臂、定位管、腕臂支撑本体变形，有锈蚀、表层剥落；腕臂、定位管、定位器偏移过大。

(3)定位管支撑任意一端脱开；定位器明显变形或断裂；定位线夹未入槽；联结零件如定位器底座、防风拉线固定环的磨损、断裂；防风拉线弯曲变形，定位管拉线、定位器等位线断股，未按标准安装。

7.1.4　支柱拉线缺陷

支柱和拉线的缺陷主要表现在支柱的变形、零部件的缺失脱落、拉线松动断股以及基坑环境差导致的影响缺陷等，其缺陷具体表现如下：

(1)支柱/吊柱明显倾斜、扭转；钢柱主角钢变形、锈蚀；吊柱底座与本体脱焊或裂纹；吊柱底座预植螺栓螺母、备螺母，支柱接地扁铁联结螺栓脱落、松动。

(2)双拉线中一根拉线松弛；拉线锈蚀、断股；拉线底座螺母松动、缺失。

(3)基坑培土有塌陷，支柱基础环境处未清理，存有垃圾、污水，有杂草攀附等。

7.1.5 附加悬挂缺陷

附加悬挂主要包括跳线、AF 线、PW 线、回流线和避雷线等，其缺陷表现在各种线松弛脱落和连接异常上，其缺陷具体表现如下：

(1)跳线针瓷倾斜、破损；跳线并沟线夹压板部分缺失；跳线并沟线夹压板螺帽松动、缺失，跳线本体有烧蚀现象；跳线抱箍螺栓、螺帽缺失，使用铁线代替螺栓固定。

(2)AF 线散股；AF 线悬垂线夹(悬挂鞍子)内无防护预绞丝或衬垫等；接续点位置、数量超过限界值。

(3)PW 线底座松动、脱落；吸上线并沟线夹压板部分缺失；接续点位置、数量超过限界值。

(4)回流线针瓷倾斜；回流线悬式绝缘子破损；回流线悬式绝缘子长吊环螺帽缺失、松动；回流线绑线松动、脱落；回流线并沟线夹压板部分缺失、螺帽松动，使用并沟线夹型号不符合线索型号或错误使用并沟线夹代替接续管。

(5)避雷线肩架倾斜、脱落；架空地线肩架倾斜、脱落，加长肩架无斜拉线或肩架支撑角钢。

7.1.6 单项设备缺陷

(1)分段、分相零部件松动、缺失、断裂，绝缘部件有烧损等；调节开式螺旋扣、吊索、吊弦松弛，烧损、脱落等；分段、分相绝缘器下底面明显不平行于钢轨面连线。

(2)隔离开关支持绝缘子歪斜；隔离开关绝缘子破损一片伞裙及以上；设备线夹、母排安装不符合安装标准，开关极板、线夹、母排主导电接续部分有烧蚀现象；开关引线过紧、过松，对地距离疑似不足 350 mm；开合闸角度超限。

(3)避雷器本体脱落；避雷器与底座连接处螺栓缺失；避雷器与底座连接处螺帽松动、缺失；避雷器绝缘子破损；避雷器绝缘子歪斜。

7.2 牵引供电设备缺陷识别

为满足铁路运营安全的管理需求，应对高速铁路牵引供电系统各种设备进行故障预测和健康管理；需要综合利用现代信息技术和人工智能技术，以满足对系统设备故障检测和隔离、故障的诊断和预测、以及整个系统的健康管理。高速铁路牵引供电系统在整个高速铁路运营系统中举足轻重，接触网作为牵引供电系统的主要设施，它的基本特点是以零部件为主，结构状态问题比较突出，因为长期暴露于外部，接触网各部件容易受到摩擦、超级、振动、腐蚀和变形等的影响，导致零部件的功能逐渐减退或者突然失效，因此急需现有的人工智能识别技术对各种缺陷进行检测监测，确保接触网设备乃至整个高速铁路牵引供电系统的安全运行。

以供电安全监测(6c)系统为依托，将人工智能技术应用于图像智能识别检测，对接触网零部件进行定位，包括对绝缘子的定位识别及缺陷识别、鸟巢的定位识别、吊弦的定位识别及缺陷识别、开口销的缺陷检测等图像的智能识别。YOLOv3 属于一阶段法，YOLOv3-tiny 是更加轻量的网络模型，识别速度快，但识别精度相对较低，因此适合对牵引供电系统设备零部件进行定位识别；Faster RCNN 属于二阶段法，它是 RCNN 系列里比较优秀的网络模型，相对于一阶段法，二阶段法在识别速度上相对较慢，但在精度上有所提升，因此更适合对牵引供电系统设备零部件各种缺陷进行识别。现以对接触网吊弦的状态异常识别为例，其图像识别流程如图 7-1 所示，首先利用 YOLOv3-tiny 对接触网吊弦快速定位，然后使用 Faster RCNN 对接触网吊弦的异常状态和缺陷进行识别分类。

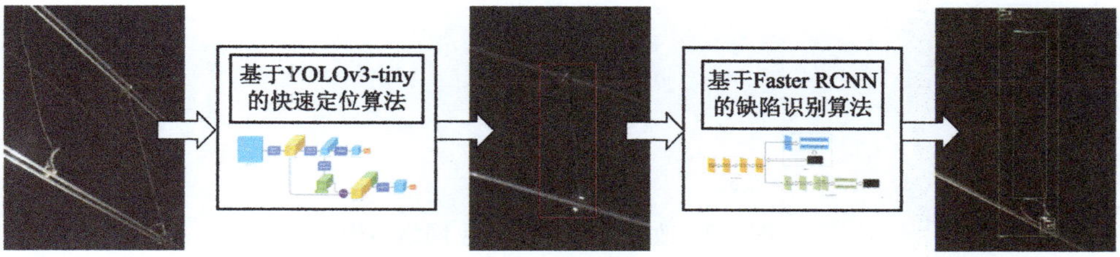

图 7-1 缺陷识别流程

7.2.1 目标快速定位

YOLO 模型(you only look once，YOLO)借鉴了 YOLOv1 和 YOLOv2 的模型结构，具有 YOLO 系列速度优势，检测精度也有提升。与基于区域的学习方法不同，YOLO 是一个阶段检测模型，无需区域候选网络提前检测感兴趣的区域即可检测图像中的目标。YOLO 的核心结构是 CNN，它可以同时预测多个目标，在目标检测过程中，输入的图像会划分为网格。YOLOv3 算法即使用一个单独神经网络作用在这些图像上，将图像划分成多个区域以及对其概率进行预测。

YOLOv3-tiny 网络是一个用于检测 80 多种不同物体类别的网络。检测速度是目前最快的算法，但与其他算法相比，检测精度相对较低。对复杂场景的物体检测不够准确，某些牵引供电设备并不容易能被识别到。在本书中提出的算法是基于 YOLOv3-tiny 的改进算法，在原本网络的基础上，加深了 YOLOv3-tiny 网络的骨干网络，从而可以提取更多的语义信息。丰富的目标特征在保证检测速度的同时提高了检测精度，从而满足了复杂背景下的设备定位识别检测。

YOLOv3 的主干网络使用的是 Darknet-53。该网络结构比较复杂，导致对运行硬件的要求比较高，同时对识别效率有一定影响。YOLOv3-tiny 是将原网络结构简化后的版本，其网络结构如图 7-2(a)所示，相对于原本 YOLOv3，其检测速度有所提高，精度有所降低。为了更有效地提取目标特征，提高 YOLOv3-tiny 网络的检测精度，在其网络结构之上，增加了 3 层卷积，改进后的网络结构如图 7-2(b)所示。但加深网络模型结构的同时会带来更多的计算量，而 Resnet 提出增加一个 1×1 的卷积层来减少计算量。本书借鉴

Resnet 的方法，在网络中引入了 1×1 的卷积核。在减少运算复杂程度的同时，也提高了网络的特征提取能力以及检测精度。

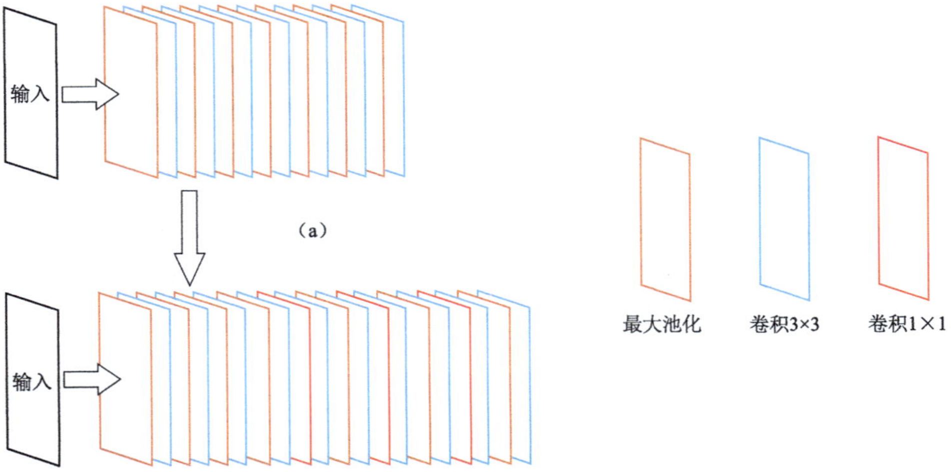

(b)

图 7-2　改进 YOLOv3-tiny 网络结构

YOLO 算法是一个端到端的网络，所以整个过程中使用了一个损失计算，称为和平方误差，它是由坐标误差、IOU 误差和分类误差简单的加减之和组成，在训练样本数据时，其总体损失函数可以定义为

$$
\begin{aligned}
Loss = {} & \lambda_{\text{coord}} \sum_{i=0}^{S^2} \sum_{j=0}^{B} I_{ij}^{\text{obj}} [(x_i - x_i^j)^2 + (y_i - y_i^j)^2] + \\
& \lambda_{\text{coord}} \sum_{i=0}^{S^2} \sum_{j=0}^{B} I_{ij}^{\text{obj}} \left[(\sqrt{w_i^j} - \sqrt{\widehat{w}_i^j})^2 + (\sqrt{h_i^j} - \sqrt{\widehat{h}_i^j})^2 \right] - \\
& \sum_{i=0}^{S^2} \sum_{j=0}^{B} I_{ij}^{\text{obj}} [\widehat{C}_i^j \lg(C_i^j) + (1 - \widehat{C}_i^j) \lg(1 - C_i^j)] - \\
& \lambda_{\text{noobj}} \sum_{i=0}^{S^2} \sum_{j=0}^{B} I_{ij}^{\text{noobj}} [\widehat{C}_i^j \lg(C_i^j) + (1 - \widehat{C}_i^j) \lg(1 - C_i^j)] - \\
& \sum_{i=0}^{S^2} I_{ij}^{\text{obj}} \sum_{c \in \text{classes}} [\widehat{P}_i^j \lg(P_i^j) + (1 - \widehat{P}_i^j) \lg(1 - P_i^j)]
\end{aligned} \tag{7-1}
$$

式中，λ_{coord}表示位置损失的权重参数；S^2 表示特征图总共有 $S \times S$ 个网格；B 表示每个网格会产生 B 个锚框；I_{ij}^{obj}表示第 i 个网格的第 j 个锚框是否负责这个锚框，如果负责那么 $I_{ij}^{\text{obj}}=1$，否则 $I_{ij}^{\text{obj}}=0$；I_{ij}^{noobj}表示第 i 个网格的第 j 个锚框不负责该目标；$\widehat{C}_i^j$ 表示模型预测的置信度；C_i^j 表示真实的置信度；λ_{noobj}表示类别损失的权重参数；$\widehat{x}$，$\widehat{y}$，$\widehat{w}$ 和 $\widehat{h}$ 表示预测的锚框的中心点、宽和高；x，y，w 和 h 表示实际的锚框的中心点、宽和高；$\widehat{P}_i^j$ 表示模型预测的类别概率；P_i^j 表示真实的类别概率。

现以识别接触网吊弦为例，使用收集到的接触网吊弦数据集作为实验训练，首先对接触网吊弦数据集里的吊弦进行标记处理，同时对吊弦数据集进行数据增强处理，将数据增强处理后的数据集放入改进后的 YOLOv3-tiny 网络模型进行训练，以 mAP_0.5 作为网络精度的判断标准，其 mAP_0.5 的精度曲线如图 7-3 所示，在 200 个数据完整遍历之后，其训练精度逐渐趋于稳定，其最优 mAP_0.5 能达到 0.978，其训练精度相对较好。

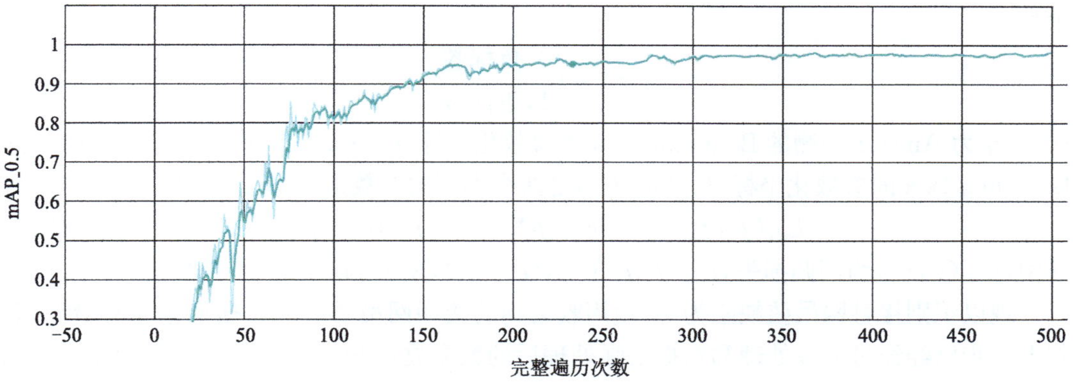

图 7-3 mAP_0.5 精度曲线图

7.2.2 目标缺陷识别

Faster RCNN 是两阶段检测器中最典型的算法，它是 Fast RCNN 的改进，更改了原本搜索策略，使用了区域建议网络 RPN 来生成感兴趣区域 ROI。对于一个输入图像，特征提取网络负责通过卷积运算生成一个特征图，然后将特征图传送给 RPN 网络，由 RPN 网络进行初步的边界回归和分类判断。分类依据为候选区域是背景还是待识别的物体。RPN 网络输出候选区域的位置和分数信息，然后全连接层将其发送到 Fast RCNN 网络进行最终处理。Fast RCNN 网络结构如图 7-4 所示。

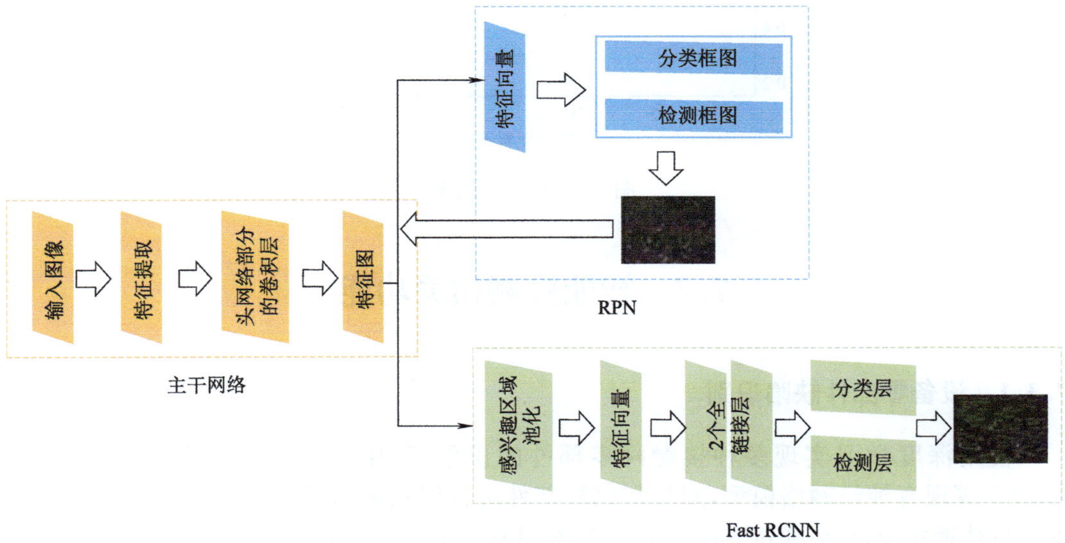

图 7-4 Fast RCNN 网络结构

Faster RCNN 的损失由 RPN 分类产生的损失和 Fast RCNN 分类产生的损失组成，其损失函数(Loss Function)定义为方程见式(7-2)。

$$L(\{p_i\},\{t_i\})=\frac{1}{N_{cls}}\sum_i L_{cls}(p_i,p_i^*)+\lambda\frac{1}{N_{reg}}\sum_i p_i^* L_{reg}(t_i,t_i^*) \tag{7-2}$$

式中，p_i 为 Anchor 的预测分类概率；p_i^* 见式(7-3)；N_{cls}为分类样本个数；N_{reg}为回归样本个数。

$$p_i^*=\begin{cases}0,\text{负标签}\\1,\text{正标签}\end{cases} \tag{7-3}$$

式中，t_i 为 Anchor 预测的 Bounding Box 的参数化坐标；t_i^* 为 Anchor 的 Ground Truth 的 Bounding Box 的参数化坐标；$L_{cls}(p_i,p_i^*)$是两个类别的对数损失，见式(7-4)。

$$L_{cls}(p_i,p_i^*)=-\lg(p_i p_i^*+(1-p_i^*)(1-p_i)) \tag{7-4}$$

式中，$L_{reg}(t_i,t_i^*)$为回归损失，$L_{reg}(t_i,t_i^*)=R(t_i-t_i^*)$，$R$ 为 Smooth L1 函数。

现以识别接触网吊弦缺陷为例，使用收集到的接触网吊弦缺陷数据集作为实验训练，将上一步已经经过标签处理和数据增强处理后的数据放入 Faster RCNN 网络模型进行训练，以网络损失作为网络精度的判断标准，其损失曲线如图 7-5 所示，在 25 个数据完整遍历之后，其损失曲线走向逐渐趋于稳定，其最低损失值能达到 0.214。

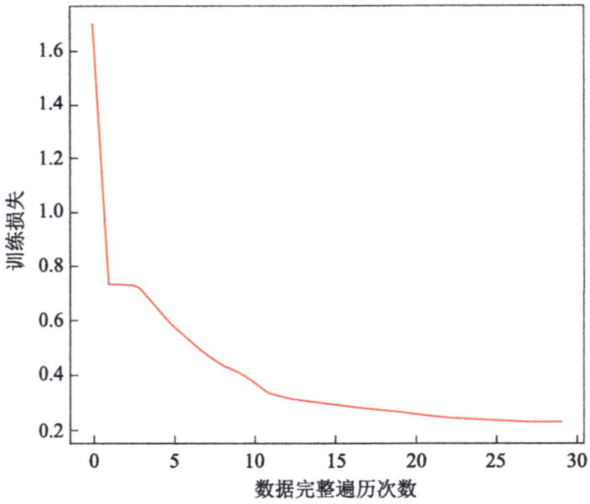

图 7-5 损失曲线图

7.3 智能检测相关功能

7.3.1 设备零部件缺陷识别

使用深度学习实现多种接触网零部件的识别，利用现有的 YOLOv3-tiny、Faster R-CNN等现有神经网络模型，对接触网零部件进行识别和结果分析，利用 YOLOv3-tiny 对目标快速定位，然后通过 Faster RCNN 对目标的异常状态和缺陷进行识别分类。对接触网零部件的缺陷和故障图像进行充分的训练，利用缺陷检测仪器对接触网检测检查，平均检出率可达 80%以上。针对部分零部件的检测识别效果如图 7-6 所示，其中，图 7-6(a)中绝缘子部分缺陷的识别，如绝缘子表面有裂纹或者破损等；图 7-6(b)为开口销部分缺陷的识别，如开口销未掰开或者存在缺失的情况；图 7-6(c)为吊弦部分缺陷的识别，如吊弦线松弛而未受力和吊弦线断股的情况。通过检修人员和智能检修机器，将每次检测得到的缺陷图片以及各种零部件缺陷记录数据通过互联网及时传输到对应服务器和数据库，以供运维管理人员通过数据记录对牵引供电系统进行安全分析。

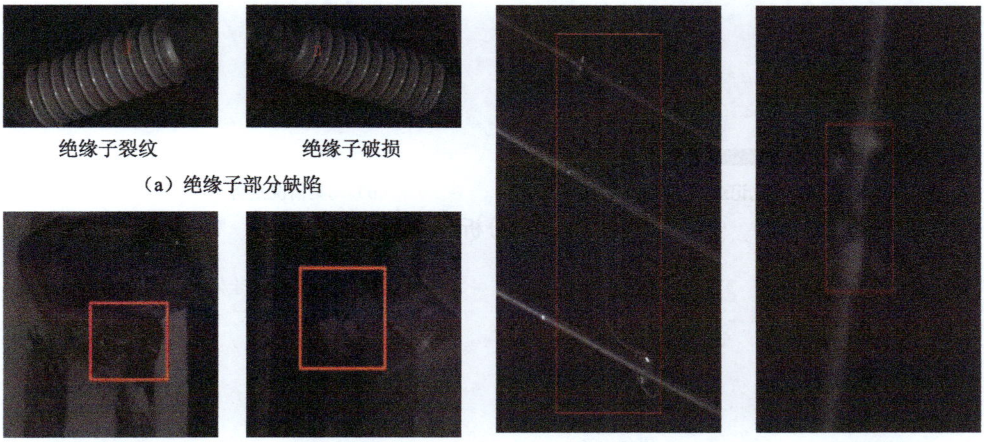

绝缘子裂纹　绝缘子破损

(a) 绝缘子部分缺陷

开口销未掰开　开口销缺失

(b) 开口销部分缺陷

吊弦松弛　吊弦断股

(c) 吊弦部分缺陷

图 7-6　牵引供电设备部件识别

7.3.2　专项整治和分析

根据供电设备的重点和难点，共设置了 16 个专项分析点，包括：鸟巢清除、绝缘子清扫、绝缘油化验、变压器参数变化等。鸟巢清除和绝缘子清扫是供电部门每年需要进行的重点专项工作，需要重点进行专项分析。

在清理鸟巢的专项作业中，把智能巡检设备靠近支柱读取 NFC 信息，点击设备查询，查询到此支柱，录入鸟巢所在位置点击保存。方便了作业人员对现场鸟巢所在位置进行记录、统计。可在移动端进行无纸化记录，如图 7-7(a)所示。在鸟巢清除方面，系统可以直观地显示各区间鸟巢数量、分布、清除情况、趋势变化等，智能巡检 MIS 系统可以分析统计出每天的鸟巢数量，并描绘出线形图，方便用户直观地判断鸟巢高发的时间段范围，以指导用户作业。鸟巢情况走势如图 7-7(b)所示。

在清扫绝缘子的专项作业中，把智能巡检设备靠近支柱读取 NFC 信息，点击设备查询，查询到此支柱的基础信息，选择清扫方式，录入清扫的绝缘子数量，点击保存。方便作业人员对清理过的绝缘子进行记录、统计。可在移动端进行无纸化记录，如图 7-8(a)所示。在绝缘子清扫方面，按照一般污染区和重污染区，系统自动展示绝缘子清扫记录，提醒邻近周期的区域需重点关注。绝缘子清扫重污染区走势如图 7-8(b)所示。

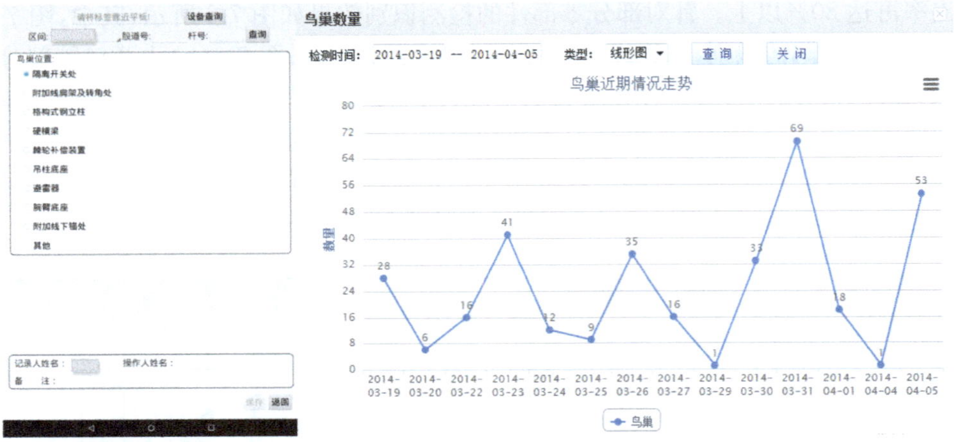

（a）移动端无纸化记录　　　　（b）鸟巢情况走势

图 7-7　专项分析(鸟巢清除)

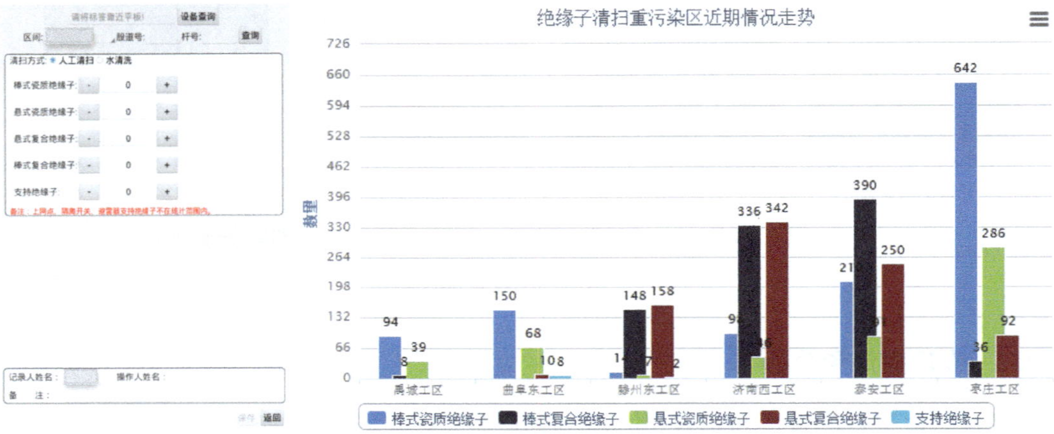

（a）移动端无纸化记录　　　　（b）绝缘子清扫重污染区走势

图 7-8　专项分析(绝缘子清扫)

智能巡检 MIS 系统对专项分析的数据进行统计汇总，部分维管段鸟巢和绝缘子清扫统计见表 7-1。

表 7-1　部分维管段鸟巢和绝缘子清扫统计

项　目			单　位				总　计
			苏州维管段	济南维管段	天津维管段	蚌埠维管段	
鸟巢			107	1 761	4 977	139	6 984
绝缘子清扫	一般污染区	棒式瓷质绝缘子	3 382	21 326	29 606	11 722	66 036
		棒式复合绝缘子	222	2 336	1 288	927	4 773
		悬式瓷质绝缘子	1 144	8 725	11 094	3 987	24 950
		悬式复合绝缘子	534	2 952	4 849	2 724	11 059
		支持绝缘子	96	1 163	760	190	2 209
		合　计	5 378	36 502	47 597	19 550	109 027

续上表

项目			单位				总计
			苏州维管段	济南维管段	天津维管段	蚌埠维管段	
绝缘子清扫	重度污染区	棒式瓷质绝缘子	202	1 208	738	72	2 220
		棒式复合绝缘子	8	918	27	8	961
		悬式瓷质绝缘子	91	537	327	38	993
		悬式复合绝缘子	24	852	92	18	986
		支持绝缘子	0	10	12	18	40
		合　计	325	3 525	1 196	154	5 200

7.3.3 记录数据统计和查询

智能巡检 MIS 系统可以对巡视、检修、检测的数据进行统计分析，可以统计出一个时间段内的累计作业数量，并能统计出本段时间内作业发现的问题设备数量。点击维管段还可查看下属工区的统计数据。方便管理层领导查询每天工作完成情况，也可有针对性地追踪、处理问题数据。缺陷统计查询页面展示如图 7-9 所示。

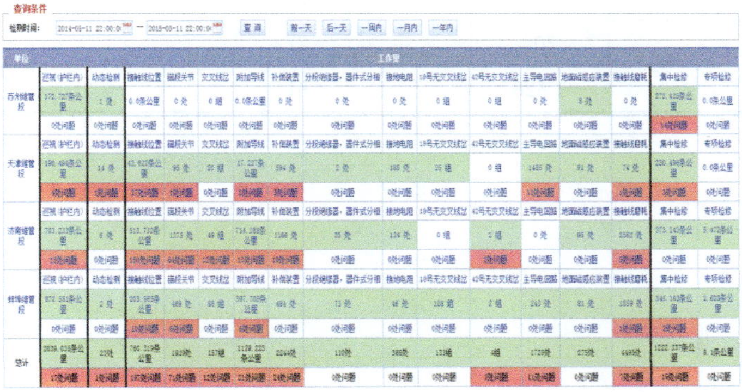

图 7-9　缺陷统计查询页面展示

智能巡检 MIS 系统详细保存了移动端每次巡视、检修、检测上传的记录，该记录符合中国国家铁路集团有限公司巡视检修作业标准，并可根据区间、支柱、时间、作业人员等信息进行检索。巡检记录查询页面展示如图 7-10 所示。

图 7-10　巡检记录查询页面展示

7.3.4 设备检修到期提醒

智能巡检 MIS 系统对检修设备提供临近检修周期提醒功能，统计出临近周期的检修设备数量，并统计出超过检修周期的设备数量，用户点击数字后可查看待检修设备的具体情况，以及历史检修记录。并可根据 GPS 在 GIS 地图上显示出来。系统对临近周期的设备进行预警，对超周期的设备进行报警，有助于用户科学安排检修计划，达到辅助决策的功能。设备检修周期预测数量见表 7-2，显示了某段设备使用或者检修的超周期预测数量和临近周期预测数量，针对存在超周期预测数量的设备及时进行清扫、更换和维修，针对临近周期预测数量的设备，决策人员能以此为依据，根据检修计划合理组织人员安排检修工作。

表 7-2 设备检修超期预测数量

设备名称	总数量	超周期预测数量	临近周期预测数量
避雷器	234	0	0
地面磁感应装置测量	525	20	55
分段绝缘器	144	0	80
隔离开关	364	27	274
线岔	306	27	123
重污染绝缘子清扫	1 628	61	1 549

8　轨道质量状态智能预测

8.1　轨道状态预测相关理论和技术

本节介绍铁路轨道状态预测与质量评价相关理论，包括灰色预测理论、粒子群优化算法、Elman神经网络，重点分析灰色预测模型的建立过程、适用范围以及改进的方向，同时从局部和整体方面介绍常见的轨道几何状态分析方法。

8.1.1　灰色预测理论

灰色系统理论涉及预测算法、评估模型、决策规划等内容，而灰色预测相关概念和算法模型是其中的关键部分，首先分析提炼出系统组成要素，分析要素的变化，然后根据系统数据样本的特点，采用合适的数据变换策略做一定的处理，得到处理之后的数据，最后以此新数据建立数学模型，进而实现预测的目的。轨道几何质量状态变化受多方面因素共同作用，如轨道本身材料、列车荷载、自然环境等，有些可以量化而有些不能量化分析。因此一般认为轨道几何质量状态变化是一个灰色过程，建立GM(1,1)模型，预测轨道状态变化。

(1)GM(1,1)模型的建模过程

通常建立灰色GM(1,1)模型的步骤主要如下所述，设原始非负序列为

$$X^{(0)}=(x^{(0)}(t_1),\cdots,x^{(0)}(t_i),\cdots,x^{(0)}(t_n)) \tag{8-1}$$

对采集处理之后的数据序列作一阶累加生成处理，得累加数列为

$$X^{(1)}=(x^{(1)}(t_1),\cdots,x^{(1)}(t_k),\cdots,x^{(1)}(t_n)) \tag{8-2}$$

$$x^{(1)}(t_k)=\sum_{i=1}^{k}x^{(0)}(t_i)\quad k=1,2,\cdots,n \tag{8-3}$$

GM(1,1)模型的白化微分方程可表示为

$$\begin{cases}\mathrm{d}x^{(1)}(t)/\mathrm{d}t+ax^{(1)}(t)=b\\ x^{(1)}(t_1)=x^{(0)}(t_1)\end{cases} \tag{8-4}$$

将式(8-4)离散化，得到差分方程为

$$x^{(0)}(t_i)+az^{(1)}(t_i)=b \tag{8-5}$$

式中，$z^{(1)}(t_i)$称为背景值序列；a为灰色发展系数，描述数据变化趋势；b为灰色作用量，体现数据波动成分。

$$z^{(1)}(t_i)=0.5[x^{(1)}(t_i)+x^{(1)}(t_{i-1})] \tag{8-6}$$

最小二乘法求解系统参数a和b。

$$\hat{a}=[a,b]^{\mathrm{T}}=(\boldsymbol{B}^{\mathrm{T}}\boldsymbol{B})^{-1}\boldsymbol{B}^{\mathrm{T}}\boldsymbol{Y} \tag{8-7}$$

$$\boldsymbol{Y}=\begin{bmatrix} x^{(0)}(t_2) \\ x^{(0)}(t_3) \\ \vdots \\ x^{(0)}(t_n) \end{bmatrix},\boldsymbol{B}=\begin{bmatrix} -z^{(1)}(t_2) & 1 \\ -z^{(1)}(t_3) & 1 \\ \vdots & \vdots \\ -z^{(1)}(t_n) & 1 \end{bmatrix} \tag{8-8}$$

在初始条件 $\hat{x}^{(1)}(t_1)=\hat{x}^{(0)}(t_1)$ 下的时间响应序列为

$$\hat{x}^{(1)}(t_{i+1})=[x^{(0)}(t_1)-b/a]\mathrm{e}^{-at_i}+b/a \quad i=1,2,\cdots,n \tag{8-9}$$

设模拟值序列为 $\hat{X}^{(0)}$，则有

$$\begin{cases} \hat{x}^{(0)}(t_{i+1})=\hat{x}^{(1)}(t_{i+1})-\hat{x}^{(1)}(t_i) \\ \hat{x}^{(0)}(t_1)=x^{(0)}(t_1) \end{cases} \quad i=1,2,\cdots,n \tag{8-10}$$

(2)GM(1,1)模型的适用范围

GM(1,1)模型的适用环境取决于建模过程中的发展系数 a，已有文献特地做了相应的实验，更细致地探究了 GM(1,1)模型的使用条件和应用场合。表 8-1 为 GM(1,1)模型的适用范围说明。

表 8-1 GM(1,1)模型的适用范围

发展系数 a	适用说明
$-0.3\leqslant a$	预测中长期的数据效果较好
$-0.5<a\leqslant-0.3$	预测中长期的数据效果较好，谨慎预测中期或者长期
$-0.8<a\leqslant-0.5$	预测短时间内的数据时要特别注意
$-1<a\leqslant-0.8$	应采用残差修正模型对 GM(1,1)模型做一定校正
$a<-1$	不建议使用该模型进行预测

(3)GM(1,1)模型的改进

灰色理论可用于众多领域，它侧重研究的是数据样本规模较小、信息不全的随机不确定这一类问题，这是概率统计和模糊理论难以解决的，基于数据已有的信息，作适当处理之后寻找更有价值的规律和信息。灰色预测是其中的核心部分，以 GM(1,1)模型为基础深入研究的，目前的文献在此基础上，研究讨论了模型的初始值、背景值、参数、病态性等问题，扩充了原有基础模型适用范围。

8.1.2 粒子群优化算法

群体智能优化算法是受生物界规律的启示，根据仿生学原理模拟研究其群体行为而提出的一系列优化策略，解决多变量问题、多约束建模以及非凸优化问题的时候具有良好的效果，寻找全局最优解的能力突出，成为学术研究人员的重点研究对象，包括遗传优化、粒子群优化、差分进化等。

粒子群优化算法(particle swarm optimization，PSO)的核心观点是模拟鸟类个体和鸟类群体在觅食中的行为，进而找到群体最优的一个解，粒子群优化算法流程如图 8-1 所示。收集每个鸟类个体和鸟类群体的信息，基于此信息更新鸟类个体的运动，即速度和方向，一般视作每个鸟类个体为每个粒子，鸟类群体为粒子群体。

一般假定粒子群的粒子总规模为 M，搜索的空间维度为 D。优化过程中的几个变量：$v_j^k=(v_{j1}^k,v_{j2}^k,\cdots,v_{jd}^k)$ 为粒子 j 在时刻 k 的速度，$v_{jd}^k\in[v_{\min},v_{\max}]$，速度的最小值为 $v_{\min}$，速度的最大值为 $v_{\max}$；$x_j^k=(x_{j1}^k,x_{j2}^k,\cdots,x_{jd}^k)$ 为粒子 j 在时刻 k 的位置，$x_{jd}^k\in[l_d,u_d]$，其中粒子搜索下限为 l_d，上限为 u_d，$1\leqslant j\leqslant M$，$1\leqslant d\leqslant D$；M 为粒子总规模；D 为搜索的空间维度；迭代寻优过程中，每个单独的粒子都具有个体速度、个体位置及个体适应度值三维特征，粒子 j 在时刻 k 的速度和位置的更新公式为

$$v_{jd}^k=\omega v_{jd}^{k-1}+c_1r_1(\text{pbest}_{jd}-x_{jd}^{k-1})+c_2r_2(\text{gbest}_d-x_{jd}^{k-1}) \tag{8-11}$$

$$x_{jd}^k=x_{jd}^{k-1}+v_{jd}^k \tag{8-12}$$

式中，ω 为取值非负的惯性权重；pbest_{jd} 和 gbest_d 分别为在第 d 维空间中粒子 j 的个体的极值点所处的位置和种群的全局极值点所处的位置；c_1 和 c_2 均是算法中的学习因子，加速寻优速度；r_1 和 r_2 为常量系数，均属于区间[0,1]。

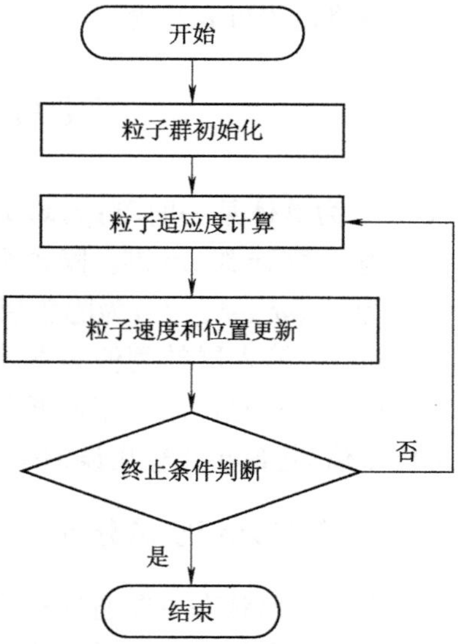

图 8-1　粒子群优化算法流程

8.1.3　Elman 神经网络

神经网络能够处理复杂的非线性和不确定性系统的问题，由于其具有适应性强、自我学习能力强等优点，故常应用于预测、自控、模式识别等工程行业领域。

Elman 神经网络属于递归神经网络，适用于时间序列的处理，其网络一共有四层结构，在常见的三层神经网络的基础上增设一个承接层。承接层用于记忆隐含层的输出，可以将其视为一步延迟算子。基于 BP 网络，隐含层的输出与其输入通过承载层相关联。这种关联方式充分利用了之前的历史数据，网络动态处理是通过内部的反馈网络实现的，常见于动态建模领域，其结构如图 8-2 所示。

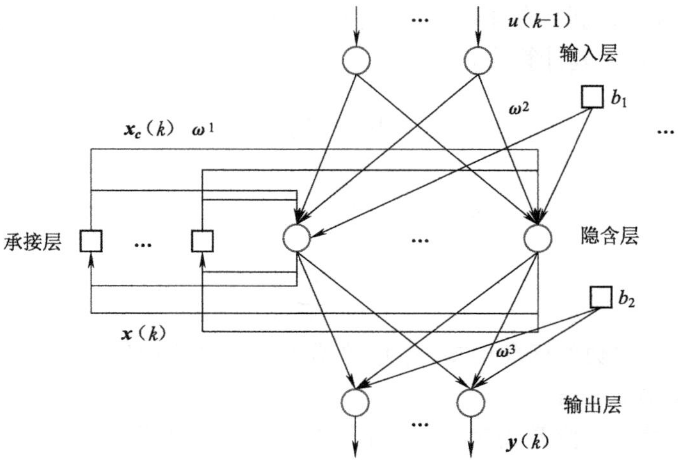

图 8-2　Elman 神经网络结构

网络过程可表示为

$$\boldsymbol{y}(k)=g(w^3\boldsymbol{x}(k)+b_2) \tag{8-13}$$

$$\boldsymbol{x}(k)=f(w^1\boldsymbol{x}_c(k)+w^2\boldsymbol{u}(k-1)+b_1) \tag{8-14}$$

$$\boldsymbol{x}_c(k)=\boldsymbol{x}(k-1) \tag{8-15}$$

式中，k 为具体某一时刻；$\boldsymbol{y}$，$\boldsymbol{x}$，$\boldsymbol{u}$，$\boldsymbol{x}_c$ 均为一维输出向量，隐含层、输入层、反馈向量的维度分别为 m 维、n 维、m 维。隐含至输出、输入至隐含、承接至隐含 4 个层级之间的权值矩阵分别为 ω^3、ω^2、ω^1。$f()$为隐含层采用的传递函数 tansig()，$g()$为输出层采用的传递函数 purelin()。输入层的阈值为 b_1，隐含层的阈值为 b_2。

Elman 神经网络采用梯度下降算法，一方面提高训练速率，另一方面有效防止取得局部极小值，将最小化输出误差平方作为学习目的和终止条件。

8.1.4 轨道几何状态分析

轨道几何状态主要通过检测数据来描述，轨道几何检测参数包括水平、左轨向、左高低、三角坑、右轨向、右高低、轨距等。

1. 轨道局部峰值管理

局部峰值管理，别名超限扣分管理，对单项检测数据扣分，统计每千米轨道单项检测数据扣分的总和。根据相关标准，超限扣分由 4 个级别构成，即Ⅰ、Ⅱ、Ⅲ、Ⅳ，分别为保养、舒适度、临时补修、限速标准，轨道几何状态与扣分等级呈负相关关系。其中，超过Ⅰ、Ⅱ、Ⅲ、Ⅳ级标准的每一处扣分分值分别为 1 分、5 分、100 分、300 分。计算公式为

$$S=\sum_{i=1}^{4}\sum_{j=1}^{7}S_iS_jS_{ij} \tag{8-16}$$

式中，S 是每千米扣分总数；S_i 为超限点峰值的大小；S_j 为超限的数量；S_{ij} 为扣分多少。根据每千米扣分总数的大小，轨道的几何状态分 3 个等级，$S\leqslant 50$ 为优良，$51\leqslant S\leqslant 100$ 为合格，$S>300$ 为失格。

2. 轨道区段均值管理

轨道区段均值管理以轨道质量指数 TQI 为基础，其是统计单元轨道区段的水平、左轨向、左高低、三角坑、右轨向、右高低、轨距各检测单项之和得到的。TQI 值与轨道整体的平顺性呈负相关关系。其计算公式为

$$\text{TQI}=\sum_{i=1}^{7}\sigma_i \tag{8-17}$$

$$\sigma_i=\sqrt{\frac{1}{n}\sum_{j=1}^{n}(x_{ij}-\bar{x}_i)} \tag{8-18}$$

$$\bar{x}_i=\frac{1}{n}\sum_{j=1}^{n}x_{ij} \tag{8-19}$$

式中，σ_i 指单项检测参数的标准偏差；$\bar{x}_i$ 指单项参数的检测均值；x_{ij} 指某单项检测参数的实际检测值，单位均为 mm。

工务标准中，单元区段是指每 0.25 m 设置一个检测点位，200 m 长的轨道设置 $n=800$ 个点，计算 7 个检测单项的标准差，也即单项指数，它们的代数和叫作 200 m 轨道单元区段的轨道质量指数 TQI。

8.2 轨道状态预测模型构建

8.2.1 轨道状态预测模型

轨道状态预测是轨道状态维修计划制订的核心问题，我国采用的轨道质量指数 TQI 是评价轨道状态的重要指标。一方面由于轨道相邻两次维修周期内的 TQI 数据检测次数少，另一方面为满足预测精度的要求，本书提出一种改进非等时距灰色组合预测模型 IGM-PSO-Elman。该模型通过优化一阶累加过程和背景值计算，在参数求解中植入权重矩阵改进灰色模型，提高轨道状态的预测精度，并利用粒子群算法优化的 Elman 神经网络校正该模型预测残差值，进一步降低预测误差。新模型能够科学判定所需维修的轨道区段，为线路状态维修提供高效、准确和可靠的预测依据。

1. 改进非等时距灰色预测模型 IGM(1,1)

我国采用的轨道质量指数 TQI 是通过计算 200 m 单元区段内所有样点的水平、左轨向、左高低、三角坑、右轨向、右高低、轨距这 7 项标准差之和得到的，分析 TQI 数值的变化可以确定该区段需要采取何种养护维修方式。一般的灰色模型我们称为均值灰色预测模型，它适用于预测符合指数规律增长的等时距序列，但是轨道动态几何检测数据由于多方面原因往往都是非等时距采集序列，从灰色模型的数学建模推导过程分析，在一次累加生成中引入权系数优化时距分配，利用几何意义重构背景值的计算，在参数求解中植入权重矩阵，重新分配数据的权重，从而建立改进非等时距灰色 IGM(1,1)模型用以预测 TQI 序列，得到初步预测值。

第一步：时间间隔优化

记原始 TQI 序列 $X^{(0)}$ 为非负序列。

$$X^{(0)}=(x^{(0)}(t_1),\cdots,x^{(0)}(t_i),\cdots,x^{(0)}(t_n))$$

一般的均值灰色预测模型适用于等时距序列拟合与预测，但实际上由于轨道因素、荷载因素、自然环境等诸多因素的作用，TQI 序列的检测时距不完全相等，原始序列的时间间距 $\Delta t_i=t_i-t_{i-1}\neq \text{const},i=2,3,\cdots,n$，即 TQI 序列属于非等时距序列。

$X^{(0)}$ 序列相应的一阶累加生成(1-AGO)序列为

$$X^{(1)}=(x^{(1)}(t_1),\cdots,x^{(1)}(t_i),\cdots,x^{(1)}(t_n))$$

$$x^{(1)}(t_i)=x^{(1)}(t_{i-1})+\Delta t_i x^{(0)}(t_i),\Delta t_1=1 \tag{8-20}$$

由 Δt_i 的定义可知，将权值完全赋予 t_i 时刻的 $x^{(0)}(t_i)$ 并不十分合理，故引入权重系数 $\lambda(0\leqslant\lambda\leqslant1)$，参考已有文献可得，在灰色模型中引入权系数之后，能灵活地控制 TQI 序列各部分时间间距的影响程度，从而使模型更好地适应不同阶段的预测要求。

$$x^{(1)}(t_i)=x^{(1)}(t_{i-1})+\lambda\Delta t_i x^{(0)}(t_i)+(1-\lambda)\Delta t_i x^{(0)}(t_{i-1})$$

式中，$i=2,3,\cdots,n$。

令 $x^{(1)}(t_1)=x^{(0)}(t_1)$，即采用原始序列的第一个数据作为初值。

第二步：背景值重构

由优化后的 $X^{(1)}$ 序列建立灰色微分方程。

$$\mathrm{d}x^{(1)}(t)/\mathrm{d}t+ax^{(1)}(t)=b$$

在区间$[t_{i-1},t_i]$对式(8-4)进行积分。

$$\int_{t_{i-1}}^{t_i}\frac{\mathrm{d}x^{(1)}(t)}{\mathrm{d}t}\mathrm{d}t+a\int_{t_{i-1}}^{t_i}x^{(1)}(t)\mathrm{d}t=u\int_{t_{i-1}}^{t_i}\mathrm{d}t \tag{8-21}$$

对式(8-21)离散化,得差分方程。

$$x^{(0)}(t_i)\Delta t_i+az^{(1)}(t_i)=b\Delta t_i \tag{8-22}$$

式中,a 为灰色发展系数,反映变化趋势;b 为灰色作用量,反映数据波动成分。

一般均值灰色预测模型中:

$$z^{(1)}(t_i)=0.5[x^{(1)}(t_i)+x^{(1)}(t_{i-1})] \tag{8-23}$$

式(8-23)称为差分方程背景值,本质上是一个平滑公式,其几何意义是 $x^{(1)}(t)$与横轴围成的面积。式(8-23)针对的是等时距序列,相邻两个检测时间间隔为 1,用梯形面积表示几何意义。此法在相邻检测时间间隔较大时误差明显,考虑用积分面积重构背景值计算,即 $z^{(1)}(t_i)=\int_{t_{i-1}}^{t_i}x^{(1)}(t_i)\mathrm{d}t$,经优化后的 $X^{(1)}$ 序列近似符合指数增长规律,即 $x^{(1)}(t)=ce^{dt}$,代入得新的背景值计算公式。

$$z^{(1)}(t_i)=\int_{t_{i-1}}^{t_i}x^{(1)}(t_i)\mathrm{d}t=\frac{[x^{(1)}(t_i)-x^{(1)}(t_{i-1})]\Delta t_i}{\ln[x^{(1)}(t_i)]-\ln[x^{(1)}(t_{i-1})]} \tag{8-24}$$

第三步:参数求解优化

TQI 数据在满足精度相同的前提下,越靠近预测点的数据对建模过程的影响越大,给不同检测时间的数据赋予一个权值 $\mu(1\leqslant\mu\leqslant2)$,定义权值矩阵为

$$\boldsymbol{P}=\begin{pmatrix}\mu^1 & 0 & \cdots & 0\\ 0 & \mu^2 & \cdots & 0\\ \vdots & \vdots & & \vdots\\ 0 & 0 & \cdots & \mu^{n-1}\end{pmatrix} \tag{8-25}$$

参考已有文献的研究,取 $\mu=1.6$。

$$\boldsymbol{Y}=\begin{pmatrix}x^{(0)}(t_2)\Delta t_2\\ x^{(0)}(t_3)\Delta t_3\\ \vdots\\ x^{(0)}(t_n)\Delta t_n\end{pmatrix},\boldsymbol{B}=\begin{pmatrix}-z^{(1)}(t_2) & \Delta t_2\\ -z^{(1)}(t_3) & \Delta t_3\\ \vdots & \vdots\\ -z^{(1)}(t_n) & \Delta t_n\end{pmatrix} \tag{8-26}$$

以最小化绝对误差和为目标求解参数 a,b,λ。

$$\begin{aligned}\hat{a}&=[a,b]^{\mathrm{T}}=(\boldsymbol{B}^{\mathrm{T}}\boldsymbol{P}\boldsymbol{B})^{-1}\boldsymbol{B}^{\mathrm{T}}\boldsymbol{P}\boldsymbol{Y}\\ \min(\lambda)&=\sum_{i=1}^{n}|\hat{x}^{(0)}(t_i)-x^{(0)}(t_i)|\end{aligned} \tag{8-27}$$

取 $x^{(1)}(t_1)=x^{(0)}(t_1)$,则灰微分方程的解为

$$\hat{x}^{(1)}(t_i)=[x^{(1)}(t_1)-b/a]e^{-a(t_i-t_1)}+b/a \tag{8-28}$$

还原得

$$\hat{x}^{(0)}(t_i)=\frac{\hat{x}^{(1)}(t_i)-\hat{x}^{(1)}(t_{i-1})-(1-\lambda)\Delta t_i\hat{x}^{(0)}(t_{i-1})}{\lambda\Delta t_i} \tag{8-29}$$

式中，$i=2,3,\cdots,n$；$\hat{x}^{(0)}(t_1)=\hat{x}^{(1)}(t_1)$，进而得到模型初步预测值。

2. 残差校正网络

轨道质量指数TQI存在较强的随机性，当使用改进非等时距灰色模型IGM(1,1)对原始序列进行预测时，相应的拟合曲线未能很好地反映原始数据序列中扰动成分，且少许数据误差仍较大。将改进非等时距灰色模型预测的线性分量剔除之后，发现得到的残差序列反复出现随机振荡的特点。Elman神经网络的非线性和自学习能力强，能较好处理数据波动问题；利用PSO算法对Elman神经网络的模型训练参数进行优化，提高网络收敛速度，避免陷入局部极小值，进而建立PSO-Elman残差校正模型。

用IGM(1,1)预测TQI序列后的残差序列出现正负交替情况，说明原始序列存在扰动分量，为进一步提高模型预测精度，采用PSO-Elman校正模型修正IGM(1,1)的预测残差，得到残差修正值。图8-3为PSO-Elman残差校正过程。

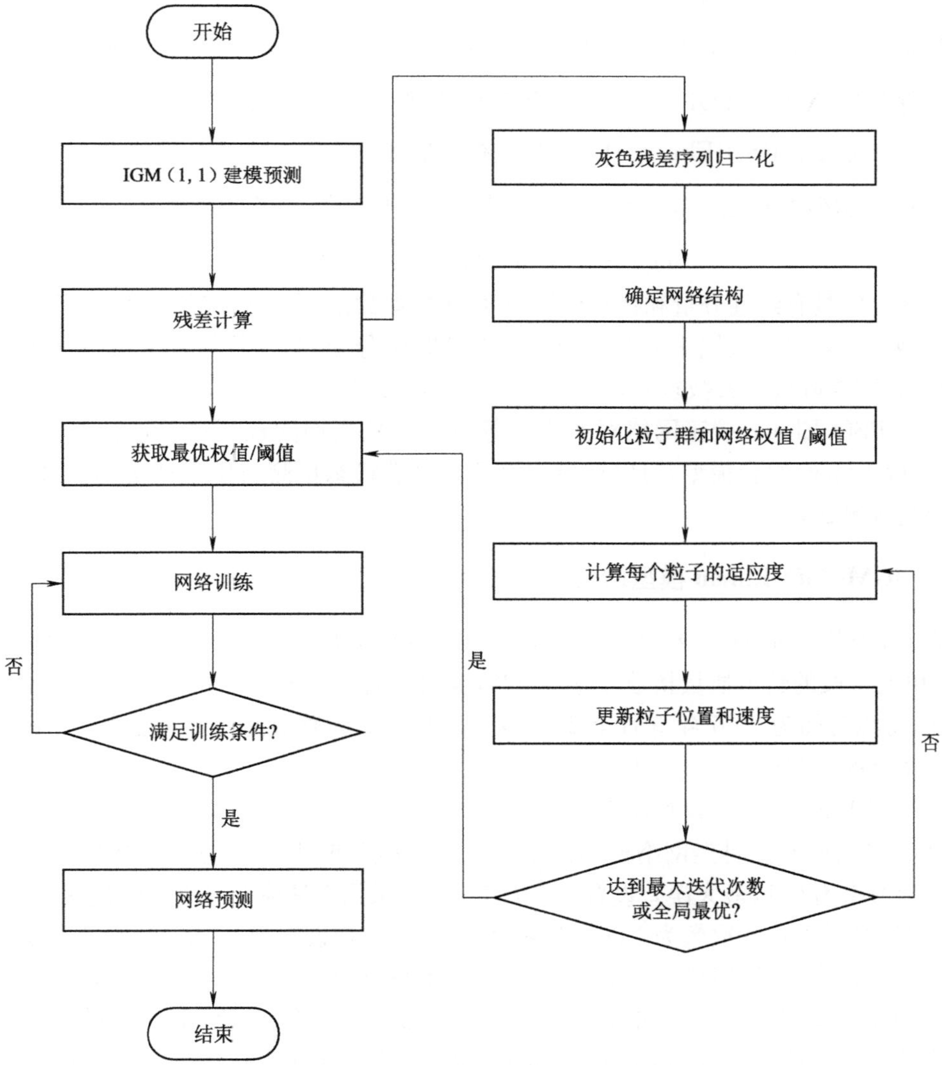

图8-3　PSO-Elman残差校正过程

3. 组合预测模型

综合改进非等时距灰色 IGM(1,1)模型、粒子群优化算法、Elman 神经网络三者的优势构建组合模型 IGM-PSO-Elman,其预测原理为:利用 IGM(1,1)预测原始 TQI 序列,计算初步残差,将其作为 PSO-Elman 校正网络的输入,输出校正后的残差,最后得到 TQI 预测值。IGM-PSO-Elman 组合模型的主要过程如下:

步骤 1:检验原始 TQI 数据的级数比;

$$\lambda(t_i)=X^{(0)}(t_{i-1})/X^{(0)}(t_i) \quad i=2,3,\cdots,n \tag{8-30}$$

若级数比落在区间($e^{\frac{-2}{n+1}}, e^{\frac{2}{n+1}}$)内,则运用 IGM(1,1)灰色建模预测。否则,应进行适当处理。如选取适当常数 C 对原始 TQI 序列 $X^{(0)}$ 适当平移得

$$new\_X^{(0)}=X^{(0)}+C \tag{8-31}$$

步骤 2:将处理之后的数据进行一阶累加生成,得到 1-AGO 序列 $X^{(1)}$;

步骤 3:将 $X^{(1)}$ 输入至 IGM(1,1)模型,最小二乘法估计参数 a,b,λ;

步骤 4:利用式(8-33)求得 TQI 初步预测值 $\hat{X}^{(0)}$,若进行了平移操作,则需还原;

步骤 5:将 $\hat{X}^{(0)}$ 与 TQI 真实值比较得到残差序列 $\delta(t_i)$,训练 PSO-Elman 残差校正模型,将 $\delta(t_i)$输入至 PSO-Elman 中得到残差校正值 $\hat{\delta}^{(0)}$;

步骤 6:由残差校正值 $\hat{\delta}^{(0)}$ 和初步预测值 $\hat{X}^{(0)}$ 得到最终 TQI 预测值。

$$x(t_i)=\hat{x}^{(0)}(t_i)+\hat{\delta}(t_i) \quad i=1,2,\cdots,n \tag{8-32}$$

上述针对具有线性分量和扰动分量的 TQI 样本数据,常采用灰色模型进行预测,并在传统模型上引入权系数优化一次累加生成中的时距分配,利用几何意义重构背景值的计算,植入权重矩阵优化参数求解,生成了改进非等时距灰色 IGM(1,1)预测模型,进一步利用优化的 PSO-Elman 校正网络对改进非等时距灰色模型的预测残差进行修正,推导出 IGM-PSO-Elman 组合模型,可以选择该模型为轨道状态预测与质量评价提供理论指导,从而提高预测的精度。

8.2.2 IGM-PSO-Elman 模型验证

为了增强模型验证的可靠性,选取沪昆干线上行线路 K226+000～+200 和 K226+400～+600 单元区段的轨道质量指数 TQI 实测数据对组合预测模型 IGM-PSO-Elman 进行效果验证,检测时间为 2007 年 9 月至 2008 年 12 月期间,线路最高允许速度为 200 km/h,并与已有文献的预测模型进行结果对比。

1. IGM-PSO-Elman 模型建立

PSO-Elman 校正神经网络模型的输入层、隐含层、输出层神经元的个数逐一设置为 7、5、1,学习率为 0.1,最大误差设置为 1.0×10^{-5}。采用自适应变异算子优化网络,粒子总个数为 45,粒子总迭代次数为 1 000,学习因子 c_1 和 c_2 均设置为 1.495,最大速度 v_{max}为 1,最小速度 v_{min}为−1,网络模型自动寻优定权,权重系数 $\lambda\in[0,1]$,λ 趋近于 0,步长 $\Delta\lambda$ 设为 0.001,$\lambda=\lambda+\Delta\lambda$,直至 λ 为 1 时计算停止,寻找到最优权系数。PSO-Elman 校正模型的各项参数设置好之后,利用 IGM-PSO-Elman 预测 TQI 并进行结果分析,验证该模型的预测效果。

为了保证新构建的预测模型与已有文献中的模型的可比性，本书参考常见的机器学习等领域当中的评价参数，选取如下参数作为模型评价指标：平均相对误差(mean relative error，MRE)、均方根误差(root mean square error，RMSE)、决定系数(coefficient of determination，R^2)、相关系数(correlation coefficient，r)。其中，MRE 表示相对误差的平均值；RMSE 描述模型预测结果与工程实际值的相差程度如何；R^2 用于评估预测值和实际值的符合程度；r 是用于描述两个变量线性相关程度的。

2. K226＋000～＋200 单元区段预测分析

分解前面所述的预测模型改进过程，利用文献中 K226＋000～＋200 单元区段共 19 组 TQI 数据作为原始训练序列，预测后续 7 组 TQI 数据。表 8-2 和表 8-3 分别为 K226＋000～＋200 单元区段不同预测模型之间的预测结果对比和 K226＋000～＋200 单元区段不同模型之间的评价指标对比。

表 8-2　K226＋000～＋200 单元区段不同模型的预测结果对比 单位：mm

序号	真实值	GM(1,1)	IGM(1,1)	GM-Elman	IGM-Elman	GM-PSO-Elman	IGM-PSO-Elman
1	6.321	5.777	5.804	5.991	6.285	6.155	6.322
2	6.109	5.821	5.856	5.943	6.233	6.077	6.291
3	6.503	5.865	5.908	5.984	6.263	6.111	6.31
4	6.201	5.913	5.961	5.988	6.243	6.088	6.193
5	6.336	5.966	6.015	6.055	6.304	6.142	6.347
6	6.346	6.025	6.069	6.144	6.445	6.212	6.427
7	6.659	6.095	6.123	6.233	6.601	6.321	6.666

表 8-3　K226＋000～＋200 单元区段不同模型之间的评价指标对比

评价指标	GM(1,1)	IGM(1,1)	GM-Elman	IGM-Elman	GM-PSO-Elman	IGM-PSO-Elman
MRE	0.067	0.061	0.048	0.014	0.030	0.011
RMSE	0.452	0.416	0.328	0.114	0.228	0.105
R^2	6.865	5.751	3.587	0.558	1.555	0.678
r	0.593	0.560	0.723	0.746	0.786	0.788

从表 8-2 和表 8-3 中的结果数据可以看到：GM(1,1)模型的 MRE 为 0.067，RMSE 为 0.452，R^2为 6.865，r 为 0.593；IGM(1,1)模型的 MRE 为 0.061，RMSE 为 0.416，R^2为 5.751，r 为 0.560；IGM-Elman 模型的 MRE 为 0.014，RMSE 为 0.114，R^2为 0.558，r 为 0.746；IGM-PSO-Elman 模型的 MRE 为 0.011，RMSE 为 0.105，R^2为 0.678，r 为 0.788，表明经过改进非等时距灰色模型和残差校正之后，预测误差降低，组合模型能较好地用于具有线性分量和扰动分量的 TQI 序列预测。

此处选取 IGM(1,1)和组合模型 IGM-PSO-Elman 进行分析，按照组合模型的预测思路和步骤，将改进灰色预测残差作为校正模型的预测数据进行校正，最后综合两部分模型的结果得到最终预测值。图 8-4 为真实值、IGM(1,1)初步预测值和组合模型最终预测值的对比图。

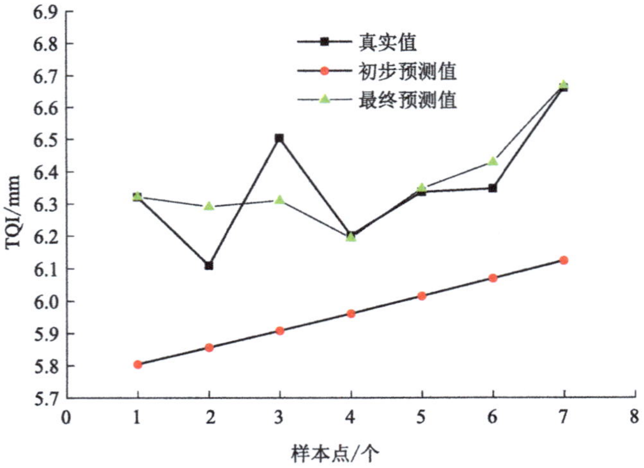

图 8-4 预测值和真实值对比

由图 8-4 可知，单一的灰色模型虽然有较好的线性变化趋势，但与实测值存在较大误差，未能满足铁路维修部门对轨道的养护作业，通过引入权系数优化一阶累加过程和重构背景值计算以及植入权重矩阵对灰色模型进行改进之后预测精度得到提升。

图 8-5 为种群适应度曲线，当迭代次数为 128 时，粒子群逐渐收敛，此时对粒子进行解码获得最优的网络初始权值和初始阈值，训练并得到最佳的 PSO-Elman 校正网络，利用训练好的校正网络对 TQI 初步预测值进行残差校正。

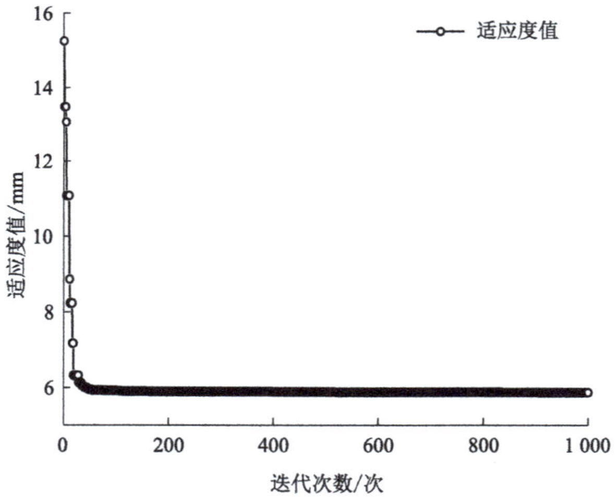

图 8-5 适应度函数变化曲线

利用 PSO-Elman 模型进行残差校正，图 8-6 为校正前后预测误差对比图，从图 8-6 可看出最终预测结果误差低于初步预测模型，表明 PSO 优化后的 Elman 神经网络能有效降低预测残差值。

表 8-4 和表 8-5 分别为 IGM-PSO-Elman 与文献[88]、[90]、[91]在 K226＋000～＋200单元区段预测结果对比和四种评价指标的对比。

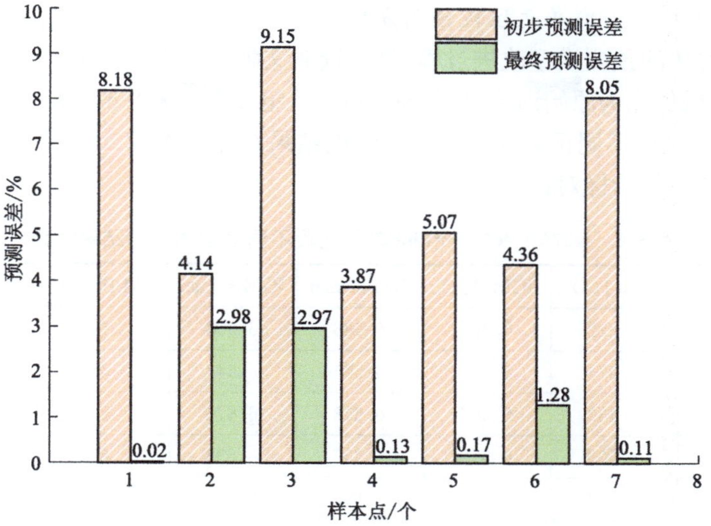

图 8-6　预测误差对比

表 8-4　K226+000～+200 单元区段预测结果对比　　单位:mm

序　号	真实值	文献[88]	文献[90]	文献[91]	IGM-PSO-Elman
1	6.321	6.095	5.975	6.143	6.322
2	6.109	5.965	6.049	6.162	6.291
3	6.503	5.798	6.164	6.192	6.310
4	6.201	6.167	6.277	6.245	6.193
5	6.336	6.952	6.413	6.308	6.347
6	6.346	6.816	6.633	6.424	6.427
7	6.659	7.009	6.801	6.515	6.666

表 8-5　K226+000～+200 单元区段评价指标对比

评价指标	文献[88]	文献[90]	文献[91]	IGM-PSO-Elman
MRE	5.46%	2.76%	1.86%	1.09%
RMSE	0.430	0.224	0.151	0.105
R^2	7.809	2.797	0.760	0.677
r	0.422	0.611	0.622	0.788

结果表明,文献[88]中建立 TITCGM(1,1)-PC 模型拟合预测原始 TQI 序列,MRE 为 5.46%,RMSE 为 0.430,预测误差较大;文献[90]借助 BPNN 校正灰色预测残差,由于初始权值和初始阈值的影响,总体的预测效果偏低,RMSE 比较高;文献[91]利用 GM-GA-Elman 模型预测的 RMSE 为 0.151,预测结果尚可。IGM-PSO-Elman 模型的 MRE 为 1.09%,RMSE 为 0.105,R^2为 0.677,r 为 0.788,表明经过改进非等时距灰色模型和残差校正之后,预测误差降低,组合模型能较好地用于具有线性分量和扰动分量的 TQI 序列预测。

3. K226+400～+600 单元区段预测分析

分解前面所述的预测模型改进过程，另外选取文献[88]中 K226+400～+600 单元区段共 19 组 TQI 数据作为原始训练序列，预测后续 7 组 TQI。表 8-6 和表 8-7 分别为 K226+400～+600 单元区段不同预测模型之间的预测结果对比和 K226+400～+600 单元区段不同模型之间的评价指标对比。

表 8-6 K226+400～+600 单元区段不同模型的预测结果对比 单位：mm

序号	真实值	GM(1,1)	IGM(1,1)	GM-Elman	IGM-Elman	GM-PSO-Elman	IGM-PSO-Elman
1	6.554	6.322	6.369	6.488	6.568	6.512	6.588
2	6.662	6.374	6.437	6.555	6.647	6.564	6.665
3	6.767	6.433	6.506	6.613	6.676	6.608	6.692
4	6.587	6.503	6.575	6.655	6.633	6.647	6.567
5	6.714	6.567	6.645	6.695	6.657	6.702	6.783
6	6.794	6.641	6.716	6.741	6.752	6.766	6.725
7	6.544	6.713	6.787	6.798	6.561	6.799	6.539

表 8-7 K226+400～+600 单元区段不同模型之间的评价指标对比

评价指标	GM(1,1)	IGM(1,1)	GM-Elman	IGM-Elman	GM-PSO-Elman	IGM-PSO-Elman
MRE	0.030	0.023	0.016	0.006	0.014	0.006
RMSE	0.217	0.176	0.126	0.048	0.123	0.049
R^2	4.566	2.970	1.118	0.449	1.064	0.789
r	0.104	0.133	0.154	0.928	0.175	0.862

从表 8-6 和表 8-7 中的结果数据可以看到：GM(1,1)模型的 MRE 为 0.030，RMSE 为 0.217，R^2 为 4.566，r 为 0.104；IGM(1,1)模型的 MRE 为 0.023，RMSE 为 0.176，R^2 为 2.970，r 为 0.133；IGM-Elman 模型的 MRE 为 0.006，RMSE 为 0.048，R^2 为 0.449，r 为 0.928；IGM-PSO-Elman 模型的 MRE 为 0.006，RMSE 为 0.049，R^2 为 0.789，r 为 0.862，表明经过改进非等时距灰色模型和残差校正之后，预测误差降低，组合模型能较好地用于具有线性分量和扰动分量的 TQI 序列预测。

此处选取 IGM(1,1)和组合模型 IGM-PSO-Elman 进行分析，按照组合模型的预测思路和步骤，将改进灰色预测残差作为校正模型的预测数据进行校正，最后综合两部分模型的结果得到最终预测值。图 8-7 为真实值、IGM(1,1)初步预测值和组合模型最终预测值的对比图。

由图 8-7 可知，单一的 IGM(1,1)模型虽然有较好的变化趋势，但存在较大误差。利用 PSO-Elman 模型进行残差校正，图 8-8 为模型预测的误差对比，与校正前的预测模型相比，改进模型的预测误差要更低。

图 8-9 为种群适应度曲线，当迭代次数为 100 时，粒子群趋于收敛，即模型越来越接近最优解。用组合模型对 TQI 数据进行预测的精确度高于未使用残差校正模型预测的情况，从图 8-9 中可以得出网络收敛速度快，最优粒子求解效率较高。

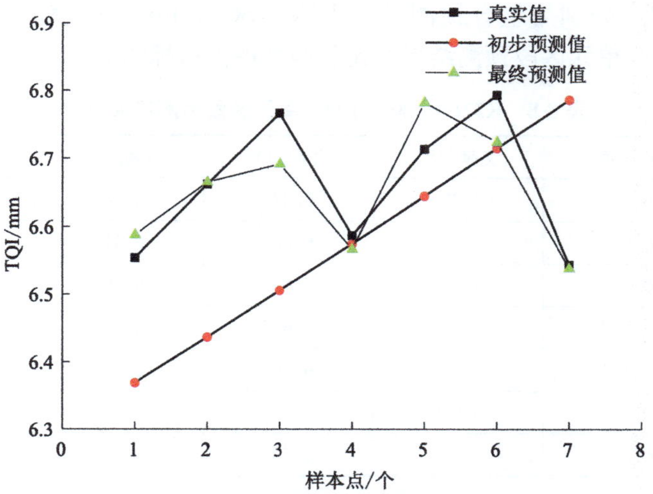

图 8-7　预测值和真实值对比

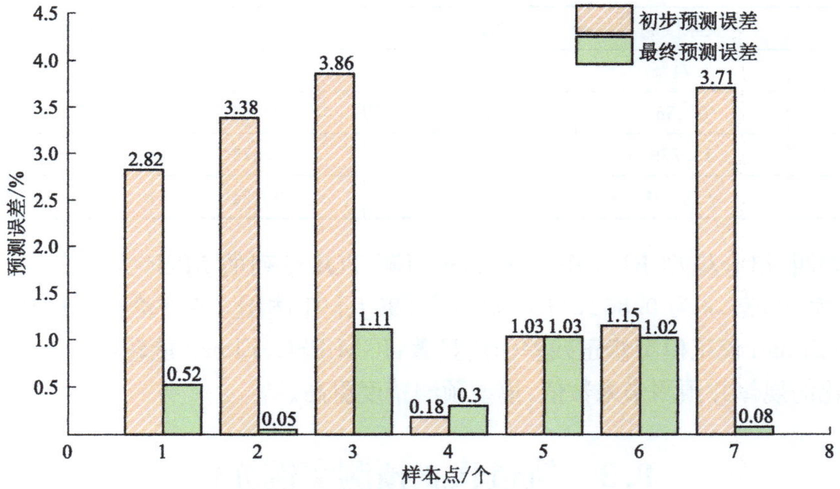

图 8-8　预测误差对比

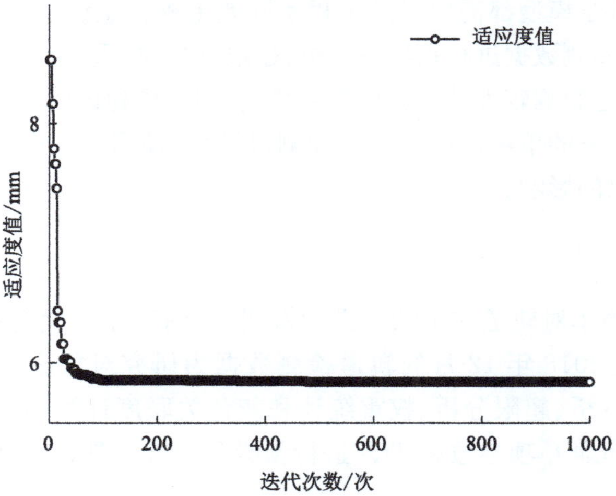

图 8-9　适应度函数变化曲线

表 8-8 和表 8-9 分别为组合预测模型 IGM-PSO-Elman 与文献[88]、[90]、[91]在 K226＋400～＋600 单元区段预测结果对比和四种评价指标的对比。

表 8-8 K226＋400～＋600 单元区段预测结果对比

单位:mm

序号	真实值	文献[88]	文献[90]	文献[91]	IGM-PSO-Elman
1	6.554	6.226	6.381	6.469	6.588
2	6.662	6.785	6.461	6.510	6.665
3	6.767	6.239	6.585	6.593	6.692
4	6.587	6.405	6.662	6.628	6.567
5	6.714	6.220	6.761	6.731	6.783
6	6.794	5.935	6.381	6.847	6.725
7	6.544	6.724	6.976	6.898	6.539

表 8-9 K226＋400～＋600 单元区段评价指标对比

评价指标	文献[88]	文献[90]	文献[91]	IGM-PSO-Elman
MRE	5.74%	2.59%	1.89%	0.59%
RMSE	0.455	0.209	0.165	0.049
R^2	18.779	4.554	2.579	0.789
r	−0.584	0.150	0.164	0.862

结果表明,组合模型 IGM-PSO-Elman 预测 TQI 序列的 MRE 为 0.59%,RMSE 为 0.049,R^2 为 0.789,r 为 0.862,与文献[88]、[90]、[91]相比,各评价指标得到很大提高,采用 PSO-Elman 校正模型修正残差作用显著,IGM-PSO-Elman 能较好地描述 TQI 序列随时间变化的规律并预测未来数值,模型预测精度更高。

8.3 轨道状态预测实例分析

任何新建立的数学模型都需要对其工程实际效果进行验证,本书首先介绍了实际检测数据来源,然后对实测数据进行箱型图分析、超限分析、权重统计、灰色关联度计算等预处理,确定对轨道状态影响较大的几何检测参数,利用新构建的组合预测模型 IGM-PSO-Elman 模型对筛选出来的单项标准差进行预测,最后对预测结果进行分析并讨论训练样本数对模型预测效果的影响。

8.3.1 数据来源

利用轨道检测小车对轨道质量状态进行检测,得到实际的检测数据,以某线路轨道区段 2016 年 3 月至 2018 年 12 月的轨道检测数据为研究对象,一共记录 110 组数据。对数据进行箱型图分析、超限分析、权重统计和灰色关联度计算,并利用组合模型 IGM-PSO-Elman 对轨道几何单项参数和 TQI 进行预测和分析。图 8-10 为数据采集部分装置现场。

图 8-10　数据采集部分装置现场

8.3.2　数据分析处理

轨道检测数据由于诸多原因不能直接用于指导工务部门的实际工作，需要对采集的数据进行箱型图分析、超限分析、权重统计和灰色关联度计算等预处理，从而有针对性地指导后期轨道质量状态的检修和管理。

1. 箱型图分析

箱型图能够直观凸显异常值，且未对数据有所限制，不要求数据服从某种特殊分布。其鲁棒性特点保证数据真实可靠，不会因为异常数据的随机性而受到明显干扰，适用于实际工程中异常点的提取和剔除处理。箱型图绘制的基本参数有数据序列的最大值（Q_{max}）、最小值（Q_{min}）、下四分位数（Q_1）、中位数（Q_2）、上四分位数（Q_3）以及通过四分位距（IQR，Q_1 与 Q_3 的距离）计算出的异常值范围。数据分布情况能在箱型图上直观显示和分析，IQR 越小说明数据越集中，否则越分散，上下边缘（Q_{max}、Q_{min}）亦是如此。中位数的相对位置可以来分析数据分布的偏向。利用 Origin 数据处理工具，读取检测数据，绘制各单项指标的箱型图。图 8-11 为七个单项箱型图的分布。

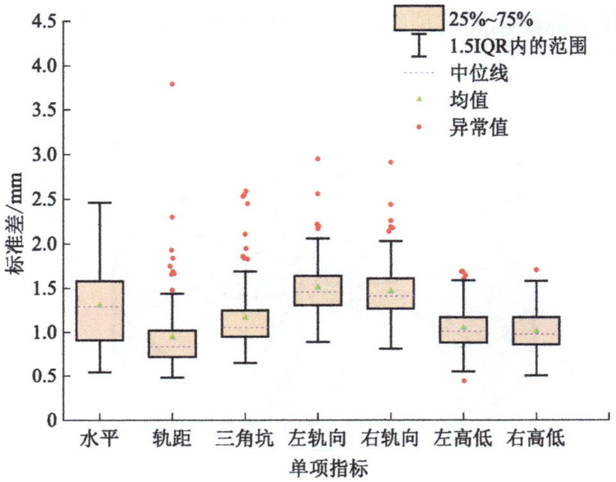

图 8-11　各单项指标箱型图

各单项箱型图显示绝大部分检测标准差处于正常范围内，但轨距、左轨向、右轨向、三角坑出现较多的偏移点，说明在本次维修周期内，工务人员不用对七个单项指标全部复查，而需要着重检测这些出现较多异常数据的单项指标。

2. 超限分析

根据轨道动态检测管理值判断其是否超限及超限详情，将超限部分的数据与单元轨道区段的各项标准差进行比较，对单元区段的超限情况进行统计并计算加权平均值，查看超限较为严重的指标来指导轨道养护工作。对超限情况进行统计并绘制出超限分数分项比例图，结果如图 8-12 所示。

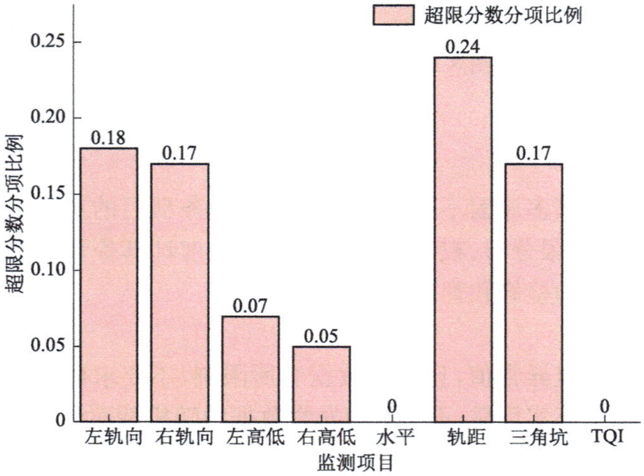

图 8-12　超限分数分项比例图

由于 TQI 是评价轨道整体质量的综合指标，其中某单项指标发生异常，而 TQI 正常时，无法反映轨道的真实情况。由图 8-12 可以发现，轨距的超限率达到了 24%，超限较严重，但 TQI 处于管理值正常范围，说明应着重检查超限率较高的单项指标。

3. 权重统计

对轨道单元区段实际检测的七项指标在 TQI 中所占的权重进行统计，如图 8-13 所示。

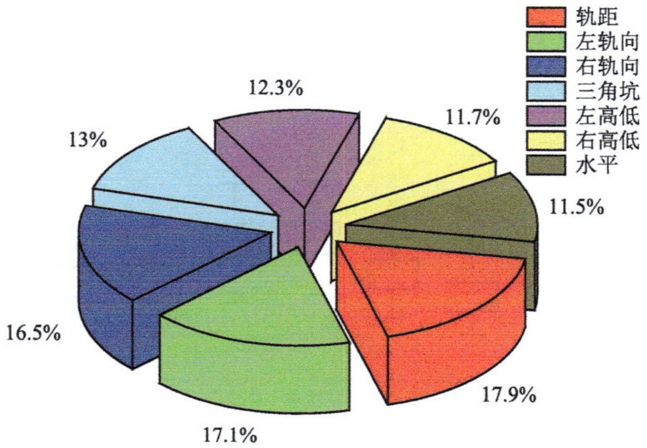

图 8-13　七项指标权重统计

由图 8-13 可知，指标权重占比前四分别为轨距、左轨向、右轨向、三角坑，占的权重分别为 17.9%、17.1%、16.5%、13%，相对于其余单项指标，它们在 TQI 中所占的比例较大，也就是说在这次维修周期内要特别注意这几个方面。要着重查看权重占比较大的单项指标，更有针对性地对线路轨道进行养修作业，切实提高轨道精准修的工作效率。

4. 灰色关联度计算

灰色关联度计算普适性较强，适合任何规模的数据，计算过程简单，主要是通过两组数据序列的曲线分布形状的相似度判断二者之间的相关程度，具体过程是将离散的数据点连成分段的折线，根据折线的特征进一步建立灰色关联度计算模型。

各参数曲线的变化形状相似程度，与相应数据序列之间的灰色关联度呈现正相关的关系，形状相差越大，关联度越小。采用邓氏关联度来刻画分析，设初始数据序列为

$$X_i=(x_i(1),\cdots,x_i(k),\cdots,x_i(n)) \tag{8-33}$$

$$\gamma_i(k)=\frac{F_{\min}+\xi F_{\max}}{f_i(k)+\xi F_{\max}} \tag{8-34}$$

$$\gamma(X_0,X_i)=\frac{1}{n}\sum_{k=1}^{n}\gamma_i(k) \tag{8-35}$$

式中，$i=1,\cdots,m$；$k=1,\cdots,n$；$f_i(k)=|x_0(k)-x_i(k)|$；$F_{\min}=\min\limits_i \min\limits_k f_i(k)$；$F_{\max}=\max\limits_i \max\limits_k f_i(k)$；分辨系数 $\xi\in(0,1)$；$\gamma(X_0,X_i)$为 X_0 与 X_i 的灰色关联度；$\gamma_i(k)$为 k 点的关联系数。

利用轨道区段七个单项指标及其计算的 TQI，通过 Matlab 编程计算各单项指标标准差与 TQI 两者之间的灰色关联度，对水平、左轨向、左高低、三角坑、右轨向、右高低、轨距 7 项参数进行降维，更有针对性地安排轨道养护维修工作。图 8-14 为轨道左右轨向、左右高低、水平、轨距、三角坑与 TQI 的灰色关联度分布。

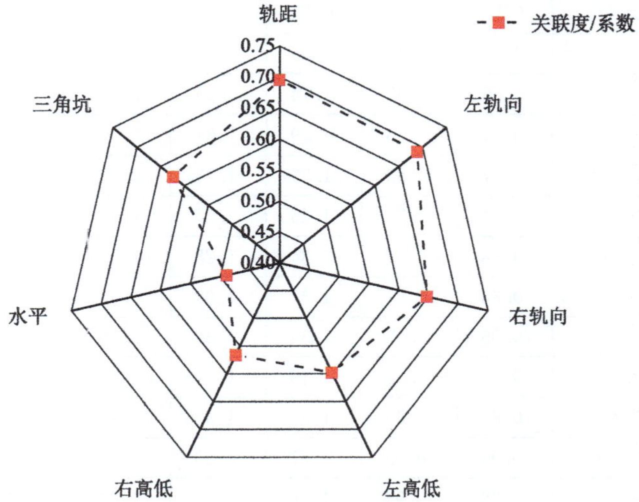

图 8-14 灰色关联度分布

由图 8-14 可知，轨距、左轨向、右轨向、三角坑四个子项的相关系数较高，表明轨道质量指数主要受轨距、左轨向、右轨向、三角坑的影响，左高低、右高低、水平标准差对 TQI 影响甚小，灰色关联系数较低指标的变化一定程度更能反映 TQI 的变化趋势，七项指标降维

至四项相对重要的指标，工务维修部门需要着重对这四个指标进行检查和养护，可以最大效率地安排维修资源和任务。

通过以上四种数据分析方法可知，轨距、左轨向、右轨向、三角坑是影响轨道质量指数变化趋势的重要部分，铁路有关部门应进一步有针对性地研究轨道质量发展的趋势和变化规律。

8.3.3 轨道质量状态预测分析

组合模型 IGM-PSO-Elman 能准确预测出短期内 TQI 序列，结合实际项目，选取某线路轨道单元区段的部分实测数据，检测时间范围为 2017 年 1 月 12 日至 2018 年 1 月 25 日，每月检测 2 次，检测速度区间为[200 km/h，250 km/h]，共 26 组数据，实测 TQI 数据见表 8-10。

表 8-10 实测 TQI 数据

序号	检测时间	相对时间/d	左轨向/mm	右轨向/mm	左高低/mm	右高低/mm	水平/mm	轨距/mm	三角坑/mm	TQI/mm
1	2017-01-12	0	0.71	0.63	0.67	0.88	0.73	0.82	0.87	5.31
2	2017-01-29	17	0.93	0.82	1.34	1.21	0.81	0.83	0.98	6.92
3	2017-02-16	35	0.74	0.68	0.92	0.89	0.76	0.83	1.04	5.86
4	2017-02-29	47	0.79	0.82	1.14	1.21	0.93	0.88	1.05	6.82
5	2017-03-13	60	0.67	0.88	1.06	0.89	1.07	0.89	0.96	6.42
6	2017-03-21	68	0.96	0.58	1.36	0.97	1.03	0.86	1.14	6.90
7	2017-04-13	91	0.72	0.85	0.91	0.83	0.79	0.89	0.87	5.86
8	2017-04-27	105	0.99	0.92	1.36	0.93	0.81	0.75	1.13	6.89
9	2017-05-14	122	0.97	0.94	0.81	1.07	0.74	0.81	1.11	6.45
10	2017-05-28	136	0.74	0.91	0.88	1.11	0.81	0.88	0.94	6.27
11	2017-06-15	154	0.98	0.59	0.86	0.85	0.97	0.83	1.07	6.15
12	2017-06-29	168	0.85	0.82	1.14	1.25	0.98	0.73	1.13	6.90
13	2017-07-15	184	0.91	0.76	1.09	1.23	1.09	0.83	0.87	6.78
14	2017-07-29	198	0.77	0.83	1.39	1.33	0.88	0.72	1.06	6.98
15	2017-08-15	215	0.64	0.79	1.26	1.37	1.03	0.85	1.17	7.11
16	2017-08-30	230	0.88	0.92	1.34	1.28	1.05	0.89	1.02	7.38
17	2017-09-14	245	0.83	0.91	1.37	1.36	1.09	0.81	0.98	7.35
18	2017-09-29	260	0.95	0.97	1.34	1.38	1.08	0.89	1.18	7.79
19	2017-10-17	278	0.88	0.83	1.15	1.09	1.06	0.85	1.15	7.01
20	2017-10-29	290	0.94	0.89	1.33	1.37	0.99	0.84	1.19	7.55
21	2017-11-14	306	0.93	0.99	1.27	1.39	1.08	0.87	1.13	7.66
22	2017-11-29	321	0.98	0.96	1.36	1.38	1.06	0.88	1.15	7.77
23	2017-12-14	336	0.95	0.91	1.38	1.35	1.07	0.76	1.17	7.59
24	2016-12-28	350	0.98	0.98	1.36	1.33	1.05	0.89	1.09	7.68
25	2018-01-15	368	0.99	0.94	1.39	1.37	1.08	0.83	1.19	7.79
26	2018-01-30	383	0.94	0.99	1.37	1.35	1.07	0.86	1.15	7.73

由表 8-10 可知 TQI 数据均处于轨道动态管理范围内，数值线性特征较弱；从时间维度进行分析，数据采集时间是随机的，属于非等时距序列，各单项标准差和 TQI 数据可采用 IGM-PSO-Elman 模型进行迭代计算。选取前 19 组数据用于模型训练，余下 7 组用于预测。

确定残差校正模型参数，Elman 神经网络各层的神经元个数逐一设为输入层 7 个，隐含层 5 个，输出层 1 个，学习率为 0.1，终止条件 1.0×10^{-5}。采用自适应变异算子优化网络，种群总数为 30，循环次数为 1 000，学习因子 c_1 和 c_2 统一设为 1.494 45，粒子速度最大值 $v_{\max}$ 和粒子速度最小值 $v_{\min}$ 分别为 1 和 −1。采用 GM(1,1) 模型和 IGM-PSO-Elman 模型进行预测。

8.3.4 实例实验结果分析

1. 各单项标准差预测结果分析

轨距、左轨向、右轨向、水平这 4 项参数标准差对轨道状态的影响较大，故为了降低数据分析量，提高预测的针对性，利用 IGM-PSO-Elman 组合模型对轨距、左轨向、右轨向、水平 4 项标准差进行预测，真实值、IGM(1,1) 初步预测值、IGM-PSO-Elman 组合模型最终预测值的对比如图 8-15 所示。

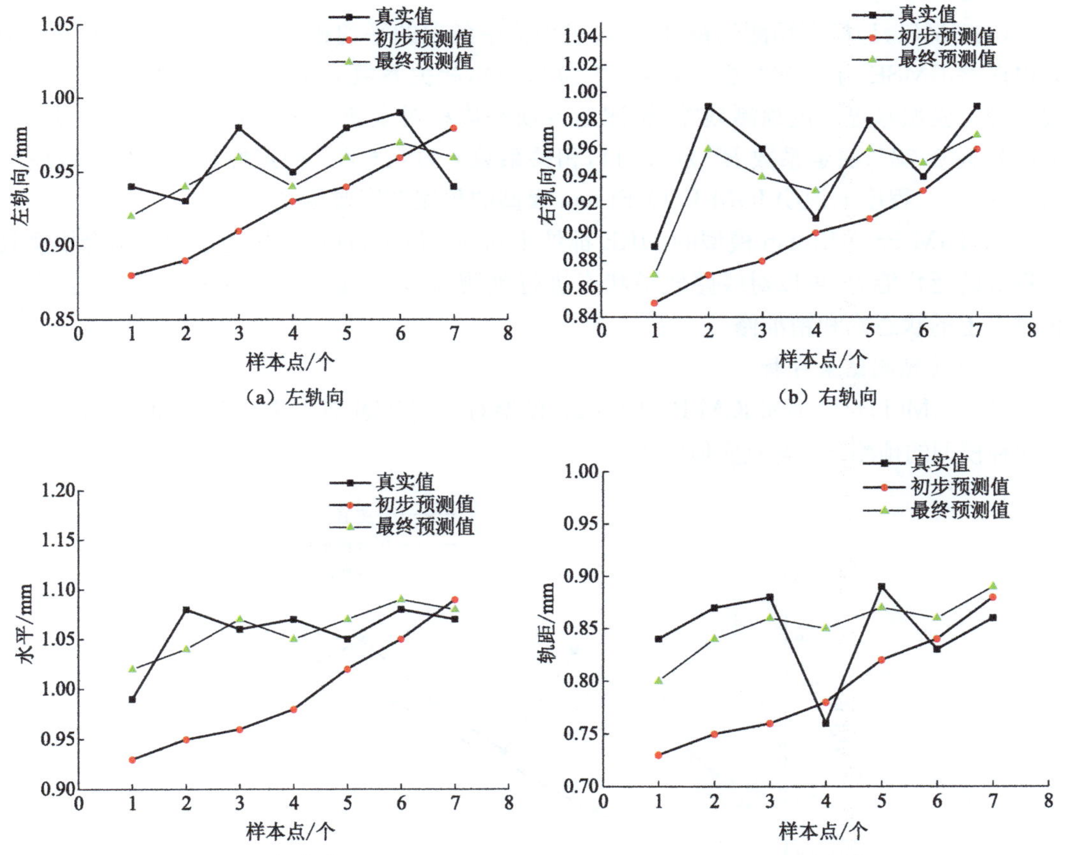

(a) 左轨向　(b) 右轨向　(c) 水平　(d) 轨距

图 8-15　各单项标准差的预测结果对比

由图 8-15 的实验结果看出，IGM-PSO-Elman 模型比 GM(1,1) 模型对轨道几何状态各单项标准差的预测效果好，灰色模型可以得到数据的变化趋势，利用粒子群优化的

Elman 神经网络可以训练找出单项检测数据的复杂变化函数，对初步预测序列进行残差校正，将轨道不平顺状态发展趋势中的随机扰动成分进行处理分析，充分挖掘原始序列的发展规律，解决轨道几何状态数据序列中的扰动性问题。

各单项标准差评价指标对比见表 8-11。

表 8-11 各单项标准差评价指标对比

精度指标	左轨向		右轨向		左高低		右高低		水平		轨距		三角坑		平均值	
	GM(1,1)	IGM-PSO-Elman	GM(1,1)	IGM-PSO-Elman	GM(1,1)	IGM-PSO-Elman	GM(1,1)	IGM-PSO-Elman	GM(1,1)	IGM-PSO-Elman	GM(1,1)	IGM-PSO-Elman	GM(1,1)	IGM-PSO-Elman	GM(1,1)	IGM-PSO-Elman
MRE	0.045	0.018	0.053	0.021	0.044	0.016	0.026	0.014	0.062	0.019	0.078	0.045	0.043	0.020	0.050	0.022
RMSE	0.046	0.018	0.064	0.021	0.069	0.022	0.040	0.020	0.076	0.023	0.082	0.043	0.056	0.029	0.062	0.025
R^2	4.262	0.664	2.837	0.813	4.231	0.762	1.893	0.815	7.664	0.615	3.217	0.431	1.676	0.174	3.683	0.611
r	0.356	0.719	0.448	0.884	0.676	0.826	0.571	0.431	0.486	0.649	0.069	0.224	0.153	0.499	0.394	0.605

由表 8-12 中可以看出：

(1)GM(1,1)模型预测的精度较低，平均值中各项的平均相对误差 MRE 为 0.050，均方根误差 RMSE 为 0.062，决定系数 R^2 为 3.683，相关系数 r 为 0.394，利用 PSO-Elman 残差校正模型修正灰色预测残差，预测的各项平均相对误差 MRE 为 0.022，均方根误差 RMSE 为 0.025，决定系数 R^2 为 0.611，相关系数 r 为 0.605。稳定性和预测精度有明显的提高，一定程度上说明 IGM-PSO-Elman 模型的预测精度要更高。

(2)IGM-PSO-Elman 模型的 MRE 都处于 0.045 以下，这也很好地说明该组合模型具有良好的泛化能力，可以对线路轨道状态进行预测预警，提醒工作人员进行复查，实现真正意义上的状态修和精准修。

2. TQI 预测结果分析

利用 GM(1,1)模型和 IGM-PSO-Elman 模型对实测 TQI 数据进行预测和分析，图 8-16 为两种模型的预测结果与真实值对比。

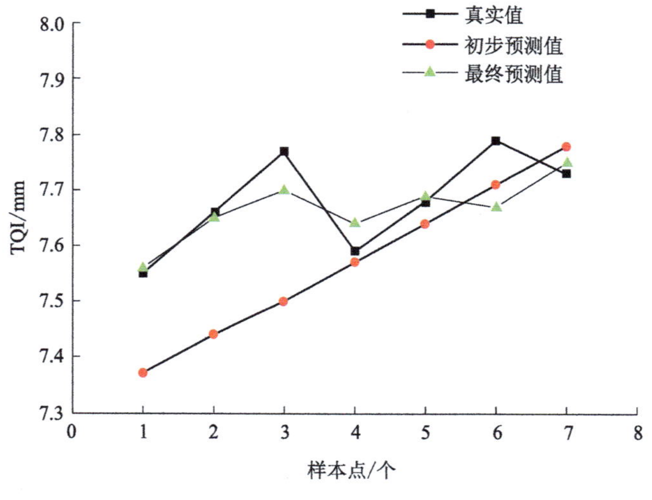

图 8-16 TQI 预测结果与真实值对比

由图 8-16 可知，GM(1,1)模型预测 TQI 数据基本呈线性发展趋势，但其没有考虑数据采集的非等时距特性，未能充分体现实际荷载和环境等因素对轨道质量造成的影响；利用 PSO-Elman 校正模型修正灰色预测残差，模型误差更低，收敛性更好，迭代 145 次，网络训练结束，得到最终预测值，图 8-17 为校正前后的预测误差对比，图 8-18 为适应度变化曲线。

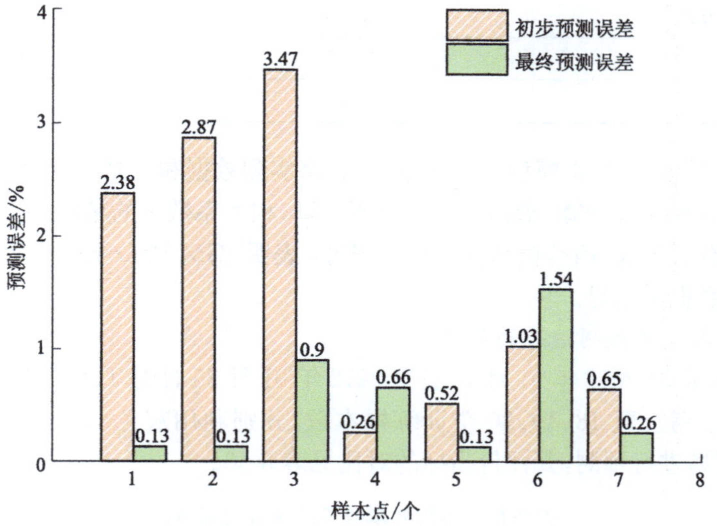

图 8-17 预测误差对比

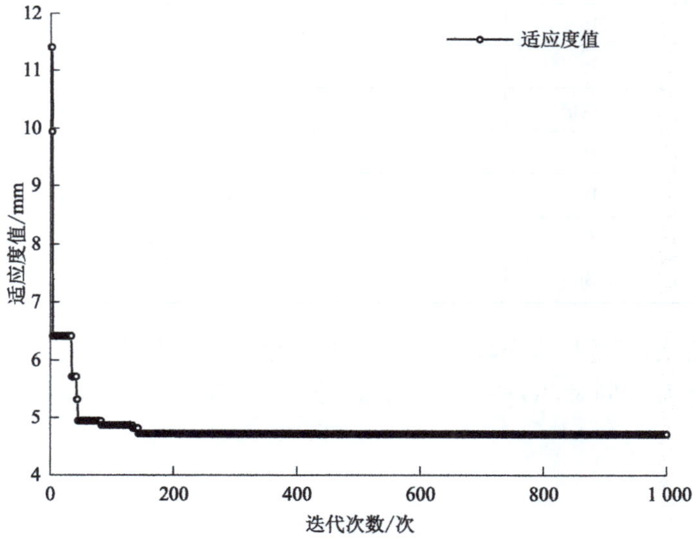

图 8-18 适应度函数变化曲线

由图 8-17 和图 8-18 可知，利用 PSO 优化 Elman 神经网络，收敛速度加快，PSO-Elman 校正模型修正残差后，预测误差大幅度下降，表明残差校正模型能有效提高预测效果。

表 8-12 为组合预测模型 IGM-PSO-Elman 与传统灰色 GM(1,1)四种重要评价指标的对比分析。

表 8-12 评价指标对比

评价指标	GM(1,1)	IGM-PSO-Elman
MRE	0.016	0.005
RMSE	0.153	0.057
R^2	4.427	0.472
r	0.609	0.760

由表 8-12 可知，经校正模型修正残差之后，将实测数据和文献数据代入组合预测模型进行多次反复编程迭代计算，指标误差均有所下降，相关系数 r 的精度提升了 0.151，预测数据序列效率有所提高，组合模型预测误差减小，表明 IGM-PSO-Elman 组合模型可为铁路轨道状态维修提供指导。

3. 训练样本数对预测结果的影响

选取某单元区段 2017 年 01 月 12 日至 2018 年 01 月 25 日的 TQI 数据，每月检测 2 次，共 26 组数据，分别设置 18、19、20 个训练样本数，分别利用灰色 GM(1,1)模型和 IGM-PSO-Elman 模型进行预测，其评价指标的对比见表 8-13。

表 8-13 不同样本数下的评价指标对比

模型	训练样本数	MRE	RMSE	R^2	r
GM(1,1)	18	1.99%	0.176	4.621	0.589
	19	1.60%	0.153	4.427	0.609
	20	1.47%	0.127	3.744	0.653
	平均值	1.69%	0.152	4.264	0.617
IGM-PSO-Elman	18	0.61%	0.062	0.501	0.603
	19	0.54%	0.057	0.472	0.760
	20	0.49%	0.048	0.422	0.801
	平均值	0.55%	0.056	0.465	0.721

由表 8-13 可知，训练样本个数越多，GM(1,1)模型和 IGM-PSO-Elman 模型拟合数据越准确；训练样本数相同时，IGM-PSO-Elman 模型比 GM(1,1)的预测效果更好。

9　轨道电路故障智能检测

9.1　轨道电路概述

ZPW-2000A 无绝缘移频轨道电路主要为非电化及电化钢轨区间提供自动闭塞、机车信号及超速防护功能，通过 ZPW-2000A 无绝缘移频轨道电路可以把轨道分成不同闭塞区间，每个闭塞区间可以运行一辆车辆，提高了车辆运行效率；同时，可以为车辆运行提供移频控制信号，便于车辆速度控制。

ZPW-2000A 无绝缘移频轨道电路设备主要由室内和室外两部分设备组成。室内设备主要由发送器、接收器、衰耗器和模拟网络盘组成；室外设备主要由传输线缆、匹配单元、调谐单元和空心线圈组成，具体如图 9-1 所示。

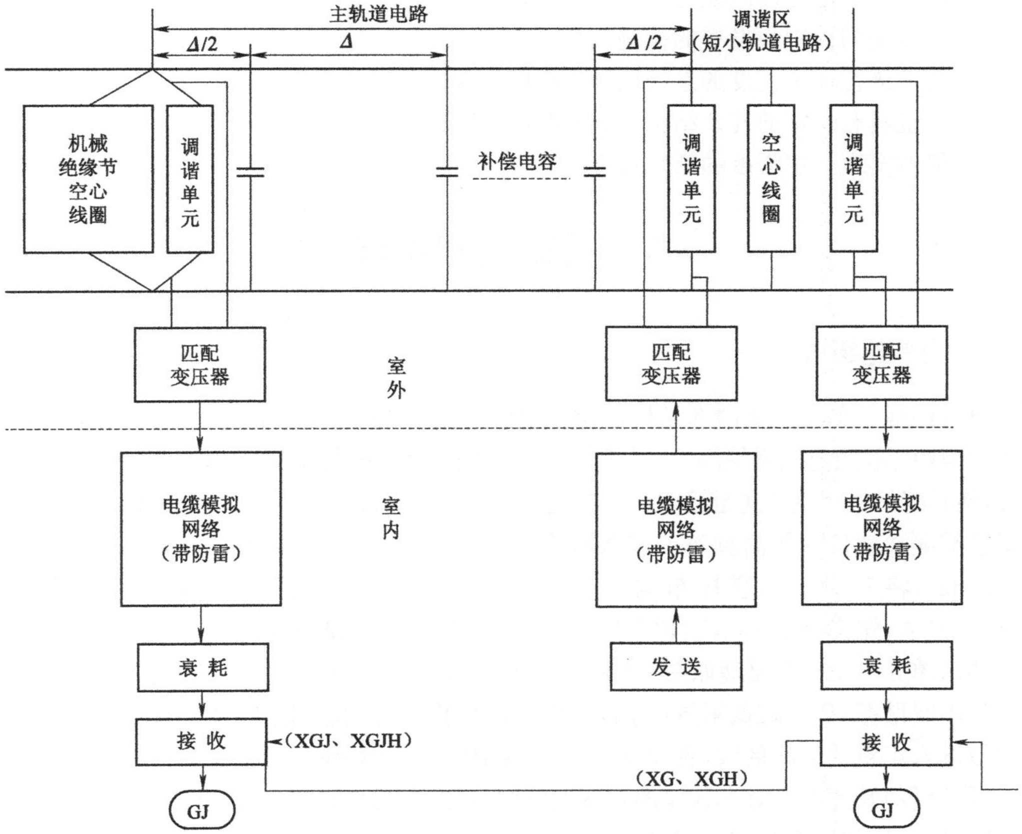

Δ 表示取一段钢轨的长度。

图 9-1　ZPW-2000A 无绝缘移频轨道电路系统结构图

发送器主要产生调频信号，生成移频信号源，8 种载频信号为下行线使用载频：1700-1 Hz、1700-2 Hz、2300-1 Hz、2300-2 Hz；上行线使用载频：2000-1 Hz、2000-2 Hz、2600-1 Hz、2600-2 Hz。18 种低频信号为 10.3 Hz、11.4 Hz、12.5 Hz、13.6 Hz、14.7 Hz、15.8 Hz、16.9 Hz、18 Hz、19.1 Hz、20.2 Hz、21.3 Hz、22.4 Hz、23.5 Hz、24.6 Hz、25.7 Hz、26.8 Hz、27.9 Hz、29 Hz。

接收器主要用于接收器从钢轨轨道传输回的移频信号解码，当满足一定电压值及载频时，吸起轨道继电器(GJ)，指示此段钢轨轨道空置，未有车辆占用。

衰耗器用于调整从钢轨轨道传输回的移频信号，使其满足接收器接收信号的电压指标，并提供系统状态指示以及测量接口。

模拟网络盘主要完成室内设备和室外设备之间传输移频信号电缆的模拟，使所有区段的发送端和接收端的线缆长度均为 10 km。

室外设备主要完成同室内设备信号匹配及钢轨轨道的调谐区功能，其调谐区可以对不同轨道区段的移频信号进行电气隔离。

ZPW-2000A 轨道电路在可靠性、造价方面具有显著优势，成为我国轨旁电路设备中使用最广泛的闭塞系统，该系统的优点有：

(1)结构及维护简单，操作不繁琐，适用于我国南北变化的环境情况。

(2)能够分级远程监测轨道区段的占用情况。

(3)可传递列控中心发布的控制信息。

(4)能够进行一定程度的系统回溯和故障预警。

(5)系统具有一定的冗余结构，能够保障列车的安全运行。

(6)能够实现一定程度的断轨检查。

9.2 轨道电路组成

9.2.1 电气绝缘节

电气绝缘节单元主要内部结构由调谐单元、空心线圈(SVA)以及 29 m 钢圈组成，用于实现两相邻轨道电路系统间的电气隔离，截断本区段信号进入相邻区段，保障本区段信号通过，使其将信号经钢轨送至接收端。电气绝缘节部分的轨道长度一般为 29 m，其两端分别布置能够隔离或传输较高频率或较低频率的调谐单元(BA)。对于较低频率(1 700 Hz/2 000 Hz)，将 L_1、C_1 串联排布构成 F1 型调谐单元；较高频率轨道电路(2 300 Hz/2 600 Hz)端，先将串联 L_2、C_2，再并联 C_3 共同组成 F2 型调谐单元，如图 9-2 所示。

调谐单元 BA 工作原理如图 9-3 所示，“F_1”(F_2)端 BA 的 L_1C_1(L_2C_2)对“F_2”(F_1)端的频率为串联谐振，呈现较低阻抗(约数十毫欧姆)，称“零阻抗”相当于短路，阻止了相邻区段信号进入本轨道电路区段，见图 9-3(c)右端[图 9-3(b)左端]。

“F_1”(F_2)端的 BA 对本区段的频率呈现电容性，并与调谐区钢轨、SVA 的综合电感构成并联谐振，呈现较高阻抗，称“极阻抗”(约 2 Ω)，相当于开路状态。以此减少相邻区段信号对本区段信号的干扰。

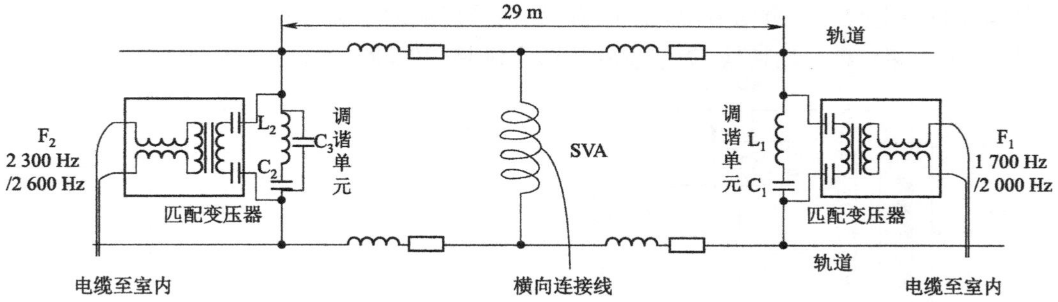

图 9-2 电气绝缘节简要工作原理

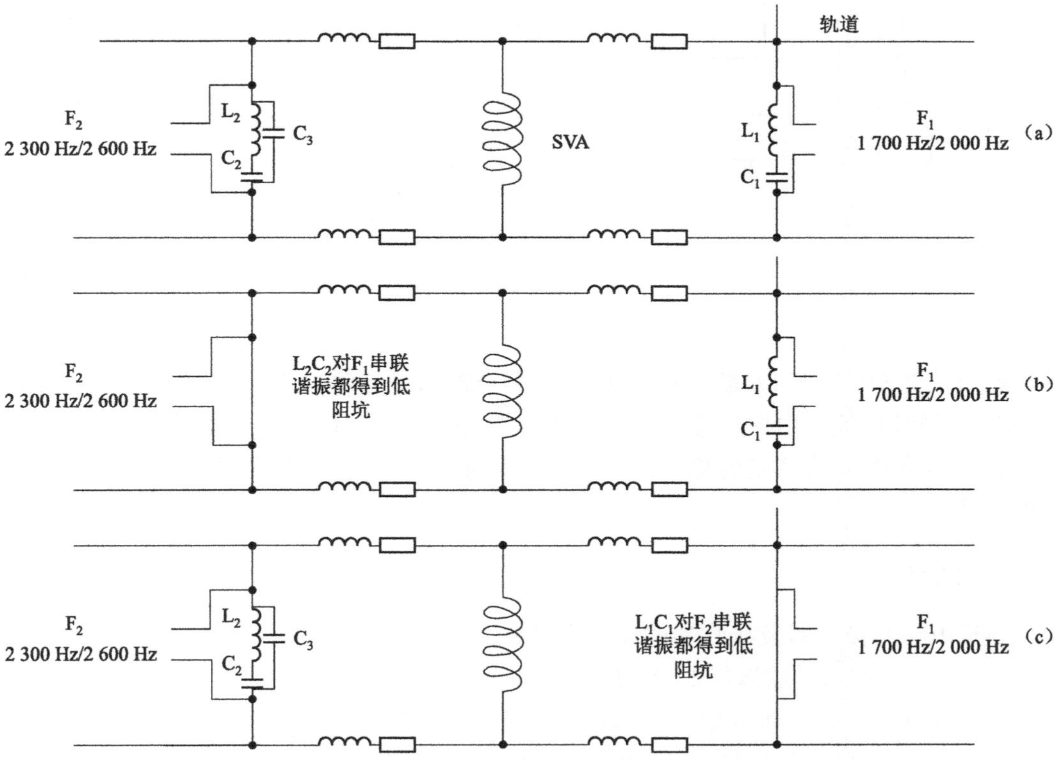

图 9-3 调谐单元 BA 工作原理

9.2.2 空心线圈

轨道不仅仅承载列车，更肩负着牵引回流和轨道信号等多种信息传递，为减少各自之间的相互干扰，轨道电路的区段内设置空心线圈，以此实现两条轨道之间牵引电流的平衡，对不平衡的电流起到短路作用。同时，空心线圈在轨道电路的调谐区段，可以改善调谐区的阻抗并改善复线线路中上下行线路之间电位连接以及肩负部分防雷任务。

9.2.3 发送器

轨道电路的发送器是轨道电流信号发送中枢，产生 8 种载频信号以及 18 种低频信号，以此构成轨道电路的移频信号源，是轨道电路信号传输的基础。发送器具有 $N+1$ 冗余结构，故障时能够实现自动切换，为信息的传递提供基础保障。发送器原理如图 9-4 所示。

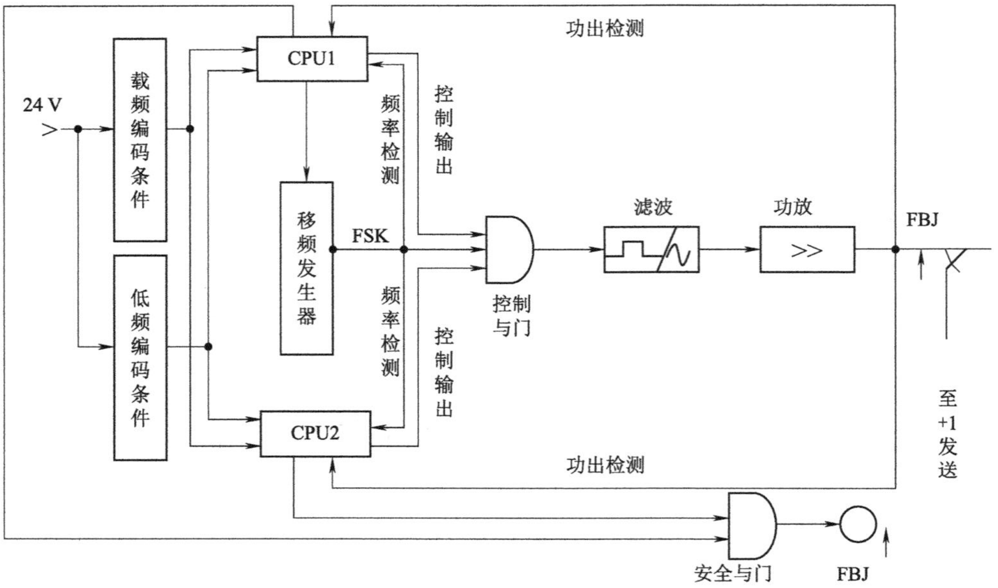

图 9-4 发送器原理

经电压源产生信号，对载频和低频分别进行编码，随后将信号分两路分别送入 CPU1 和 CPU2，同时 COU1 中控制移频发生器，产生低频信号。将信号送入控制与门，进行控制输出和移频检测，符合规定的检测结果即产生移频信号，经过滤波环节，实现方波到正弦波的转换。

9.2.4 接收器

轨道电路的接收器及接收端的设备也是按照一用一备进行双机并联运行设置（又称“0.5+0.5”双机并联冗余），双机并联原理如图 9-5 所示。接收器的主要作用是对经过主轨道传输的移频信号进行解调，配合调谐区的小轨道的电路检查，实现对轨道动作继电器的动作控制。

ZPW-2000A 系统中 A 主机和 B 主机共同构成双机并联运行系统，A 主机的输入信号会进入 B 并机中，进行信号备份，B 主机信号同理，实现对信号传输的最大冗余控制。

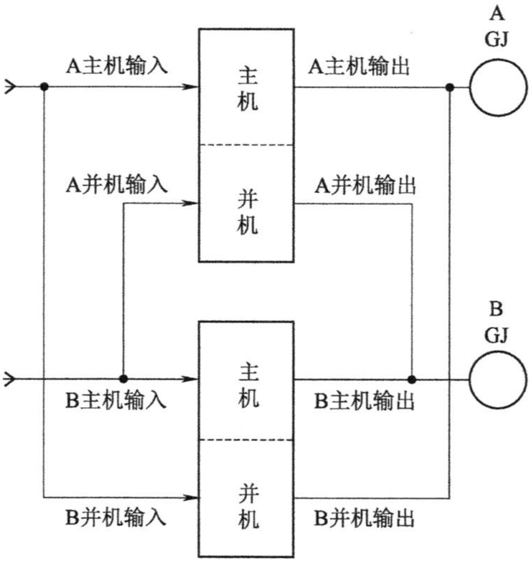

图 9-5 双机并联原理

9.2.5 衰耗盘

轨道电路的衰耗盘包括轨道输入小电路、小轨道输入电路和表示指示灯，能够实现对主轨道电路的调整、正向和反向小轨道电平的调整。衰耗盘内设的工作指示灯能够实现对发送、接受故障以及轨道占用等相关信息的指示，同时内设的相应测试端口能便于给有关发送、接受、功出以及轨道输入输出提供测试条件。

9.2.6　站防雷和电缆模拟

电缆模拟的作用就是将发送器产生的移频信号传递给轨旁电路，但由于设备所处位置不同，SPT 电缆的长度存在差异，为使信号传输长度达到设计值，实现轨道电路户外部分的调整，为改变轨道区段行车方向提供基础。电缆模拟网络是对 SPT 电缆阻值的有效补充，实现相邻轨道电路中电缆的实际长度均为 10 km，减少因线路传输对信号的影响。站防雷和电缆模拟网络原理如图 9-6 所示。

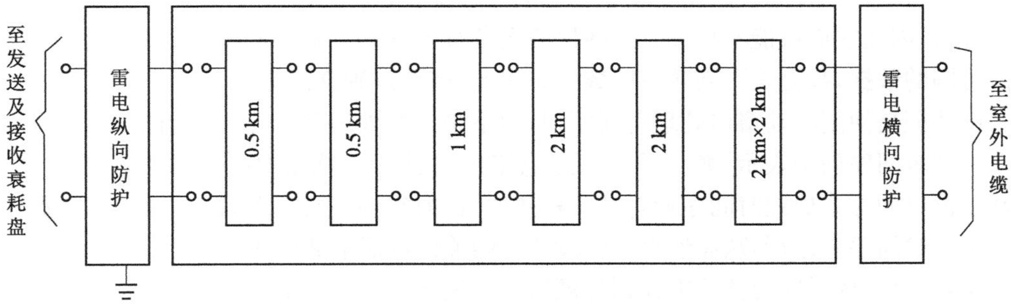

图 9-6　站防雷和电缆模拟网络原理

电缆模拟网路并不是任意设置的，主要有 6 种结构，实现最小的电缆补偿 0.5 km 以及最大电缆补偿 10 km，补偿最小精度为 0.5 km。

9.2.7　补偿电容

轨道自身的电感和电容对传输过程中的移频信号具有较大的影响，极大降低轨道信号的传输距离，为此通过增加补偿电容，减少轨道电感对信号的影响。

我国轨道电路道砟电阻标准已改为 1.0 Ω·km，而且南方隧道及特殊线路都存在低道砟电阻的情况，一般情况下，补偿电容容量与载频频率、道砟电阻低端数值、电容设置方式、设置密度、轨道电路传输作用要求等有关。补偿电容的设置能有效提高轨道电路的传输长度，增设补偿电容，有利于改善列车的分路情况，减少规定到电路种分路电流的波动，但是过于密集的补偿电容铺设既是成本问题，又为运维产生较大的负担。补充电容原理如图 9-7 所示。

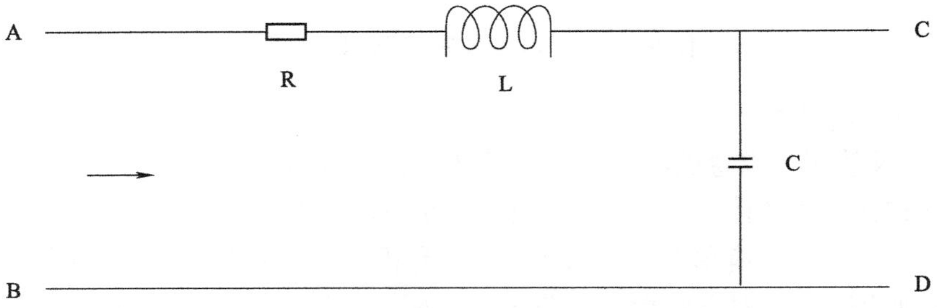

图 9-7　补偿电容原理

一般而言，补偿电容的设置采用“等间距法”进行铺设，根据主轨道区段的道砟电阻、主轨道距离，根据补偿电容的容量进行等分，实现对轨道电路传输距离的增强，获取最佳的传输效果。

9.3 轨道电路故障智能检测

9.3.1 轨道电路的多头 CNN-RNN 故障检测

多头卷积是一种 CNN，其中每个时间序列都在一个完全独立的卷积上处理，即所谓的卷积头。它负责从传感器数据中提取有意义的特征。在轨道电路中安装多个相互独立的检测设备，因此它们可能不相关。这些检测设备符合异构传感器的要求，它们捕获不同实际值范围的数据，甚至是不同频率的数据。因此，需要以独立的方式对待。该架构的另一个关键特征是使用滑动窗口处理时间序列，而不是一次处理整个序列。通常，多个行为可以在一个时间序列中表示，尤其是在轨道电路中，执行的动作由不同的阶段组成。这样，以基于窗口的方式处理时间序列，使网络将特征提取集中在每个阶段。否则，特征提取将根据整个时间序列进行，从而使每个阶段的可能关键特征未被捕获。

RNN 负责从提取的特征中找到隐藏的时间模式，是模型的分类器。为此，RNN 按时间顺序处理与每个窗口对应的所有提取特征。最后，它根据所有检测设备在特定事件中表现出的时间行为给出最终结果。轨道电路多头 CNN-RNN 模型如图 9-8 所示。

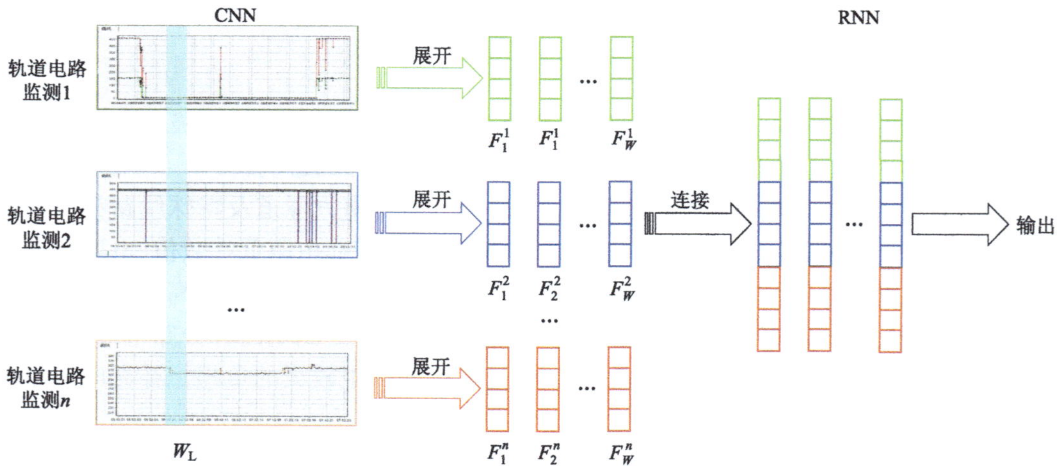

图 9-8 轨道电路多头 CNN-RNN 模型

1. 多头 CNN 结构

多头 CNN 使用一维卷积，在轨道电路的检测中，时间序列可以定义为一维向量。因此，一维卷积被用来使内核在一个维度上移动，也就是在时间维度上。为了处理多个时间序列，多头 CNN 使用具有单个通道的多个一维卷积。多通道 CNN 处理多个时间序列时，将获得包含所有时间序列主要特征的单个特征图。尽管每个通道使用不同的过滤器集，因此每个通道的特征提取是独立的，但所有这些都混合在一起以给出最终结果。多通道

CNN 上每层的参数数量计算方法见式(9-1)。

$$p=F_{\mathrm{N}}\cdot K_{\mathrm{S}}\cdot P_{\mathrm{PL}}+\mathrm{bias} \tag{9-1}$$

式中，F_{N} 为滤波器的数量；K_{S} 为内核大小；P_{PL}为前一层产生的输出向量的最后一个维度；bias$=F_{\mathrm{N}}$。在这种结构中，卷积网络的目标是提取每个传感器数据的主要特征，在单个卷积上处理它们是保持其特征不变。

时间序列以基于窗口的方式进行处理。为了将时间序列划分为更小的段，所有时间序列都被划分为相同数量的段。窗口数量 W_{N} 按式(9-2)计算。

$$W_{\mathrm{N}}=\frac{S_{\mathrm{L}}-W_{\mathrm{L}}}{W_{\mathrm{S}}}+1 \tag{9-2}$$

式中，S_{L} 为时间序列中的序列长度或数据点的数量；W_{L} 为窗口长度；W_{S} 为窗口步长，即在时间序列上滑动窗口所需的步长有多大。当 $W_{\mathrm{S}}<W_{\mathrm{L}}$ 时，则表示窗口相互重叠。当 $W_{\mathrm{S}}=W_{\mathrm{L}}$ 时，则表示窗口之间没有重叠。

因此，每个卷积头逐窗口处理其对应的时间序列。因此，每个窗口和传感器数据都会得到一个特征图 F_W^n，其中 n 记录检测位置，W 记录窗口编号。在所有窗口上应用卷积后，获得每个时间序列的特征图序列，其中每个特征图在序列中按时间顺序排序。由于这些序列彼此独立，因此它们被连接在一起。通过这种方式，将所有时间序列的特征映射串联起来，得到一系列特征映射。

多头 CNN 的输入数据，每个旋转头需要一个四维输入，由公式(9-3)给出。

$$input\_\mathrm{dim}=(n\_\mathrm{samples},W_{\mathrm{N}},W_{\mathrm{L}},n\_\mathrm{channels}) \tag{9-3}$$

式中，n_samples 为样本数量；n_channels 为通道数量，在轨道电路中，均是时间序列，因此 n_channels$=1$。

2. RNN 检测窗口

RNN 的输入是由多头 CNN 的最后一层产生的三维矢量。输入大小由公式(9-4)给出。

$$input\_\mathrm{dim}=(n\_\mathrm{samples},W_{\mathrm{N}},P_{\mathrm{PL}}) \tag{9-4}$$

每个窗口的特征图是由每个检测器产生的特征图的串联形成的。RNN 按时间顺序处理提取的特征图，从 F_1 到 F_W，RNN 处理的每个窗口以将与当前窗口对应的相关信息存储在其内部存储器中。最后，它会根据整个窗口发生的情况做出决定。RNN 并不是针对每个窗口做出决策，而是将所有窗口对应的信息作为一个整体进行处理，从而对整个事件进行分类。

9.3.2 故障检测方案

1. 评价指标

作为标准的分类方法，分类器的性能需要用精确度和召回率来衡量。选择精度-召回曲线(precision recall curve，PRC)是一个使用不同概率阈值总结精度和重新调用之间权衡的曲线图。通常，受试者共工作特性(receiver operating characteristic，ROC)曲线代替 PRC。然而，在对不平衡数据集上的二元分类器进行评估时，PRC 的信息量更大。ROC 曲线的主要区别是没有利用真正的负面因素，因为它只涉及对少数的正确预测。

此外，平均精度(average precision，AP)用于获得可以与分类器进行比较的特定值。AP 将 PRC 总结为在每个阈值处实现的精度的加权平均值，将前一个阈值的召回率增加用作权重，计算方法见式(9-5)。

$$AP=\sum_{n}[(R_n-R_{n-1})P_n] \tag{9-5}$$

式中，P_n 和 R_n 分别是第 n 个阈值处的精度和召回率。

在数据不平衡的情况下，几何平均数是另一个广泛使用的指标。它是精确性和召回率之间的几何平均值，其计算方法见式(9-6)。

$$g\_mean=\sqrt{\frac{TP}{TP+FN}\cdot\frac{TN}{TN+FP}} \tag{9-6}$$

这些指标是根据混淆矩阵计算出来的，通过混淆矩阵可以清楚描述精确性和召回率，还可以进行正确预测和错误预测，表示系统所采取的真阳性(TP)、假阳性(FP)、真阴性(TN)和假阴性(FN)。

2. 轨道电路实验方法

ZPW-2000A 系列轨道电路系统中由 11 个电流电压传感器进行检测，从而获取 11 个单变量的时间序列，其值具有不同的尺度。由于获取与正常和异常活动的所有可能场景相匹配的足够数量的真实数据既困难又耗时，依据第三章建立的轨道电路仿真模型进行实验。这样实验使用的数据集包括一节轨道电路区段的模拟，每个模拟量代表相应部分的设备状态，表 9-1 总结了 ZPW-2000A 轨道电路特征参数。数据集中大约有 1 400 个实例对应于两种类型的类："正常"为负，"异常"为正。

表 9-1　ZPW-2000A 轨道电路特征参数

编　号	特征参数	备　注
1	发送器功出电压	室内特征参数
2	主轨入电压	
3	主轨出电压	
4	发送端分线盘电压	
5	接收端分线盘电压	
6	发送端轨面电压	室外特征参数
7	接收端轨面电压	
8	发送端匹配变压器钢轨侧电压	
9	发送端匹配变压器电缆侧电压	
10	接收端匹配变压器钢轨侧电压	
11	接收端匹配变压器电缆侧电压	

数据集包含 20％的正实例。为了测试不同体系结构在不同不平衡比率下的行为，在原始数据集的基础上生成了四个不同的数据集。这些新数据集分别包含 15％、10％、5％和 3％的异常。每个数据集的异常选择是随机进行的。

在模型结构训练方面，所有数据集都分为训练、验证、测试集，比例为 6∶2∶2。所考虑的数据集使用划分函数(stratified shuffle split，SSS)交叉验证程序进行分区，该验证程序将数据集拆分为训练集、测试集，并重新转换分层随机折叠。由于 SSS 仅将数据集拆分为两个集合，因此我们首先将数据集以 6∶4 的比率划分为训练、测试。然后，将测试集划分为两个大小相等的集，以生成验证集。当使用异常量减少的数据集时，将采用以下方法对每个数据集上包含的异常进行随机化。对于每个数据集，从原始数据集中随机提取相应的异常百分比(15%、10%、5%或3%)，并移除其他异常。

3. 分类器设置

关于卷积侧，考虑了三种类型的层：多通道 Conv1d、多头 Conv1d 和多头 LC1d。另一方面，研究了五种类型的循环层：RNN、LSTM、GRU。实验中分析了卷积层和循环层之间的所有可能组合，因此，共有 9 种体系结构。

在卷积层中：

Conv1d：一维卷积层主要用于处理一维矢量数据，一维卷积将内核滑动到输入向量上，即在一维中移动内核。

多头和多通道：多头卷积使用独立的单通道卷积分支来处理每个传感器数据。树枝被定义为头部。相比之下，多通道卷积使用具有多个通道的单通道卷积头，通道的数量与传感器数据的数量一样多。

在循环层中：

RNN：用于识别数据序列中的模式。与其他类型的层不同，它不仅将当前的输入作为输入，还将它之前在时间上感知到的数据作为输入。因此，它的输出不仅受现在事件的影响，也受过去事件的影响。

LSTM：是 RNN 层的一种变体，用于解决消失/爆炸梯度问题。它使用一个状态单元，它沿着整个链直线运行，只有一些微小的线性交互，信息的流动方向是不变的。

GRU：被认为是 LSTM 的简化。与 LSTM 的主要区别在于如何修改状态单元。GRU 使用两个门而不是三个门。因此，它使用更新和重置门。GRU 比 LSTM 简单，但在应用中或许可以实现相同或更好的结果。

在模型配置中分为两组：多头和多通道。多头使用独立的单通道卷积头分别处理每个时间序列(图 9-9(a))。多通道使用具有多个通道的单个卷积头来处理所有时间序列(图 9-9(b))。两者之间的另一个区别是，在多头结构上，所有卷积头的输出在到达循环部分之前是集中的。尽管存在差异，但这两种体系结构的层配置仍然相同。

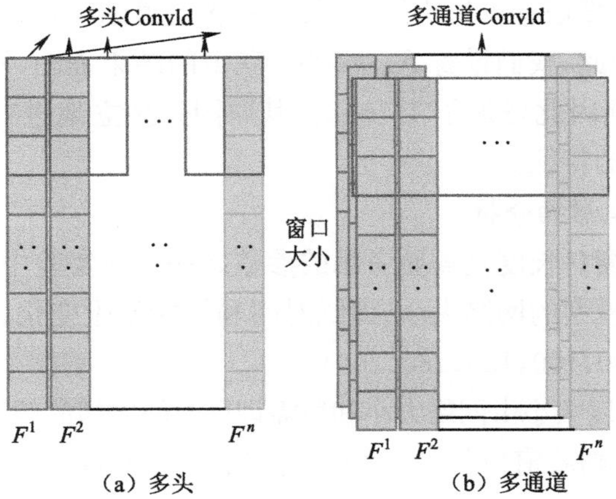

图 9-9　多头和多通道

9.3.3 检测结果与分析

1. 多头和多通道检测对比

根据轨道电路采集数据的特征是如何独立或作为一组提取的，来分析整个体系结构的性能。在实验中，我们分析 Conv1d 层作为卷积层。多头和多通道之间的主要区别之一是从每个窗口提取的特征数量。表 9-2 中详细说明了每个层和架构的输出向量的形状。

表 9-2 轨道电路多头和多通道架构每个窗口提取的特征数

层类型	多 头	多通道
输入层	11×(n_samples,80,100,1)	(n_samples,80,100,11)
卷积层	11×(n_samples,80,100,11)	(n_samples,80,100,11)
展开层	11×(n_samples,80,1100)	(n_samples,80,1100)
连接层	11×(n_samples,80,12100)	—
总体特征	12 100	1 100

在表 9-2 中，显示了从每个窗口中提取的特征总数，即输出向量的最后一个维度。对于多头卷积，最后一层中每个窗口提取的特征数要高得多，随着传感器的数量线性增加。使用原始数据集和 g_mean 作为多头和多通道 Conv1d 模型的评估指标，指标附有相应的标准偏差，具体见表 9-3。

表 9-3 多头和多通道 Conv1d 模型评价指标

网格类型	多头 Conv1d	多通道 Conv1d
RNN	0.961(0.021)	0.838(0.016)
LSTM	0.980(0.002)	0.891(0.022)
GRU	0.977(0.002)	0.914(0.021)

从表 9-3 中可以观察到，在 g_mean 方面，多头和多通道架构之间存在显著差异。考虑到两种体系结构使用的功能数量，与多通道体系结构相比，多头体系结构获得更好结果的主要原因是前者有更多信息可供决策。因此，对多通道结构进行了匹配，提取的特征数量与多头结构相同。为此，我们设置 $F_N=400$。获得的结果表明，所有卷积层的改善最多为 2%。此外，训练时间因此增加了 15 min。其原因是独立地进行提取每个传感器的特征，而不是提取了更多的特征。

2. 窗口长度对模型影响分析

在提议的架构中，窗口长度是需要考虑的参数之一。在实验中，分析了随着轨道电路移动窗口长度的变化，模型的网络大小、训练时间和性能发生变化。窗口长度的使用值范围如下：$W_L=\{25,50,80,100,125,160,200\}$。

轨道电路的窗口长度大小由网络大小和所需训练时间之间的相关性决定的。图 9-10(a)显示了网络的大小如何随着窗口长度的增加而增加。然而，图 9-10(b)表明，尽管窗口长度变大，但所需的训练时间会随着窗口长度的增加而减少。这是由于窗口数量 W_L 与在每个窗口上应用卷积产生的特征图大小之间的相关性。W_L 越小，特征图的尺寸越小，因此网络规模越小，然而，W_N 增加。相比之下，W_L 越大，特征图的大小就越大，因此网络规模也越大，然而，W_N 减小。因此，训练模型所需的时间由划分时间序列的窗口数量给出，而与网络大小无关。可以观察到，包含 RNN 层的架构具有最少的参数数量。但是，它是收敛速度最慢的架构。

图 9-10(c)显示，除 RNN 外，无论窗口长度如何，模型的性能都保持稳定。当 $W_L=125$ 时，RNN 最多可提高 4%。总的来说，在轨道电路的检测中，除了网络的大小和训练所需的时间之外，窗口长度的重要性并不突出。实验结果表明，多头 CNN-LSTM 的轨道电路故障诊断能够以有效的方式检测多时间序列上的异常，使训练数据集中的异常百分比降低到 3%。通过统计测试证明，由于独立处理每个传感器数据，所提出的多头 CNN 架构在测试场景中都优于传统的多通道 CNN。

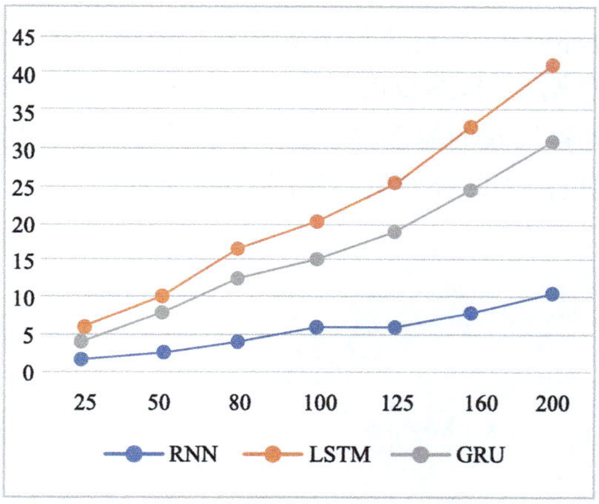

(a) 窗口长度与网络大小关系

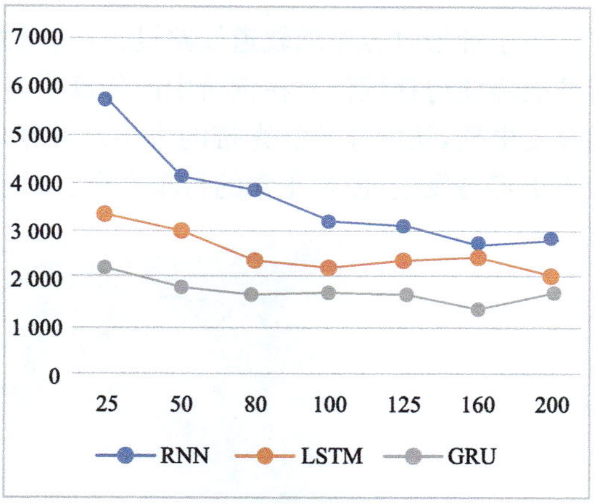

(b) 窗口长度与训练时间关系

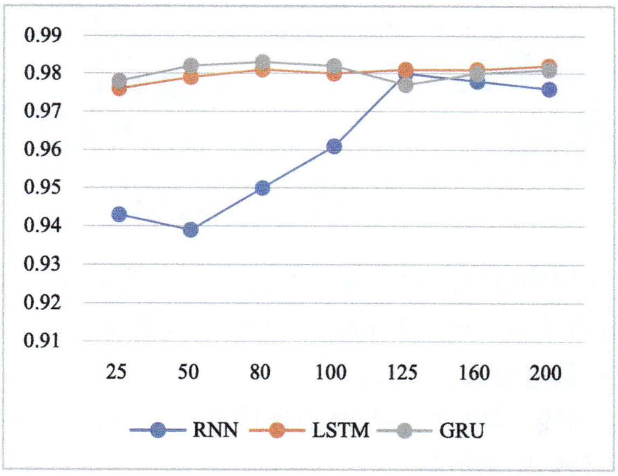

(c) 窗口长度与g_mean关系

图 9-10 轨道电路的移动窗口长度变化关系

10　轨道电路补偿电容故障智能定位

10.1　补偿电容故障的影响分析

10.1.1　补偿电容失效的成因分析

由于补偿电容跟随轨道线路设置，其周边环境恶劣，造成设备极易发生故障。补偿电容的故障使得移频信号在钢轨中的传输距离急剧下滑，缩短信号的传输距离，降低接收端的接受电压，从而导致红光带的发生。补偿电容失效的越多，轨道信号下降越严重，红光带也更容易发生，影响正常的行车安全。轨道电路中的补偿电容如图 10-1 所示。

图 10-1　轨道电路中的补偿电容

补偿电容故障会对短路电流故障曲线产生直接影响，失效的原因主要有：

(1)补偿电容的容值减少。外界环境的干扰导致补偿电容极易老化，雷雨天气、设备浪涌电压等均会导致补偿电容快速失效。

(2)补偿电容发生断线。补偿电容与轨道连接线发生断裂，从而导致补偿电容无法发挥应有效能，导致信号传输距离下降。

(3)补偿电容引线接触不良。引线接触不良造成引线与钢轨的接触电阻剧烈变化，造成补偿电容负荷过大，从而造成轨道电压的波动。

10.1.2　补偿电容故障对信号传输的影响

根据轨道电路仿真模型，设置轨道电路参数如下：主轨道线路长度为 1 km，信号载频

1 700 Hz，轨道道砟电阻 R=1.5 Ω·km，分路电阻 R_f=1.5 Ω，补偿电容 10 个容值均为 55 uF。在轨道电路仿真的基础上，本节针对补偿电容的故障问题，以预定的补偿电容断线为研究对象，主要分析补偿电容 C5 断线、补偿电容 C7 断线、补偿电容 C4 和 C6 断线、补偿电容 C5 和 C7 断线等四种故障问题，同时添加正常状态最为对比试验，根据仿真，获取模型各个部分的电压情况见表 10-1。

表 10-1　轨道电路信号传输过程

系统信息	正常	C5 故障	C7 故障	C4、C6 故障	C5、C7 故障
发送电压/V	153.00	153.00	153.00	153.00	153.00
发送端电缆侧电压/V	101.89	103.19	103.08	100.02	104.47
发送端轨面电压/V	2.21	2.76	2.57	1.84	2.61
接收端轨面电压/V	0.63	0.48	0.47	0.30	0.32
主轨入电压/V	1.03	0.82	0.79	0.52	0.55
主轨出电压/V	0.42	0.34	0.32	0.21	0.23
主轨 C1 处电压/V	2.93	2.61	2.72	3.69	2.34
主轨 C2 处电压/V	2.57	3.39	3.09	1.55	3.54
主轨 C3 处电压/V	2.26	1.86	1.99	3.35	1.48
主轨 C4 处电压/V	1.89	3.06	2.58	1.02	3.24
主轨 C5 处电压/V	1.75	1.38	1.40	1.64	0.96
主轨 C6 处电压/V	1.53	1.20	2.32	0.75	1.58
主轨 C7 处电压/V	1.36	1.07	1.03	0.66	0.69
主轨 C8 处电压/V	1.16	0.91	0.88	0.57	0.62
主轨 C9 处电压/V	1.05	0.82	0.79	0.49	0.54
主轨 C10 处电压/V	0.90	0.72	0.70	0.42	0.46

表 10-1 中，检测数据共 16 项，包含发送电压、发送端电缆侧电压、发送端轨面电压、主轨入电压、主轨出电压、主轨 C1 到 C10 处电压。对比轨道电路正常情况下的仿真数据，当补偿电容发生故障时，监测数据均发生不同程度上的改变：

（1）单个补偿电容的故障对系统的影响稍微较小，对主轨该补偿电容后续的电压影响较大。

（2）当区段内多个补偿电容均发生故障时，主轨道和接收端的监测电压值减少，同时对比单个补偿电容故障发现，多电容故障时电压值下降的更快速，更接近于主轨出电压的下限 0.24 V，系统发生“红光带”故障，系统出现无车占用状态，对行车信息产生不良影响。

10.1.3　补偿电容故障对短路电流的影响

短路电流在轨道区段的传输，受限于补偿电容的特性，呈现波浪式衰减，在两个补偿电容之间的短路电流先增加再减少。补偿电容的故障对短路电流的下游部分产生更快的衰减，推迟下一波谷和波峰的到来；当多个补偿电容发生故障，故障下游的电流衰减更加明显，在经过后续故障位置继续衰减，衰减趋势大于单个补偿电容发生故障的情况。

10.2 补偿电容故障的影响分析

10.2.1 轨道电路调整状态的特征参数

轨道电路特征参数的选择能够更好地表征故障特征，为更好地进行特征参数选择，特征参数需要便于监测和收集，并且特征参数之间具有较弱的关联性。根据轨道电路的理论和仿真模型，收集发送端、主轨道、接收端的部分参数作为特征参数。其中，在发送端，包含发送电压、发送电流以及发送端电缆侧电压，由于发送电压由系统设定，其对轨道部分补偿电容的变化具有较少的敏感度，因此，选择发送电流作为发送端的特征参数；主轨道部分参数包含发送端轨面电压、轨道部分补偿电容处电压以及接收端的轨面电压，补偿电容处的变化对这些参数的数值影响较大，但是补偿电容部分的电压测量和获取难度较大，因此选择发送端和接收端的轨面电压作为特征参数；在接收端，包含接收端电缆侧电压、主轨入和主轨出电压，但由于主轨入和主轨出的电压相关性较强，因此选择接收端电缆侧电压和主轨入电压作为特征参数。选择以上 5 类参数作为受补偿电容影响较大的特征参数，根据对 5 类系统状态的数据进行归一化处理，具体见表 10-2。

表 10-2 特征参数值与补偿电容各故障类型

序号	发送电流/A	发送端轨面电压/V	接收端轨面电压/V	接收端电缆侧电压/V	主轨入电压/V	故障类型
1	0.008 2	0.338 6	0.071 5	1.000 0	0.139 0	正常
2	0.005 6	0.431 6	0.049 0	0.778 6	0.102 1	C5 故障
3	0.006 8	0.291 7	0.046 6	0.757 6	0.098 6	C7 故障
4	0.012 5	0.271 6	0.017 4	0.468 7	0.051 2	C4、C6 故障
5	0.004 5	0.409 6	0.021 9	0.509 5	0.057 0	C5、C7 故障

10.2.2 轨道电路分路状态的特征参数

短路电流曲线是轨道电路的分路状态主要研究工具，通过分析短路电流曲线的特征，实现对轨道电路分路状态特征参数的提取。对于存在 10 个补偿电容的轨道电路区段，根据补偿电容均匀布置的方法，可以将其根据补偿电容所处的位置划分为 11 个区间，其分路电流的包络线与区间长度形成的面积，记为短路电流的特征参数。短路电流曲线变化情况如图 10-2 所示，短路电流提取特征如图 10-3 所示。

根据图 10-2 和图 10-3，短路电流曲线围成面积 $S(t)$ 与短路电流包络曲线的形状有关，故障的补偿电容形成的分路电流包络曲线相对正常状态较低，形成的特征面积参数 $S(t)$ 较小，经过归一化，则 $S(t)$ 在不同故障状态下数据见表 10-3。

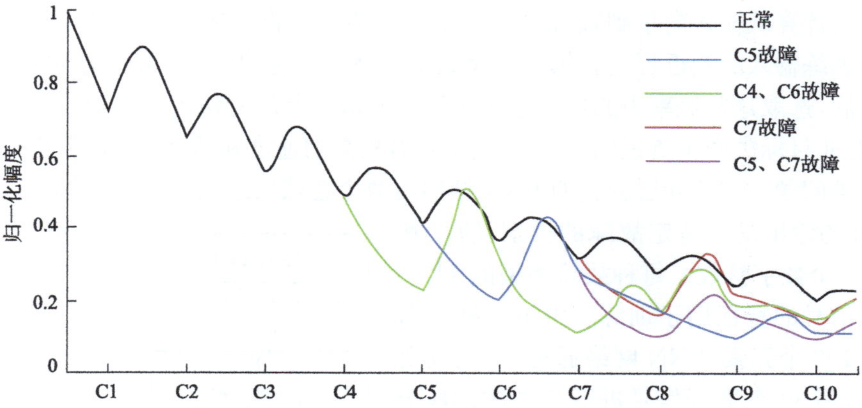

图 10-2　短路电流曲线变化情况

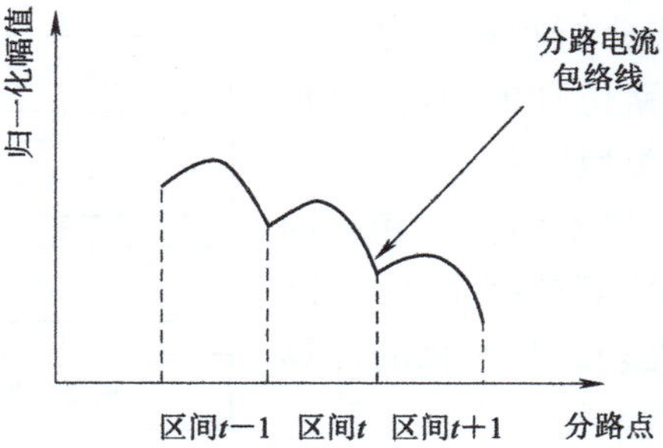

图 10-3　短路电流提取特征

表 10-3　*S*(*t*)归一化数据

序号	S1	S2	S3	S4	S5	S6	S7	S8	S9	S10	S11	故障类型
1	0.496	1.000	0.841	0.734	0.618	0.534	0.448	0.380	0.324	0.270	0.085	正常
2	0.496	1.000	0.841	0.734	0.618	0.304	0.372	0.233	0.247	0.168	0.049	C5 故障
3	0.496	1.000	0.841	0.734	0.618	0.534	0.448	0.212	0.264	0.156	0.046	C7 故障
4	0.496	1.000	0.841	0.734	0.361	0.438	0.159	0.183	0.107	0.107	0.008	C4、C6 故障
5	0.496	1.000	0.841	0.734	0.618	0.305	0.376	0.129	0.151	0.152	0.006	C5、C7 故障

相比单个补偿电容的故障，多个补偿电容同时发生故障时对其后的轨道电路部分影响产生叠加状态，针对以上四种故障类型，选取的特征参数能够有效反映补偿电容造成的影响，可在实际的故障诊断中进行使用。

10.3　概率神经网络在补偿电容故障诊断中的应用

10.3.1　概率神经网络故障诊断方法

故障分类是通过使用专门为分类问题设计的 PNN 体系结构实现的。当存在输入时，第一层主要计算从输入向量到训练输入向量的距离。这将生成一个向量,其中的元素表示输入与训练输入的接近程度。第二层将每类输入的权重相加,并将其净输出作为概率向量。最后,选取这些概率中的最大值并在第二层输出上的完整传递函数,并对该类产生正识别,对非目标类产生负识别。PNN 模型具有极高的速度和精度,适用于实时故障诊断和信号分类问题。用于断层分类的 PNN 结构由两个隐藏层组成。

PNN 的输出是该特定故障的类别,即 1 到 5 之间的一个数字整数。每种故障类型的 11 个故障电压信号的特征用于训练。由于训练数据集包含 1 100 个元素,PNN 网络通过 12 次改变训练样本,用 80 个数据信号进行了测试。基于概率神经网络的轨道电路短路电流故障诊断模型,其故障诊断过程如图 10-4 所示。

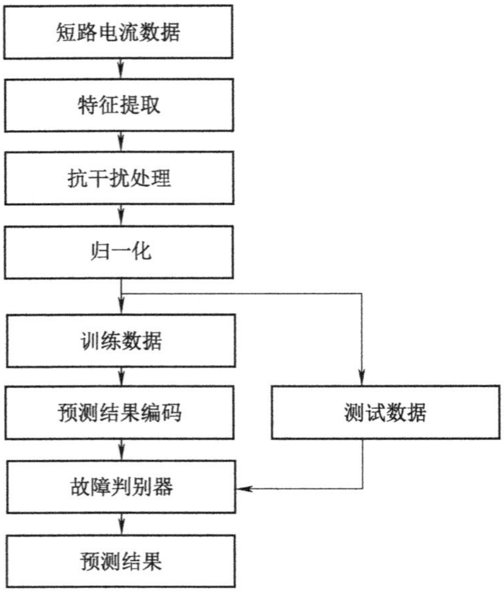

图 10-4 轨道电路故障诊断过程

(1)轨道电路调整状态分析和短路电流特征数据采集。结合轨道电路仿真模型,提取短路电流特征面积参数,故障类型见表 10-2。

(2)特征数据归一化。将不同类型和不同量级的数据根据数值分布,将其放缩至[0,1]之间,便于算法对数据进行处理。归一化的计算方式为

$$T=\frac{X-X_{\min}}{X_{\max}-X_{\min}} \tag{10-1}$$

式中,T 为归一化的值;X 为原始值;$X_{\min}$为最小值;$X_{\max}$为最大值。

(3)预测结果编码,根据表 10-3 中的故障类型,采用(0,1)编码模式,0 表示无故障,1 表示发生故障,1 所在的位置表示以上四种故障中的某中故障类型,即矩阵[0,0,0,0,0]为正常状态,[0,0,1,0,0]为第三类型,补偿电容 C7 故障。

(4)概率神经网络模型。PNN 模型由四个不同的层组成,即输入层、模式层、累加层和输出层。模型分析上一个最重要的关键参数变量之一是 PNN 光滑系数,当光滑系数趋于为 0 时,模型数据的泛化或逼近处理能力较差;当光滑系数绝对值越大,模型理论上对更大范围样本数据所进行的逼近才会显得越接近于平滑,但实际估计的误差则相对偏大,所以说适当的选取出比较具有合适值范围的光滑系数,可以进一步大幅地提高模型中 PNN 逼近算法的真实性能。

采用交叉验证法,确定概率神经网络模型中的任何一个是最佳训练的光滑系数,将最佳训练数据以等分的方式共分为 10 份,轮流取其中的第 9 份的数据作为最佳训练数据,剩下的每取 1 份数则直接作为交叉测试的数据,然后再分别计算当每个最光滑系数值都为 0.1 时,以 0.1 为单位步长逐级的递增,经计算后,保证每个最佳光滑系数值时,建立的概率神经网络模型之间存在最小均方误差,直到模型最终的光滑系数数值达到并大于 10.0,最后我们确定的光滑系数可以用基于此时的输入数据来重新构建轨道电路短路电流分布的概率神经网络模型。

(5)预测结果生成与检验。分别用于对调整状态和分路状态下的预测结果等进行可

靠性分析评估与分析检验,对预测模型设计的可实用性能进行评估。

10.3.2 实验结果与分析

通过仿真测试可以最终得到的共有 1 500 组仿真数据,包内含有了 5 种仿真故障类型。将仿真测试集的仿真数据随机的分两部分,随机的抽取 1 250 组仿真数据将作为模拟训练所用的数据,其余 250 组仿真数据则将用来作为仿真测试的所用测试数据。经测试,概率神经网络系统中产生的网络均方误差应是随系统最佳光滑系数大小的增大逐渐呈递增态势,并呈现出先显著地减少和而后逐步明显地增加,当其最佳光滑系数在约为 1.6 时,网络模型的均方误差才接近到最小,因此系统网络最佳光滑系数大小一般是略大于 1.6,PNN 网络的分类效果如图 10-5 所示。

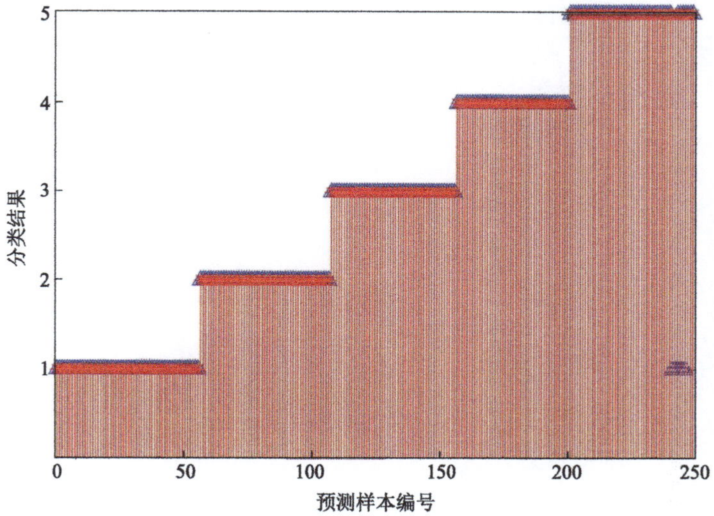

图 10-5 PNN 网络的分类效果

同时,选用 BP 神经网络作为对照系统进行试验,BP 神经网络在输入层结点数为 5,输出层节点数均为 5,隐含输出层节点数仅为以此为取值区间的 3~9,网络的最大迭代循环次数约为 1 000,学习率也仅约为 0.1,训练并未达到期望目标。在隐含层节点数中取大于 5 个时,达到最大诊断正确率 89.9%。神经网络诊断正确率比较见表 10-4。

表 10-4 神经网络诊断正确率比较

预测模型	测试数据预测准确度						预测用时/s
	正常	C5 故障	C7 故障	C4、C6 故障	C5、C7 故障	总数据	
BP 神经网络	91.4%	90.6%	89.9%	88.3%	89.3%	89.9%	12.76
概率神经网络	99.4%	98.3%	97.9%	97.2%	96.3%	97.8%	2.45

根据表 10-4 知,概率神经网络对 1 250 组测试数据的平均预测结果的预测准确约为 97.8%,预测平均时间复杂度为 2.45 s,而 BP 神经网络预测结果的准确度约为 89.9%,预测平均时间复杂度为 12.76 s,同时概率神经网络对每一种故障进行诊断检测的平均正确率均高于 BP 神经网络。

从诊断结果来看，PNN 的预测模型与传统 BP 网络模型相比，具有以下显著优点：

(1)在预测结果精度方面，PNN 网络预测模型的预测准确率高于 BP 网络模型。

(2)模型结构方面，PNN 模型结构更为简单，调节参数少，训练时间短。

(3)模型收敛方面，PNN 模型稳定性高，不存在局部最优解。

参 考 文 献

[1] 闫旭．基于深度学习的隧道衬砌损伤快速检测与处治分析[D]．大连：大连理工大学，2020.
[2] 刘维宁，夏禾，郭文军．地铁列车振动的环境响应[J]．岩石力学与工程学报，1996，15(增刊)：586-593.
[3] 徐庆善．隔振技术的进展与动态[J]．机械强度，1994，16(1)：37-42.
[4] 刘杰，孙光复．反共振振动机械的理论及应用[J]．东北大学学报(自然科学版)，1995，16(1)：82-86.
[5] 韩运侠．反共振现象及其应用[J]．洛阳师专学报，1998，17(5)：48-50.
[6] 赵登峰，夏季．垂直主振系冲击消振系统的简谐激励响应分析[J]．振动与冲击，2004，23(1)：83-86.
[7] 黄志超．多自由度反共振机械的模糊可靠性分析[J]．华东交通大学学报，2006，23(1)：129-142.
[8] ChANGIZ K，SHABANA A A. Pulse control of flexible multibody systems[J]. Computer & Structures，1986，24(6)：875-884.
[9] AVEN T，RENN O，ROSA E A. On the ontological status of the concept of risk[J]. Safety Science，2011，49(8/9)：1074-1079.
[10] 大崎顺彦．振动理论[M]．谢礼立，周雍年，袁一凡，译．北京：地震出版社，1990.
[11] 左鹤声．机械阻抗方法与应用[M]．北京：机械工业出版社，1987.
[12] 胡汉舟，刘自明，秦顺全，等．武汉天兴洲公铁两用长江大桥斜拉桥技术总结[M]．北京：中国铁道出版社，2009.
[13] 刘祖强，张正禄，邹启新，等．工程变形监测分析预报的理论与实践[M]．北京：中国水利水电出版社，2008.
[14] 史佩栋．海峡两岸轨道交通建设与环境工程高级技术论坛[M]．北京：人民交通出版社，2008.
[15] 梅元贵，周朝晖，许建林．高速铁路隧道空气动力学[M]．北京：科学出版社，2009.
[16] 夏禾，张楠．车辆与结构动力相互作用[M]. 2 版．北京：科学出版社，2005.
[17] 黄德胜，张巍．地下铁道供电[M]．北京：中国电力出版社，2010.
[18] 上海申通轨道交通研究咨询有限公司．城市轨道交通网络化探索与实践[M]．北京：人民交通出版社，2010.
[19] 沈小军．城市轨道交通直流馈出电缆在线监测技术[D]．上海：上海交通大学，2007.
[20] 周丹．长大隧道、隧道群空气动力效应算法研究及应用[D]．长沙：中南大学，2007.
[21] 铁路隧道监控量测技术规程：TB 10121—2007[S]．北京：中国铁道出版社，2007.
[22] 铁路隧道运营通风设计规范：TB 10068—2000[S]．北京：中国铁道出版社，2001.
[23] 党建武，赵庶旭，王阳萍．模糊控制技术[M]．北京：中国铁道出版社，2007.
[24] 李宏男，伊廷华．结构防灾、监测与控制[M]．北京：中国建筑工业出版社，2008.
[25] 铁道部工程设计鉴定中心，中铁西南科学研究院．2006 中国高速铁路隧道国际技术交流会论文集[M]．北京：中国铁道出版社，2006.
[26] 梅元贵，赵海恒，刘应清．隧道内高速列车会车压力波数值模拟方法[J]．兰州铁道学院学报，1996，15(1)：1-6.
[27] 余南阳，梅元贵．高速铁路隧道压力波动主要影响参数研究[J]．中国铁道科学，2003，24(6)：67-69.
[28] 铁道部工程设计鉴定中心．高速铁路隧道[M]．北京：中国铁道出版社，2006.

[29] 铁路隧道设计规范:TB 10003—2016[S]. 北京:中国铁道出版社,2017.
[30] 钱立新. 世界高速铁路技术[M]. 北京:中国铁道出版社,2003.
[31] 铁路照明照度标准:TB/T 494—1997[S]. 北京:中国铁道出版社,1998.
[32] 黄杰民. 工程环境控制论[M]. 北京:清华大学出版社,2009.
[33] 欧进萍,王光远. 结构随机振动[M]. 北京:高等教育出版社,1998.
[34] 翟婉明. 车辆—轨道耦合动力学[M]. 2版. 北京:中国铁道出版社,2001.
[35] 何华武. 中国铁路隧道建设技术的发展[J]. 铁道经济研究,2006(6):8-16.
[36] 王晓刚. 国外高速铁路建设及发展趋势[J]. 建筑机械,2007(3):31-36.
[37] 成远. 国外铁路LED信号机发展与应用[J]. 世界铁路,2007(5):54-56.
[38] 李小会. 200 km/h客货共线铁路隧道照明工程技术改进[J]. 铁道建筑技术,2007(增刊):214-216.
[39] 铁道部. 新建时速200～250公里客运专线铁路设计暂行规定[M]. 北京:中国铁道出版社,2005.
[40] 铁路工程设计防火规范:TB 10063—2016[S]. 北京:中国铁道出版社,2017.
[41] 铁路电力设计规范:TB 10008—2015[S]. 北京:中国铁道出版社,2016.
[42] 高速铁路设计规范:TB 10621—2014[S]. 北京:中国铁道出版社,2015.
[43] 铁道部. 新建时速300～350公里客运专线铁路设计暂行规定[M]. 北京:中国铁道出版社,2007.
[44] 铁道部. 新建时速200公里客货共线铁路设计暂行规定[M]. 北京:中国铁道出版社,2005.
[45] 蒋先国. 高速铁路四电系统集成[M]. 成都:西南交通大学出版社,2010.
[46] ZHANG X W,RAO Z Q,ZHANG Y,et al. A new technology of recycling micaboard leftover materials [J]. Proceedings of xxiv international mineral processing congress,September:3773-3779.
[47] 朱定华,饶志强,吴建新. 现代数字电路与逻辑设计[M]. 北京:清华大学出版社,2007.
[48] 汪应洛. 系统工程[M]. 4版. 西安:西安交通大学出版社,2010.
[49] 吴祈宗. 运筹学[M]. 2版. 北京:机械工业出版社,2006.
[50] 乐毅. 锰资源经济利用与安全保障评价体系研究[D]. 武汉:武汉理工大学,2009.
[51] YANG YANG,ZHOU XIYUAN,JIN GUOFANG,et al. Modified direct stiffness method for the damage detection of continuous beam-type structures[J]. Engineering Mechanics,2010,27(7):82-91.
[52] CONTE J P,PENG B F. Fully nonstationary analytical earthquake ground-motion model[J]. Journal of Engineering Mechanics,1997,123(1):15-24.
[53] 何浩祥. 空间结构健康监测的理论与试验研究[D]. 北京:北京工业大学,2006.
[54] 孙汝蛟. 光纤光栅传感技术在桥梁健康监测中的应用研究[D]. 上海:同济大学,2007.
[55] MELKE J. Noise and vibration from underground railway lines:proposals for a prediction procedure [J]. Journal of Sound and Vibration,1988,120(2):391-406.
[56] 铁路隧道照明设施与供电技术条件:TB/T 2275—1991[S]. 北京:中国铁道出版社,1992.
[57] LECUN Y,BENGIO Y,HINTON G. Deep learning[J]. Nature,2015,521:436-444.
[58] HINTON G E. Deep beliefnetworks[J]. Scholarpedia,2009,4(5):5947.
[59] HINTON G E,SRIVASTAVA NITISH,KRIZHEVSKY ALEX,et al. Improving neural networks by preventing co-adaptation of feature detectors[J]. Computer Science,2012,3(4):212-223.
[60] IOFFE S,SZEGEDY C. Batch normalization:Accelerating deep network training by reducing internal covariate shift[C]. International conference on machine learning. PMLR,2015:448-456.
[61] POLYAK B T. Some methods of speeding up the convergence of iteration methods[J]. USSR Computational Mathematics and Mathematical Physics,1964,4(5):1-17.
[62] NESTEROV YU E. A method of solving a convex programming problem with convergence rate O ($1/k^2$)[J]. Soviet Math. Dokl,1983,27(2):372-376.

[63] DUCHI J,HAZAN E,SINGER Y. Adaptive subgradient methods for online learning and stochastic optimization[J]. Journal of Machine Learning Research,2011,12(7):2121-2159.

[64] KINGMA D, BA J. Adam: a method for stochastic optimization [J]. ArXiv Preprint, 2014 (1412):6980.

[65] TIELEMAN T,HINTON G. Lecture 6. 5-rmsprop:Divide the gradient by a running average of its recent magnitude[J]. COURSERA:Neural networks for machine learning,2012,4(2):26-31.

[66] SIMONYAN K,ZISSERMAN A. Very deep convolutional networks for large-scale image recognition [J]. ArXiv Preprint ,2014(1409):1556.

[67] SZEGEDY C,LIU W,JIA Y,et al. Going deeper with convolutions[C]. Computer Vision and Pattern Recognition. IEEE,2015:1-9.

[68] SZEGEDY C,VANHOUCKE V,IOFFE S,et al. Rethinking the inception architecture for computer vision[C]. Proceedings of the IEEE conference on computer vision and pattern recognition, 2016: 2818-2826.

[69] SZEGEDY C, IOFFE S, VANHOUCKE V, et al. Inception-v4, inception-resnet and the impact of residual connections on learning[C]. Proceedings of the AAAI Conference on Artificial Intelligence, 2017,31(1):1512-1528.

[70] HE K,ZHANG X,REN S,et al. Deep residual learning for image recognition[C]. Proceedings of the IEEE conference on computer vision and pattern recognition,2016:770-778.

[71] BADRINARAYANAN V,KENDALL A,CIPOLLA R. Segnet:a deep convolutional encoder-decoder architecture for image segmentation [J]. IEEE transactions on pattern analysis and machine intelligence,2017,39(12):2481-2495.

[72] 黄黎红．一种基于单尺 Retinex 的雾天降质图像增强新算法[J]. 应用光学,2010,31(5):728-733.

[73] ZHEN C, JIHONG S. An improved image restoration algorithm for overcast based on MSR [J]. Journal of Multimedia,2013,8(5):604-610.

[74] DORAFSHAN S,THOMAS R J,MAGUIRE M. SDNET2018:an annotated image dataset for non-contact concrete crack detection using deep convolutional neural networks[J]. Data in brief,2018,21: 1664-1668.

[75] TAN P,LI X,WU Z,et al. Multialgorithm fusion image processing for high speed railway dropper failure-defect detection[J]. IEEE Transactions on Systems,Man,and Cybernetics:Systems,2019,51 (7):4466-4478.

[76] REN Y,HUANG J,HONG Z,et al. Image-based concrete crack detection in tunnels using deep fully convolutionalnetworks[J]. Construction and Building Materials,2020,234:117-127.

[77] 任丽霞．铁路信号系统设备质量评价研究[D]. 成都:西南交通大学,2018.

[78] 姚亚峰．面向铁轨检测的轨道不平顺预测系统的研究与实现[D]. 北京:北京邮电大学,2019.

[79] 刘思峰,邓聚龙．GM(1,1)模型的适用范围[J]. 系统工程理论与实践,2000,20(5):121-124.

[80] 崔立志．灰色预测技术及其应用研究[D]. 南京:南京航空航天大学,2010.

[81] 刘思峰,杨英杰,吴利丰．灰色系统理论及其应用[M]. 北京:科学出版社,2014.

[82] 匡芳君．群智能混合优化算法及其应用研究[D]. 南京:南京理工大学,2014.

[83] 邵晴．粒子群算法研究及其工程应用案例[D]. 长春:吉林大学,2017.

[84] 任丽娜．基于 Elman 神经网络的中期电力负荷预测模型研究[D]. 兰州:兰州理工大学,2007.

[85] 王辛畅．PSO-GA-Elman 及 CFD 在 MBR 模拟仿真中的应用研究[D]. 天津:天津工业大学,2019.

[86] 刘金朝,刘秀波．轨道质量状态评价方法[J]. 铁路技术创新,2012(1):106-109.

[87] 杨荣山，刘学毅．轨道工程[M]. 北京：人民交通出版社，2013.
[88] 曲建军．基于提速线路 TQI 的轨道不平顺预测与辅助决策技术的研究[D]. 北京：北京交通大学，2011.
[89] 徐刚年，高全亭，解俊海，等．改进不等时距权重的灰色残差组合修正模型及其应用[J]. 测绘通报，2019(1)：69-74.
[90] 韩晋，杨岳，陈峰，等．基于非等时距加权灰色模型与神经网络的组合预测算法[J]. 铁道学报，2014，36(1)：82-87.
[91] 马子骥，唐涛，刘宏立，等．基于非等间距灰色模型和 Elman 神经网络的轨道状态预测与质量评价[J]. 哈尔滨工业大学学报，2018，50(5)：137-144.
[92] 陶汉卿，黄莺．基于改进多分支 BP 神经网络的 ZPW-2000A 移频轨道电路故障预测研究[J]. 西部交通科技，2018(5)：158-161.
[93] 杨文义．ZPW-2000A 轨道电路干扰以致两轨条对地电位不平衡问题研究[J]. 电子技术与软件工程，2016(17)：103.
[94] 李文涛．高速铁路列车运行控制技术：ZPW-2000 系列无绝缘轨道电路系统[M]. 北京：中国铁道出版社，2017.